교과서에서 가르치지 않는 절대 세계사

교과서에서 절대 가르치지 않는 세계사

이규조 | 지음

일빛

교과서에서 절대 가르치지 않는 세계사

펴낸곳 도서출판 일빛
펴낸이 이성우
지은이 이규조

등록일 1990년 4월 6일
등록 번호 제10 - 1424호

1쇄 인쇄일 2005년 5월 25일
1쇄 발행일 2005년 5월 30일

주소 121-837 서울시 마포구 서교동 339-4 가나빌딩 2층
전화 02) 3142-1703~5 팩스 02) 3142-1706
E-mail ilbit@unitel.co.kr

값 10,000원
ISBN 89-5645-076-5 (03900)

■ 잘못된 책은 바꾸어 드립니다.

지은이 서문

역사라고 하면 웬지 딱딱한 분야라고 느끼는 사람들이 많다. 하지만 조물주는 역사를 우리가 배웠던 교과서처럼 따분하게 연출하지는 않았다. 우리에게 상식처럼 알려져 있는 위인과 영웅의 활약 뒷면에는 온갖 실수와 욕망, 무지와 오만들이 숨겨져 있다. 이러한 무대 뒤 이야기는 역사서에서 무시되고 삭제되어 왔지만, 사실 이러한 뒷이야기를 통해서 우리는 여러 역사적 사실들을 더욱 명료하고 구체적으로 느낄 수 있는 것이다. 현미경으로 살피듯 자세하게 살피면 살필수록 역사가 재미있어지는 것은 그 때문인지도 모른다.

하지만 우리가 배웠던 역사 교과서들은 그렇게 자상하게 역사를 기록할 여유가 없다. 대략 5천 년에 걸친 인류의 역사를 400쪽 안팎으로 정리해 놓았으니 교과서에서 아기자기한 재미와 교훈을 얻는다는 것은 그리 쉬운 일이 아니다. 온갖 드라마와 비화들은 행간으로 사라지고 무미건조한 고유 명사들만 암기 사항으로 남았다는 인상이다.

필자는 20년 전 수업 시간에 틈만 나면 교과서 안쪽에 추리 소설을 숨겨놓고 읽곤 했다. 세계사 선생님도 곧 눈치를 채고 수업 시간에 꼼꼼한 노트 필기를 하게 하고는 나중에 노트 검사까지 해 세계사 시간을 더욱 따분하게 만들었다. 그러던 필자가 역사 서적에 흥미를 느끼게 된 것은 엉뚱하게도 군사 훈련을 하던 '교련' 시간 때문이다. 어느 날 밖에 비가 내리자 교련 선생님은 예정되어 있던 총검술 훈련을 취소하고 교실에서 몽골 제국의 전쟁 이야기를 들려주었다. 선생님은 몽골 초원의 목동들이 전장에 나갈 때는 어떤 무기를 들었는지, 그 갑옷은 얼마나 가벼웠는지, 조직은 어떻게 짰는지, 이에 대항하는 유럽의 병사들은 왜 맥없이 패배했는지를 실감 나게 들려주었다. 필자는 책상 밑에 숨겨놓고 읽으려던 소설책을 덮고서 선생님의 이야기에 빠져들었다.

교과서에서 암기할 부분에 빨간 펜으로 밑줄을 긋고 무심코 지나쳤던 부분에 그렇게 재미나는 이야기가 숨어 있는 줄은 몰랐던 것이다. 그 이후로 필자가 교과서 외에 여러 역사 관련 책들을 찾아서 읽게 된 것은 그 비 오는 날 교련 수업 때 촉발된 호기심 덕분이었다.

이것이 바로 필자가 이 책을 쓴 이유이자 밑천이었다.

이 책은 정사에서 다루지 않는 세계사의 숨겨진 이야기나 뜻밖의 사실들을 발굴하여 모아놓았다. 본격적인 역사학 책은 아니지만 그렇다고 마냥 공연한 잡담만 한 것은 아니다. 이 책을 통해 잘못된 선입견이나 편견을 바로잡고, 역사를 다양하게 바라볼 수 있는 기회가 되리라 기대한다.

드라마보다 놀라운 사실들을 만나고(1장), 잘못된 상식과 편견을 바로잡고(2장), 역사를 무대 뒤로 돌아가서 살펴보고(3장), 현미경으로 확대해보는(4장) 과정에서 독자들은 역사를 좀더 친근한 것으로 느끼게 될 것이다.
 이 책이 계기가 되어 여러 독자들이 역사에 더욱 흥미를 느끼고, 스스로 각종 역사 책을 찾아서 읽고자 하는 욕구를 느낀다면 더 바랄 게 없겠다.

Contents

1장 사실은 드라마보다 놀랍다 ·········· 13

미국에도 황제가 있었다 · 15
토마스 아퀴나스의 시신이 토막 난 까닭 · 19
태양왕 루이 14세의 말 못할 고통 · 22
모기 한 마리 죽인 죄로 유배를 당하다 · 28
고액 과외, 고대 그리스에도 있었다 · 32
플라톤은 동성연애자였다 · 35
1차 대전 때 독일군을 무찌른 비밀 병기는 '물통'이었다 · 38
흑사병에 대한 기상천외한 처방전 · 41
맥킨리 미국 대통령의 정치 개그 · 45
인디언 여인 포카혼타스는 실제 인물 · 48
영국인의 평균 수명이 15세였던 까닭 · 50
기적을 연출해내는 무식한 사제 · 52
가짜 왕의 불행과 행운 · 55
칭기즈칸의 군대를 물리친 베트남의 진흥도 · 58
바빌로니아의 왕은 해마다 한 번씩 따귀 맞고 눈물을 흘린다 · 62
허풍쟁이 혁명가 바쿠닌과 네차예프 · 65
아내를 줄 수는 있어도 영토는 줄 수 없다 · 70
불타는 애국심으로 해적질에 나선 드레이크 선장 · 75
바이칼 호의 철갑상어 알을 먹기 전에 알아두어야 할 사실 · 80

2장 잘못된 상식 바로잡기 ... 83

'올림픽 정신'이 지켜진 고대 올림픽은 한 번도 없었다 • 85
노예 해방에 무관심했던 링컨 대통령 • 90
워싱턴 대통령은 정직한 사람이 아니었다 • 93
진시황을 위한 변론 • 95
스파르타의 여성들의 운동은 국방을 위한 훈련이었다 • 101
르네상스는 만능인의 시대였다 • 104
종이를 발명한 사람은 채륜이 아니다 • 109
아테네와 스파르타의 여성복 패션이 달랐던 까닭 • 111
뉴턴은 종말론자였다 • 114
아고라 없는 폴리스는 없다 • 119
마호메트의 열네 번째 결혼은 왜 성사되지 못했나 • 122
십자가와 예수 • 126
미국의 선조들은 게으름뱅이들이었다 • 131
마적은 강도 집단이 아니다 • 136
나폴레옹의 거짓말 • 141
과연 '주지육림'으로 망했나 • 147
진나라의 법은 가혹하기만 했을까? • 150
본래 인도와 태국은 서양에 있었다 • 153
1천 년을 속여온 바이킹의 거짓말 • 155

3장 역사는 무대 뒤에서 만들어진다 · 157

제2차 세계대전을 결정지은 암호전 · 159
영국 여왕의 혈우병이 러시아 혁명을 촉진하다 · 165
품위 있는 줄행랑 — 마리 앙투아네트의 왕비병 · 171
일장기는 아편 제품의 상표였다 · 174
국제 회의에서 스파이로 활약하던 창녀들 · 180
신탁은 꿈보다는 해몽이었다 · 184
아일랜드 인의 눈물 젖은 감자 · 187
루터의 아내는 수녀였다 · 191
정치는 백수들의 전유물이었다 · 195
원자 폭탄은 왜 하필 히로시마에 떨어졌을까? · 199
소금을 먹고 자라는 반정부 세력 · 204
범죄의 만연이 러시아 혁명을 도왔다 · 208
교황은 히틀러와 무솔리니를 지지했다 · 213
옛날, 목숨을 걸 만한 향신료 장사 · 216
황제 만세! 환관 구천세! · 218
처세의 명인 — 풍도 · 223

4장 현미경으로 보면 더욱 재미있다 227

첫 대면 때 미국과 일본은 장기 자랑을 했다 • 229
아테네 재판정에서 벌어진 알몸 자랑 • 232
몽골 군은 왜 강했나 • 234
후추는 제국주의를 키워냈다 • 241
민주주의는 전쟁이 가져다주었다 • 245
홍수가 심할수록 세금도 많아진다 • 249
에덴 동산을 휩쓴 홍수 • 252
바벨 탑은 실재했다 • 254
고대 올림픽 경기 방식은 지금과 크게 달랐다 • 258
3백 년 전에 겪은 주식 폭락과 거품 경제의 붕괴 • 264
왕권의 상징 — 정(鼎) • 269
진시황은 왜 차륜의 폭까지 통일했을까? • 272
'피와 눈물'이 흐르는 가나안 • 275
움직이는 도시 — 중국 정화의 대선단 • 281
서부 전선 이상 있다 • 286
식량을 둘러싼 말과 인간의 대결 • 289
노트르담의 꼽추가 종을 친 까닭 • 292
학생이 교수의 봉급을 결정하는 대학 • 295
자금성의 조공 풍경 • 301
보이콧으로 쫓겨난 보이콧 • 307
변발족과 속발족의 싸움 • 312
고대 알렉산드리아 도서관의 장서는 어떻게 모았나 • 316
오뉴월에 모피를 8겹이나 껴입고 자랑하는 일본의 왕자 • 321
영국 젠틀맨의 혼수품 걱정 • 324

1

사실은 드라마보다 놀랍다

서양사에서 가장 위대한 군주 가운데 하나로 꼽히는 루이 14세.
그는 놀랍게도 반평생 동안 고약한 악취를 풍겨서
주변 사람의 코를 괴롭혔다.
알고 보면 이 악취는 절대 왕정의 문화에 그 먼 원인을 두고 있다.
그가 절대 군주가 아니었다면
아마도 그렇게 고약한 악취를 풍기지는 않았을 텐데……
때때로 역사는 이렇게 소설보다 놀라운 장면을 연출해왔다.

미국에도 황제가 있었다

미국의 황제 노턴 1세가 배를 타고 여행을 하려 했다. 그런데 황제를 알아보지 못한 선장이 무엄하게도 돈을 내지 않으면 태워줄 수 없다며 거절하는 것이 아닌가. 그러자 곧 샌프란시스코 거리에 다음과 같은 포고문이 나붙었다.

> 아메리카 합중국의 황제요 멕시코의 보호자인 노턴 1세는 기선 회사가 새크라멘토 항해를 거부했기 때문에…… 반항하는 이 회사가 짐의 명령에 따를 때까지 새크라멘토 강을 봉쇄할 것을 선언하노라.
>
> 1866년 2월 8일 샌프란시스코 노턴 1세

이 선언을 전해 듣고 크게 놀란 기선 회사는 곧바로 황제에게 평생 승선권을 기증했다. 황제를 거부한 일개 선장에게 죽음을 선고하지 않고 다만 명령에 따를 때까지 강을 봉쇄한 미합중국의 황제는 참으로 너그럽지 않은가. 그런데…… 이상한데? 미국에 황제가 있었나? 조지 워싱턴 이래로 미국은 줄곧 대통령제였지 않은가. 물론 그렇다.

하지만 이 이야기는 실제로 있었던 사건이다. 황제 노턴 1세는 19세기 말 샌프란시스코에 분명히 존재했다. 다만 여느 황제와 다른 것은 스스로 황제라 자칭하고 나선 가난한 남자였다는 점이다.

즉위 선언에서 그가 주장한 바에 따르면 '미합중국 시민 대다수의 간절한 요청과 소망'을 물리칠 수 없어 황제가 되지 않을 수 없다는 것이었다. 더구나 새 황제는 역사상 뭇 영웅들이 그러했듯이 미국 영토에 만족하지 않고 '멕시코의 보호자'까지 자임하고 나섰다.

샌프란시스코 시민들은 이 선언에 너털웃음을 지었지만 이 중년 사나이의 깨끗한 매너와 너무도 진지한 태도에 눌려 황제의 뜻을 따르기로 했다. 사실 황제가 지나친 요구를 하지 않았으므로 황제의 뜻에 따르기도 그리 어렵지는 않았다. 레스토랑 주인은 그가 주문하는 대로 요리를 내주면 되었고, 그가 총애하는 신하인 두 마리의 개에게도 먹이를 주면 되었다.

인쇄소 주인은 황제의 주문에 따라 '국채'를 인쇄해 주었고, 상점 주인이나 은행은 황제가 발행하는 국채를 사줘 황제의 '재정'을 든든하게 해주었다. 황제는 결코 국채를 남발하지 않고 검소한 생활에 꼭 필요한 작은 액수만 발행했고, 더구나 그 액면가도 25센트나 50센트의 저가였다. 그리하여 노턴 1세는 다른 황제들과 마찬가지로 손수 직업을 갖지 않고도 생계를 해결할 수 있었다. 그렇다면 황제는 그 국채를 어떻게 갚았을까? 상환 일자는 1880년의 어느 날이었는데, 다행히도 황제는 그 며칠 전에 '승하'하셨다.

또한 황제는 국제 정세나 정치에도 큰 관심을 드러내 의회가 열리면 반드시 참석해 귀를 기울였다. 물론 방청석 맨 앞자리에서. 그리고 의회가 끝나면 어김없이 기자 회견을 갖고 의견을 발표했고, 그의 의견은 신문에 실렸다.

샌프란시스코에서 그를 모르는 자는 없었다. 극장표도 기차표도 모두 무료였다. 황제는 유난히 산책을 좋아했는데, 길거리에서 만나는 시민들은 깍듯이 인사를

미국의 황제 노턴 1세

했다. 언제나 황제를 따르던 신하 '바머'가 죽었을 때는 몇천 명이 모여 황제와 함께 애도의 뜻을 표했을 만큼 그는 시민들의 사랑을 받았다('바머'는 황제를 따르던 애완견의 이름이다).

욕심이 없는 이 황제에게는 부족한 것이 없었다. 다만 한 가지 아쉬운 점이라면 그에게 황후와 황태자가 없다는 것이었다. 근세의 입헌 군주제에서 가장 이상적인 황제 상이 '군림하되 통치하지 않는다'는 것이라면, 아마도 노턴 1세야말로 가장 이상적인 황제였을 것이다.

그렇다면 노턴 1세의 정체는 무엇이었을까? 그의 본명은 조슈아 노턴. 1819년에 영국계 유대 인으로 태어나 어릴 때 남아프리카로 이주했다. 일찍이 상업에 종사해 돈을 조금 모은 뒤 브라질을 거쳐

샌프란시스코로 흘러들어왔다. 당시 골드러시로 한창 번성하던 샌프란시스코에서 그는 부동산 투기로 큰 돈을 모았지만 곧 파산해 빈털터리가 되고 말았다. 그리고 갑자기 샌프란시스코에서 사라졌다가 1859년에 불쑥 다시 나타나 황제에 등극했다.

물론 상점이나 레스토랑에서 그를 반갑게 맞이한 것은 노턴 1세의 유명세가 광고에 도움이 되기 때문이었다. 하지만 더욱 중요한 것은 골드러시로 번성한 샌프란시스코의 각박한 분위기에서 노턴 1세의 존재는 신선한 청량제기 때문이다. 돈벌이에 급급한 시민들이 뭔가 따뜻한 낭만을 갈구하고 있었던 것인지도 모른다.

1880년 1월 8일, 노턴 1세는 비 내리는 길가에 쓰러져 숨을 거두었다. 황제가 죽자 백만장자에서 가난뱅이까지 모두들 그의 죽음을 애도했다. 노턴 1세가 죽은 뒤 한 전기 작가는 그의 전기를 남겨 후세에 전했다.

토마스 아퀴나스의 시신이
토막 난 까닭

테레사 수녀가 세상을 떠났을 때 종파를 떠나서 전 세계 사람들이 그의 장례 행렬을 애도한 기억이 새롭다. 상상하기에도 끔찍하지만, 테레사 수녀가 만약 중세 사람이었다면 많은 추종자들은 그녀의 시신을 토막 내 커다란 솥에 넣고 삶아버렸을 것이다. 중세의 유명한 성자치고 사지가 온전하게 묘에 묻힌 자는 거의 없었다. 대개는 의복·머리카락·손톱, 심지어는 치아·손가락·팔·발·머리·몸통 등 자를 수 있는 부분은 모조리 잘랐다.

실제로 성녀로 추앙받던 엘리자베스 드 옹그리가 죽자 수많은 신자들이 몰려와 그녀의 머리카락과 손톱, 심지어는 젖꼭지까지 잘라갔다. 그러니 테레사에 대해서 잔인한 상상을 하는 것도 결코 무리는 아니다. 또한 로마 가톨릭 교회에서 가장 뛰어난 철학자요 신학자로 추앙받은 토마스 아퀴나스는 죽자마자 제자들에게 목이 잘려지고 통째로 솥에 넣어 삶아지고 말았다. 왜 이런 해괴한 일이 일어났을까?

중세 유럽 인을 사로잡고 있던 종교적 열정은 기독교 본래의 구원 사상이나 스콜라 철학의 원대한 이론이 아니라, 성유물(聖遺物)

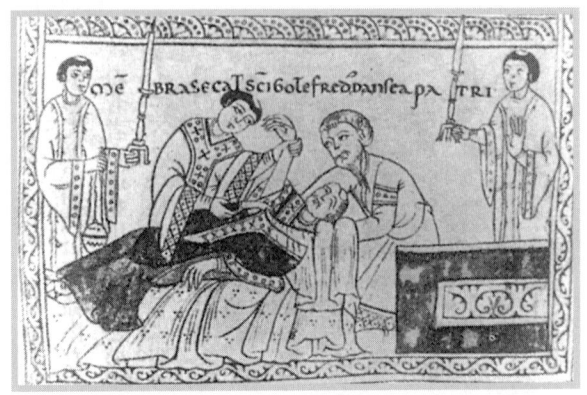

성자의 유체를 칼로 자르려고 하는 제자들. 육체뿐만 아니라 의복이나 몸에 지니고 있던 소지품들도 영험을 발휘하고 각종 기적을 낳는다고 믿었다.

의 공덕에서 비롯된 것이었기 때문이다. 곧 유명한 성인의 신체는 비할 데 없이 귀한 보물, 곧 성유물로 간주되었다.

이 성유물의 용도는 매우 다양했다. 우선 악귀를 물리치는 부적으로 쓰였고, 병을 고치는 데도 쓰였다. 심지어 성유물로 돌림병을 고쳤다는 이야기까지 전해지고 있었다. 또한 성경에 손을 얹고 각종 선서를 할 때에도 쓰였다.

베네치아의 한 상인이 아프리카 수도원에서 우연히 성유물을 돈으로 구입해 베네치아로 돌아왔을 때 베네치아의 모든 시민이 며칠 동안이나 축제를 벌였다는 것은 유명한 일화다. 복음서의 저자인 성 마르코의 시체를 갖게 됨으로써 베네치아는 대단한 자부심을 가질 수 있었기 때문이다. 베네치아의 연대기에 따르면 "온 거리가 미친 듯이 기뻐했다. 어느 길모퉁이에서도 사람들이 모이기만 하면 언제나, 성인은 베네치아의 번영과 영광을 보증해 준다고 서로 말했다." 이럴 정도로 성유물의 가치는 대단했다.

특히 예수에게서 나온 성유물은 최고급으로 간주되었다. 가시 면류관이나 성혈은 물론이고 예수가 못 박혔던 십자가의 나무 조각, 거기에 박혔던 못, 옆구리를 뚫은 창까지 모두가 최고의 성유물이었다. 물론 그런 것이 제대로 남아 있을 리는 없지만, 성유물 숭배가 성행하던 시대에는 아무도 그 진위를 문제 삼지 않았다.

성유물의 용도가 그처럼 광범해지자 제아무리 성자가 많은 가톨릭 교회라 할지라도 그 많은 수요에는 당할 도리가 없었다. 궁한 나머지 성유물은 꼭 진짜가 아니더라도 같은 효과를 나타낸다는 견해가 유포되었고, 성유물 모조 사업은 금세 주요한 산업으로까지 부상했다. 그 결과 유명한 성자일수록 기이한 괴물이 되고 말았다. 왜냐하면 손이나 발 따위가 몇십 개씩이나 되었으니까. 때로는 교회들 사이에 자신들의 것이 진짜니 가짜니 하는 웃지 못할 논쟁까지 벌였다. 제4차 십자군이 콘스탄티노플을 점령했을 때 온 유럽 인이 기뻐했다고 한다. 그 가장 중요한 이유는 콘스탄티노플이 당시 세계 최대의 성유물 생산지였기 때문이다.

태양왕 루이 14세의 말 못할 고통

한국 사람들이 김치 냄새에 무디고, 서구인들이 자신들의 노린내에 무디듯, 어느 시대에나 일반적인 냄새는 동시대 사람들끼리는 그리 의식하지 못하는 법이다. 그러나 지독한 냄새로 동시대 사람들에게도 악명 높았던 사람이 있었는데, 바로 프랑스의 태양왕 루이 14세였다. 그의 악취는 주위 사람들에게 고통에 가까웠다.

유럽의 모든 전제 군주가 모범으로 삼았던 프랑스의 태양왕 루이 14세가 아닌가. 국왕이 아침에 일어나 잠옷을 벗고 정장을 차려 입는 데에만 1백여 명의 신하들이 참석했고, 양말이나 모자 하나를 건네주는 것도 커다란 영광이었으며, 특히 내복을 건네는 일은 최고의 특권이었을 정도로 그의 위세와 권위는 대단했다. 그러니 태양왕의 키스는 말할 것도 없고, 가까운 거리에서 대화하거나 식사를 한다는 것은 모든 귀족들이 갈망하는 엄청난 영예가 아닐 수 없었다. 하지만 이런 영예를 누리려면 왕이 내뿜는 고통스러운 악취를 견뎌낼 만한 인내력이 필요했다.

17세기에는 일반적으로 목욕을 하는 습관이 없었으므로 누구에게나 고약한 체취는 특별한 것이 아니었다. 그런데 왜 태양왕의 체취만 유독 고약했던 것일까? 루이 14세에게서 풍기는 악취를 통해 그 시대의 문화와 의료 수준의 단면을 들여다보자.

당시 태양왕은 세 명의 시의(侍醫)를 거느리고 있었는데, 그들은 당시 유럽에서 가장 유명한 대학인 파리의 소르본에서 교육받은 의학 지식으로 무장하고 있었다. 우리는 이 의사들이 남긴 세세한 의료 기록을 통해 태양왕의 말 못할 고통을 알 수 있다.

우선 의사 다칸을 예로 들어보자. 그는 인간의 몸 가운데 치아처럼 위험한 질병원은 없다고 굳게 믿고 있었다. 이 의사는 일반 신하의 이라면 그냥 방치해둘 수도 있겠지만 국왕 폐하의 것이라면 이가 아직 건강할 때 남김없이 뽑아버려야 한다고 확신하고 있었다. 물론 루이 14세는 처음에는 거부했지만, '폐하의 건강은 곧 폐하의 영광'이라는 말에 홀려서 결국 "나의 영광을 위해서라면 어떤 일이라도 할 용의가 있다. 죽어도 좋으니 시행하라"며 승낙했다. 루이 14세는 멀쩡한 이를 다 뽑아내고도 다행히 죽지는 않았다. 의사는 제딴에 훌륭한 조치를 취해 왕의 아랫니를 빼다가 함께 턱까지 금이 가게 하고, 윗니와 함께 입천장의 대부분을 제거해 버렸다. 이러한 조치는 소르본의 가르침에 따라 마취도 없이 이루어졌다.

왕의 아래턱은 곧 아물었지만 제거된 입천장은 보충할 도리가 없었다. 그러나 의사는 그런 데는 개의치 않았다. 한 달 뒤 그는 일기에 이렇게 기록했다. "살균할 목적으로 폐하의 입천장에 뚫린 구멍을 뜨겁게 달군 쇠막대로 열네 번에 걸쳐 지졌다."

그 이후로 왕과 함께 식사를 하는 사람들은 식사 때마다 왕이 포도주를 마시면 반 잔 정도가 곧바로 콧구멍으로 흘러내리는 묘기를 보게 되었다. 더 가관인 것은 왕의 입에서 코를 향해 뚫려 있는 구멍에 끊임없이 음식물 건더기가 들러붙어 며칠이 지난 뒤에야 콧구멍을 통해 튀어나오는 것이었다. 이로써 악취의 원인 한 가지를 알 수 있다. 하지만 악취의 원인은 이에 그치지 않는다.

태양왕은 이가 없었기 때문에 씹지도 않고 막대한 양의 음식물을 먹어치웠다. 그의 유명한 식욕은 사람들의 감탄을 자아냈는데, 당시는 이것을 하느님이 프랑스 국민에게 내려주신 축복이라고 믿었다. 그러나 태양왕의 왕성한 식욕은 하느님의 축복이 아니었다. 뱃속에 기생충을 부양하고 있었기 때문이었을 뿐이다. 이 사실은 왕의 배설물에 대한 기록이 남아 있는 덕분에 알 수 있다.

태양왕의 점심 식사에는 커다란 접시에 오리·토끼·꿩·종다리·닭·칠면조·자고새가 등장했는데, 그것은 보통 10시간에서 12시간 동안 흐물흐물해지도록 삶은 것이었다. 이가 없는 왕을 위한 배려였다. 그리고는 오후 내내 심한 소화불량에 시달렸다. 의사의 일기에 '바쁠'이라는 말처럼 자주 등장하는 단어도 없는데, 이는 장내의 온갖 가스를 뜻한다. 여기서 악취의 두 번째 이유를 알 수 있다.

의사 다칸의 일기를 보자. "폐하는 오늘도 또 토하셨다. 나온 것은 대개 전혀 씹히지도 않고 소화도 안 된 것이었는데 그 속에는 다량의 버섯이 섞여 있었다." 그러나 의사 다칸은 전혀 걱정하지 않았다. 소르본의 가르침은 위보다는 장이 더 중요하며, 텅 빈 장이야말로 건강한 장이라고 가르쳤기 때문이다. 따라서 의사는 줄곧 설사약을 처방해 장을 비웠다. 왕에게 바치는 설사약이므로 좀더 질이 좋고 효과도 강력한 약이어야 했다. 그래서 태양왕은 날마다 뱀 가루와 말똥과 유향을 섞은 물약을 마셨다. 이 약은 놀라울 정도로 약효가 훌륭했다. 그래서 태양왕은 날마다 14번에서 18번이나 대변을 보아야 했다.

우리는 이 장면에서 악취의 또 다른 원인을 짐작할 수 있다. 뱃속에서 위급함을 알리는 신

1701년의 루이 14세. 화려한 차림을 보면 전혀 고약한 냄새가 날 것 같진 않은데…….

호가 오더라도 점잖은 신분에 어찌 화장실로 뛰어갈 수 있겠는가. '싸더라도' 품위 있게 걸어갈 수밖에 없었을 것이다. 덕분에 태양왕에게 화장실은 정무를 보던 주요 공간 가운데 하나였다.

마침내 의사의 일기에, "폐하는 오늘도 혈변을 보셨다"는 기록이 늘어갔고, 결국에는 폐하의 고귀한 엉덩이에 주먹만한 종양이 생겼다. 그리하여 모든 관리들에게 왕과 비슷한 종양을 갖고 있는 시민을 전부 찾아내라는 명령이 떨어졌다. '외과의 대가'인 소르본의 페릭스 교수는 한 달에 걸쳐 이 가엾은 인간 모르모트의 엉덩이를 과감하게 잘라내고 꿰맸다. 왕의 엉덩이를 수술하기 위해 의학적인

1장 사실은 드라마보다 놀랍다 **25**

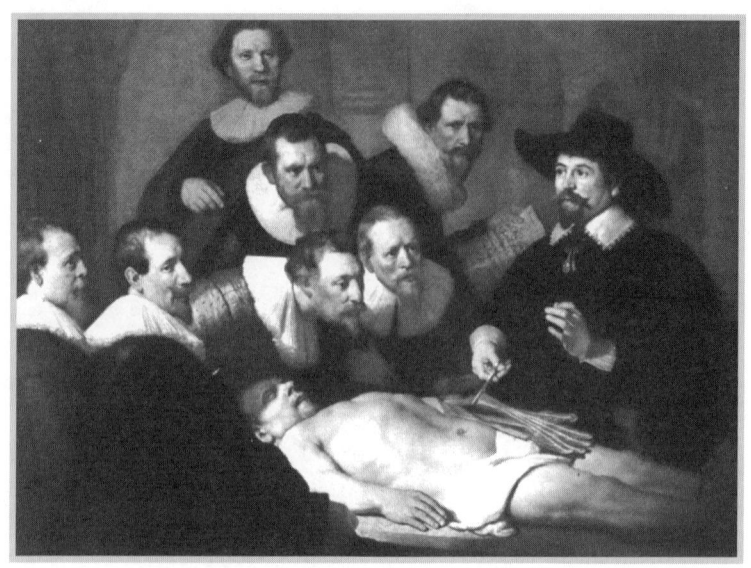

렘브란트가 1632년에 그린 『니콜라스 툴프 박사의 해부학 강의』. 진지하기 짝이 없는 표정들이지만 루이 14세의 치료 과정을 보면 그 수준은 그다지 믿을 만한 것이 못 되었던 모양이다.

경험을 쌓으려는 것이었다. 수많은 인간 모르모트들이 잇따라 묘지로 보내졌다.

마취도 없이 엉덩이의 종양을 제거하는 수술이 성공한 것은 요즘 시각으로 보면 거의 기적이다. 수술이 끝난 뒤 수술의 성공에 대해 하느님께 감사드리는 미사가 열리자, 태양왕은 자신의 건재함을 유럽 제국에 과시하기 위해 참석해야 했다. 더구나 몇십 명이 보는 앞에서 점심 식사를 들어야 했으며, 오후에는 두 시간 동안 국정 회의까지 주재해야 했다. 그 엉덩이로 앉아서 말이다.

아무튼 사정이 이러하니 루이 왕의 악취는 유별나지 않을 수 없었다. 왕비 맹트농이 뒷날 신앙에 깊이 빠져서 루이 14세에게 '육욕의 죄를 짓기보다는 종교적인 수양에 힘을 쓰라'고 촉구하며 남편을 멀리하고 제 방에 틀어박히게 된 것도 아마 절실한 딴 이유가 있었을 것이다.

루이 14세의 체취는 좀 심한 경우지만, 중세의 유럽 인은 대체로 목욕에 게을렀으므로 고약한 체취는 일반적이었다. 요즘 세계 여성들을 매혹시키는 프랑스 향수는 고약한 체취를 감추기 위한 프랑스 인 선조들의 안간힘에서 크게 발전할 수 있었다.

모기 한 마리 죽인 죄로
유배를 당하다

　위대한 군주로 손꼽히는 인도의 아소카 대왕은 그 자비의 정치가 동물에게까지 미쳐서 동물을 제물로 바치는 것을 금하고 곳곳에 동물 병원까지 세웠다고 한다. 2200년 전의 인물이지만, 한국인이 개고기를 먹는다고 펄펄 뛰는 열렬한 동물 보호론자 브리지트 바르도 뺨치는 정책이 아닐 수 없다.

　그런데 17세기 일본에서도 동물 보호에 관한 한 아소카 대왕 못지않은 열렬한 동물 보호 정책이 실시되었다. 1685년에 첫 번째 동물 애호 법령이 나왔고, 그 2년 뒤부터 잇달아 관련 법령이 공포되었다. 그 '성군'의 이름은 도쿠가와(德川) 막부의 5대 쇼군(將軍) 도쿠가와 쓰나요시(德川綱吉)다. 애호의 대상이 된 동물은 소・말・개・고양이・원숭이・닭・거북이・뱀을 비롯한 모든 짐승과 어패류・조류에까지 이르렀다. 더구나 물고기를 산 채로 팔지 못하게 해 일본인이 좋아하는 생선회 요리가 갑자기 사라졌고, 서민에게 친숙하던 장어나 미꾸라지 요리까지 금지되었다. 심지어 모시조개나 대합 같은 조개류까지 금지했지만 이것만은 맹렬한 진정 운동에 부딪혀 예외로 인정되었다. 닭을 키우는 것은 괜찮지만 계란을 먹어서는 안 되며, 반드시 병아리로 부화시켜 키워야 했다.

요즘의 동물 보호론자들이 보면, 좀 심하기는 해도 그 본뜻은 괜찮았구나 하고 생각할지도 모르겠다. 하지만 문제는 이것이 한낱 우스꽝스러운 에피소드로 넘길 수 있는 것이 아니었다는 데 있다. 캠페인이 아니라 법령으로 제정되었기 때문이다. 곧 어기면 응당 처벌이 뒤따른다는 말이다. 그 처벌이 참으로 가혹했기 때문에 당시 막부 지배 아래 있던 에도(江戶)의 백성들은 이 '동물 사랑'의 법령을 두려워하는 웃지 못할 상황이 벌어졌다.

금붕어를 기르는 자는 몇 마리를 기르는지 보고하고 금붕어를 풀어주고 싶으면 신고하라는 지시가 떨어지자, 에도에서는 곧바로 7천 마리 정도가 신고되어 어느 절의 연못에 방생되었다. 금붕어가 죽으면 그 책임을 추궁당할까 두려워한 사람들이 매우 많았다는 것을 말해주는 일화다.

특히 막부는 개를 보호하기 위해 에도의 각 마을에 개의 호적 대장을 작성하게 해 개를 함부로 처분하지 못하게 했다. 그러자 백성들은 기르던 개가 행방불명되면 두려움에 떨며 찾아 나섰고, 끝내 찾지 못하면 비슷하게 생긴 다른 개를 붙들어오는 사태까지 벌어졌다.

법령 위반자에 대한 처벌이 얼마나 가혹했기에 그랬을까? 얼굴에 앉아 피를 빠는 모기를 죽였다가 유배형을 당한 농민이 있는가 하면, 병을 앓는 어린아이에게 제비가 특효약이라는 민간요법에 따라 제비를 죽인 아비가 사형에 처해지고 그 자식도 추방형을 당했다. 어느 무사는 개한테 물리자 화가 나서 그 개를 칼로 베어 죽였다가 할복을 명령받았다. 또 오사카의 어느 두 무사는 총으로 들짐승을 잡아 내다팔려다가 발각되어 역시 할복했으며 그 자식은 유배를 당했다. 또 어느 목수의 제자는 개를 칼로 죽인 것이 밝혀져 참수되고 그 머리가 거리에 매달렸다. 당시의 기록에 따르면 짐승 한 마리 때문에 극형을 당하고 일족이 벌을 받아 가족이 뿔뿔이 흩어지게 된 가엾은 자들이 수천에서 1만 명에 이르렀다고 한다. 백성들의 눈에 골목을 오가는 개들의 표정이 더없이 오만하게 보였으리라는 것은 불을 보듯 뻔하다.

쇼군의 이러한 '동물 사랑' 정책은 당연히 백성들의 반감을 사게 되었다. 그런데 그 반발의 형태가 재미있다. 에도의 북쪽 변두리의 어느 거리에 개 두 마리의 사체가 길거리에 내걸렸는데, 그 옆에 '이 개는 벼슬아치의 위세를 업고 여러 인간을 괴롭혔으니 이렇게 처벌하노라'는 글이 나붙었다. 막부의 정책에 대해 드러내놓고 반항한 셈이다.

결국 백성들은 동물 애호 법령이 나올 때마다 개를 사랑하기는커녕 더욱 미워하고 기피하게 되었고, 나중에 혹시 무슨 문제가 생길까 두려워 주인 없는 개들에게 먹이조차 주지 않았다. 사나운 개들이 거리를 돌아다니며 어린아이들을 물어 죽이기도 하고 민가의 식량을 먹어치웠지만 사람들은 손쓸 도리 없이 지켜볼 뿐이었다.

그러자 막부가 나서서 2만5천 평의 땅에 개집을 지어 중신들이 관리에 나섰다. 하지만 곧 개들로 만원이 되어 다시 16만 평의 땅에 개집을 지어야 했다. 개들을 부양하는 데 드는 비용이 1년에 금 9만 냥이었는데, 당시 막부의 세수입이 80만 냥이었으므로 결국 예산의

11%가 소비된 셈이다.

  이쯤 되면 과연 도쿠가와 쓰나요시 쇼군의 정책이 생명 사랑 정책인지 어떤 건지 헷갈리게 된다. 쇼군은 왜 이런 무리한 동물 보호 정책을 실시했을까? 쇼군에게는 후사를 이을 외아들이 있었는데, 그 아들이 죽고 말았다. 하지만 아무리 애를 써도 아들이 태어나지 않았다. 이때 한 승려가 말하기를, 생전에 범한 살생의 업보 때문이므로 아들을 낳으려면 동물을 보호해야 하며, 쇼군이 개띠이므로 특히 개를 소중히 보호해야 한다고 말한 것이 발단이 되었다. 결국 쇼군의 동물 보호령은 권력을 세습하기 위한 집착에서 비롯된 것일 뿐 결코 동물 사랑에서 비롯된 것은 아니었다. 명분이 이러하니 대신들도 드러내놓고 반대하지 못했다.

  쇼군의 동물 사랑은 죽을 때까지 변치 않았다. 그는 "1백 년 뒤에도 이 법만은 존속하게 하라"는 유언을 남기고 죽었다. 하지만 그가 죽은 지 단 열흘 만에 이 법령은 폐지되고 말았다.

  자애로운 불교 사상에 근거한 아소카 대왕의 동물 보호와 쇼군 도쿠가와 쓰나요시의 동물 보호는 본질 면에서 달랐다. 도쿠가와 쓰나요시가 과연 극락에 갔을지 지옥으로 떨어졌을지 퍽 궁금하다.

고액 과외, 고대 그리스에도 있었다

아테네에서는 자식의 입신양명을 원하는 부모들이 자식을 소피스트에게 보내 웅변술을 배우게 했다. 소피스트들이 제자들에게 웅변술을 가르치며 받는 수업료는 대단히 비쌌다. 프로타고라스는 한 과목에 2탈렌트나 받았다. 당시 1탈렌트면 군함 한 척을 건조할 수 있었으므로 엄청난 고액이었던 셈이다. 때문에 프로타고라스는 당시 최고의 조각가였던 페이디아스의 열 배 이상의 돈을 벌었다고 한다.

아리스토파네스는 그의 작품 『구름』에서 소크라테스의 학원에서는 "돈만 주면 옳건 그르건 상관없이 웅변으로 이기는 방법을 가르쳐준다"고 말하고 있다.

그럼 왜 소피스트들에게 웅변술을 배우면 출세가 보장되었을까? 그것은 당시 아테네의 민주정과 관련이 깊다. 민주정에서는 어떤 일을 결정할 때 많은 사람들의 찬성을 끌어낼 수 있도록 매끈하게 말하는 것이 중요했다. 웅변을 잘해야 고위직에 오를 수 있고 타인을 마음대로 지배할 수 있었으며, 타인의 공격을 물리칠 수도 있었기 때문이었다.

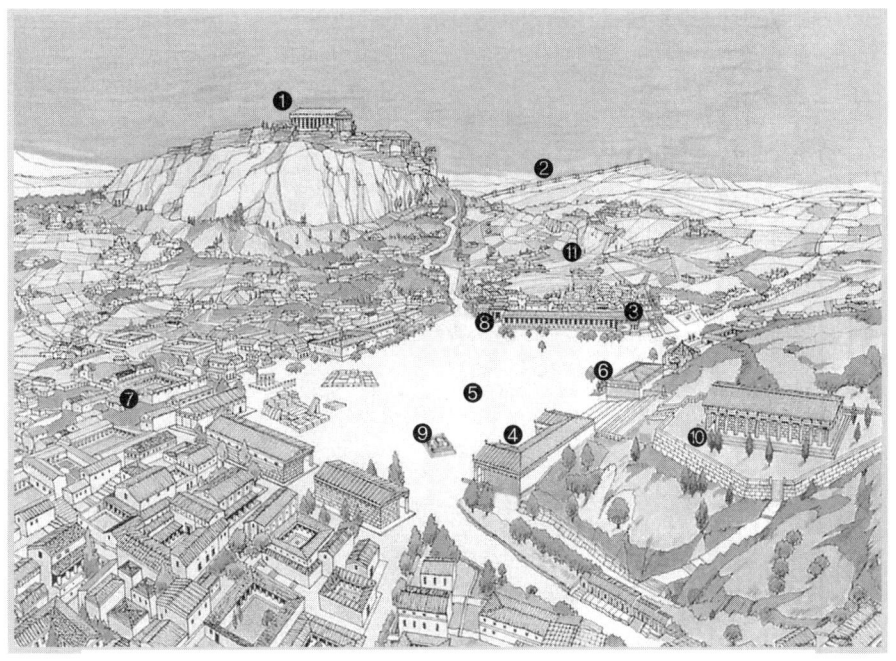

페리클레스 시대의 아테네
① 아크로폴리스 ② 성벽 ③ 민중재판소 법정 ④ 상점 ⑤ 아고라 ⑥ 평의회 의사당 ⑦ 건설 중인 법정 ⑧ 조폐소 ⑨ 12신의 제단 ⑩ 헤파이스토스의 신전 ⑪ 아레오파고스의 언덕

당시 아테네의 인구는 3만 명으로 알려져 있는데, 최고 의결기관인 민회에 이 인구가 다 참여하는 적은 거의 없었다. 이 가운데 6천 명이 출석하면 정족수였는데, 그 숫자도 모이지 않자 출석자에게 일당을 지급하게 되었다. 6천 명이나 모이는 대규모 집회였으므로 크고 낭랑한 목소리로 연설을 잘하는 것이 대단히 중요했다. 게다가 당시 아테네 인은 웅변에 잘 움직였고 아름다운 목소리로 멋들어지게 말하는 사람의 주장에, 설혹 조금 억지가 있다 해도 찬성하는 경향이 있었다.

아테네의 대 개혁가로 알려진 페리클레스 또한 대단한 웅변가였다. 사람들은 흔히 그의 연설을 '벼락과 같다'고 했다. 스파르타의 아르키다모스 왕이 어느 아테네 인에게 "당신과 페리클레스가 레슬링을 한다면 누가 이기겠소?" 하고 물었더니 "그야 물론 페리클레스가 이기겠지요. 설혹 내가 그를 넘어뜨려도 그는 자기가 이겼다고 우길 것이고, 그러면 우리 경기를 보고 있던 사람들도 자기가 목격한 사실보다 페리클레스의 언변을 믿을 게 분명하니까요"라고 했다고 한다.

플라톤은 동성연애자였다

스파르타가 결정적으로 쇠퇴하게 된 계기는 테베와 치룬 전쟁에서 패배했기 때문이다. 이 전쟁에서 스파르타에게 결정타를 가한 것은 테베의 '신성대'라는 동성연애자들의 특수 군대였다. 이 특공대는 특별히 선발된 3백 명을 훈련시켜 만든 정예 부대였는데, 그들은 모두 동성연애 커플이었다. 그들이 특히 용감할 수 있었던 이유는 연장자는 연하의 애인 앞에서, 또 연하의 남성은 연장자 애인 앞에서 부끄럽지 않도록 혼신의 힘을 다해 싸웠기 때문이다. 또 위험이 닥칠 때면 서로 애인을 위해 필사적으로 싸웠으므로 패배를 모르는 부대였다고 한다.

이것은 동성애가 보편적이었던 고대 그리스의 문화를 반영한 이야기일 것이다. 그리스 세계에서는 대개 부녀자가 집안에 틀어박혀 있었기 때문에 사교의 대상이 될 수 없었다. 그래서 필연적으로 창부에게 접근함으로써 만족할 수밖에 없었다. 그런 사정이 있었기 때문에 나이가 들어가면서 미소년에 대한 성년 남자들의 연정이 불타오르게 되는 일이 흔했고, 때로는 그것이 비자연적인 육체 관계로까지 발전하기도 했다. 따라서 성년식을 치른 뒤에도 중년 남자

철학자 플라톤. 그는 한 레슬링 경기 대회에서 우승하기도 했다. 그의 본명은 아리스토클레스였는데, 체육 교사가 그의 어깨 폭이 넓다(platys)고 해 플라톤이라는 이름을 지어 주었다고 한다. 플라톤은 결코 유약한 지식인이 아니었다. 또한 미소년을 보고 가슴이 두근거릴 줄도 아는 정열가였다.

에게 사랑받게 되는 일이 흔했다. 결국 여성의 사회적 지위가 극도로 낮은 데서 유래하는 남성들의 문화였다고 볼 수도 있다.

게다가 그리스에서 젊은 남성들은 장기간 병영 생활을 했으므로 자연히 동성연애자가 흔했다. 그래서 흔히 '연애'라고 하면 남성과 여성 사이의 사랑이 아니라 남자들 간의 사랑을 일컫는 것이 보통이었다. 플라톤의 『향연(Symposition)』에는 시인 아리스토파네스의 말이 소개되어 있는데, 그는 사랑 가운데 가장 본능적이고 가장 남성적인 것은 남자들의 동성애며, 이런 남자들만이 국가 공공사업에 적극적이며 어른이 되면 소년을 사랑하고 결혼이나 자녀 출산에는 개의치 않는다고 말하고 있다.

플라톤은 『대화』에서 가끔 미소년에 대한 연애 감정에 대해 언급하고 있는데, 소크라테스에게 다음과 같이 말하기도 했다.

그 청년이 찾아왔습니다. 그리고 곧 한바탕 웃음바다가 되었죠. 의자에 앉아 있던 누군가가 옆 사람을 열심히 밀쳐내고 빈 자리를 만들려고 했거든요. 자기 옆에 앉히려고 말입니다. 그러는 바람에 가장 자리에 앉아 있던 사람이 혼쭐이 났죠. 한 사람은 자리에서 일어나야 했고 또 한 사람은 굴러 떨어졌거든요. 하지만 카르미데스는 나와 크리티아스 사이에 앉았어요. 그런데 그 순간에 내 마음이 혼란스러워지기 시작했습니다. 처음에는 그저 가볍게 이야기나 할 생각이었고 자신감

그리스의 화병에 그려진 그림. 소크라테스의 한 손은 미소년의 턱을 받쳐 들고 또 다른 손은 아래쪽의 미묘한 부분으로 가 있는데……

도 있었죠. 그런데 그 자신감이 완전히 움츠러들더란 말입니다. …… 나를 보는 그 아이의 눈길, 말로는 표현하기가 힘들군요. 그는 나에게 뭔가 물어보고 싶어 하는 듯했습니다. …… 그때 나는 우연히 그 아이 윗도리 틈새로 그의 몸을 보았는데, 문득 몸이 화끈 달아오르더군요. 더 이상 냉정하게 앉아 있을 수가 없었습니다.

1차 대전 때 독일군을 무찌른
비밀 병기는 '물통'이었다

　　탱크가 제1차 세계대전 때 처음 등장했다는 것은 잘 알려진 사실이다. 당시 탱크의 등장을 부추긴 물건이 두 가지 있었으니, 기관총과 철조망이었다. 땅바닥에 빈틈없이 쳐진 철조망과 곳곳에 설치된 기관총이 보병을 참호 속에서 꼼짝 못 하게 했다. 그리하여 애초에 금방 결판이 날 것만 같았던 제1차 세계대전은 지구전이 되고 말았다. 이 침체된 전쟁 상황을 타개하기 위해서 개발된 것이 바로 독일의 독가스와 영국의 탱크였다.

　　영국의 발명가들이 고심한 신무기 장갑차는 험난한 지면을 자유자재로 움직일 수 있어야 하고, 적군의 기관총을 잠재울 수 있는 무기를 갖추어야 했다. 또한 내부 승무원의 안전을 위해 두꺼운 방패도 갖추어야 했다.

　　영국 정부는 이 신무기를 비밀리에 개발했다. 하지만 문제는 이 신무기에 관한 비밀을 지키는 일이었다. 영국 각지에서 첩보원들이 암약하고 있었기 때문에 공장 앞에 보초를 세운다면 오히려 뭔가 비밀 무기가 제작되고 있다는 것을 선전하는 꼴이 되므로 색다른 방법이 필요했다. 그래서 무기를 제작하는 공장의 전무는 전혀 비

최초의 전차 마크 I . 57mm 포 2문, 기관총 4정을 장착하고 최고 시속은 6km. 전선에서 전과는 미미했지만 독일군에 대한 심리적 효과는 컸다.

밀스러운 물건이 아니라는 것처럼 천연덕스럽게 행동했고, 다만 사장이 뭔가 미치광이 같은 생각에 사로잡힌 모양이라는 소문을 냈다. 종업원들은 이 기계를 사장 윌리엄 트리튼에 빗대어 '작은 윌리', '큰 윌리'라는 식으로 장난스럽게 부르며 재미있어 했다.

기계가 차츰 제 모양을 갖추어가자 좀더 그럴 듯한 거짓말이 필요했다. 그래서 설계사는 '메소포타미아로 가는 물 운반 기계'라는 이름을 붙였다. 그러자 노동자들은 그 길다란 이름이 귀찮아 물통을 뜻하는 '저 탱크(that tank thing)'라는 말로 줄여버렸다.

그리고 마침내 완성품이 나왔을 때 장갑차에는 러시아 어로 '취급 주의 — 페트로그라드 행'이라고 쓴 커다란 표지판이 붙여졌다. 그러자 러시아 어를 모르는 노동자들은 그저 고개를 갸우뚱할 뿐이

1장 사실은 드라마보다 놀랍다 39

었다.

결국 정식 명칭은 '컨테이너', '리셉터클', '리저봐', '시스턴', '탱크'를 놓고 고심하다가 가장 간단한 '탱크'로 결정되었다.

첫 전투에서 활약한 탱크는 무게가 28t, 그러나 엔진은 105마력에 지나지 않았다. 요즘 웬만한 중형차 엔진 정도였던 것이다. 때문에 속도는 시속 6km로 빠르게 걷는 속도와 비슷했고, 행동 거리는 최고 20km에 불과했다. 좁은 공간에 8명의 승무원이 타야 했으므로 옴짝달싹하기도 쉽지 않았고, 실내 온도는 섭씨 40도로 푹푹 쪘다. 게다가 승무원들은 기름과 배기가스로 얼굴이 시커멓게 그을린 채 고군분투했다.

이런 엉성한 탱크였지만 위력은 대단했다. 1916년 9월 15일, 32대의 탱크가 독일군의 진지로 진격해 커다란 승리를 거두었다. 17대는 금방 고장이 나서 투입되지 못했다.

흑사병에 대한 기상천외한 처방전

돌림병이 역사를 바꾼 사례는 적지 않지만, 그 가운데 가장 위력이 대단했던 돌림병은 아마도 흑사병일 것이다. 14세기 중반, 흑사병이 유럽을 휩쓸어 10년 남짓 동안 인구의 3분의 1이 숨졌다는 것은 잘 알려진 사실이다. 유럽에서 흑사병으로 인해 총 2천5백만 명이 사망했으며, 이 인구가 제자리를 회복하는 데 2백 년 이상이 걸렸다고 한다.

최근에 세계 인류를 위협하며 등장한 에이즈가 아프리카 자이르 지역의 풍토병이었듯이, 흑사병도 갑자기 등장한 질병이 아니라 본래 중국 운남성(雲南省)의 풍토병이었다. 운남성은 지금의 베트남과 라오스의 북쪽에 위치하며, 군사적 요충지였을 뿐만 아니라 귀금속의 산지로 널리 알려져 몽골 제국이 많은 군대를 주둔시키기도 했다. 당시 아시아에서 유럽 동부에 걸쳐 대제국을 이루던 몽골 제국 덕분에 동서 무역로가 활성화됐는데, 몽골 제국이 잘 닦아 놓은 이 동서 무역로를 통해서 흑사병의 균도 세계 각지로 퍼져나갔다. 운남성을 지배하던 몽골 인의 말 안장에 흑사병의 균을 보유한 벼룩이 스며들었을 것이라고 구체적으로 지적하는 학자도 있다.

유럽을 덮친 흑사병
흑사병은 중국에서 시작되어 1347년 이탈리아를 거쳐 유럽에 출현해 2천5백만 명 가량의 유럽인이 희생되었던 것으로 추정된다. 이 밀집된 주거 조건과 비위생적인 환경 때문에 급속히 퍼져나갔다. 심지어 고립된 수도원에까지 번졌는데, 그 이유는 흑사병에 감염된 사람들이 도움을 청하기 위해 수도원을 찾는 바람에 균이 옮기기 때문이다.
① 목관을 나르고 있는 사람들 천으로 덮혀 있는 시신 ② 삽으로 시신을 묻을 구덩이를 파고 있다 ③ 페스트로 사망한 사람의 시신을 묻으려고 하고 있다.

흑사병의 영향은 참으로 광범위했다. 유럽 역사에서 특히 많은 발전을 이룬 중세 시대를 '암흑 시대'라 일컫게 된 이유가 바로 이 흑사병 때문이었다.

전쟁이 멈추고 무역이 침체된 것은 오히려 사소한 편에 속한다. 어딜 가도 시체와 죽어가는 자들이었고, 그렇다고 딱히 치료법도 없어 유럽 전체가 공포의 도가니에 빠져들었다. 부유한 자들은 교외 별장으로 피난을 가고 민중들을 인도해야 할 성직자들은 온 데

간 데 없이 사라져버렸다.

많은 노동자들이 죽어서 일손이 모자라게 되자, 유럽에서는 경작지가 대폭 줄어들어 많은 지주들이 파산했고, 기술자와 노동자들의 임금이 크게 뛰어올랐다. 흑사병으로 인한 피해는 농촌보다 도시에서 더 심했고, 그 중에서도 특히 수도원에서 기승을 부렸다. 그리하여 많은 성직자들이 죽고 교양 없는 자들이 대거 성직자로 뽑혔다. 이로 인해 성직자의 질이 심각하게 떨어져 많은 미신적 행위와 이단 운동이 활성화됐다.

19세기 말에 파스퇴르가 흑사병의 균을 발견한 이후로 사람들은 쥐에 서식하는 쥐벼룩이 균을 옮기며, 무엇보다도 먼저 생활 환경의 불결함과 깊은 관계가 있음이 알려졌다. 하지만 당시 사람들은 생각이 전혀 달랐다. 당시의 기록을 보자.

> 흑사병은 1345년 3월 20일 오후 1시에 시작되었다. 주신 주피터는 나쁜 공기를 들이마셨고 군신 마르스는 그것을 도로 내뱉었다. 그러자 인도 근처에 있는 커다란 바다가 끓어오르기 시작했다. 이어서 열기를 견디지 못한 파충류들이 바다 속에서 기어 나와 흑사병을 퍼뜨리기 시작했다.
>
> 신부 : 흑사병은 우리의 죄를 벌하기 위해 하느님이 내리신 것이오.
>
> 어느 독일인 : 아닙니다. 그 병은 우리가 마시는 물에 유대 놈들이 독약을 풀어서 생긴 것입니다.
>
> 파리 대학의 공식 발표 : 이 재난은 성좌 물병자리 근처에서 목성

과 토성이 겹치는 천체 이변의 결과입니다.

　발병 원인을 이렇게 파악하고 있었으니 처방전도 이에 못지않게 엉뚱했다. 도처에서 유대 인들이 몰살을 당했고, 혹자는 고향을 버리고 떠돌아다니면서 벌거벗은 몸에 채찍질을 가해 죄를 자책함으로써 하느님의 분노가 풀리기를 기대했다. 이 고행은 한때 전 유럽을 휩쓸어 사회 문제로 대두돼 교회와 정부가 진압에 나서야 할 만큼 크게 성행했다.
　또는 변기에 코를 박고 냄새를 맡으면서 죽은 지 10년 된 뱀을 회친 것을 주성분으로 하는 약을 먹기도 했고, 전속력으로 멀리 달아났다가 느릿느릿 돌아오는 '빨리 — 멀리 — 천천히 요법'도 있었다. 후추가 효과가 있다고 믿고서 마을에 후춧가루를 뿌리기도 했다.
　물론 당시 의학도 마냥 엉터리는 아니었다. 이 병이 전염성이 있다는 것을 어렴풋이 알고는 있었다. 그래서 당시의 의학은 청결과 격리를 권고했다. 하지만 신앙이 문제였다. 시장이나 축제처럼 사람이 모이는 것을 금지했지만 신앙 행렬은 허용한다든가, 여자에 대한 입맞춤은 금지하면서도 교회의 성물에 대한 입맞춤은 장려하는 식이었다. 격리 또한 마찬가지였다. 도시의 문을 닫아 사람의 왕래는 막았지만 그 틈새로 드나드는 쥐에는 전혀 신경을 쓰지 않았다.

매킨리 미국 대통령의 정치 개그

1898년 스페인을 무찌르고 필리핀을 넘겨받은 미국의 매킨리 대통령은 백악관을 방문한 각료들에게 다음과 같이 말했다.

사실 나는 필리핀을 원치 않았으며, 그 땅이 우리에게 하늘의 선물로 떨어졌을 때 어떻게 해야 할지 몰랐습니다.

공화당뿐만 아니라 민주당에도 조언을 구했으나 아무런 도움을 얻지 못했습니다.

매킨리 대통령(1897~1901). 그는 1901년 9월 14일 무정부주의자에게 암살당했는데, 이 사진은 암살당하기 15초 전의 모습이다.

나는 우선 마닐라를 점령한 뒤 루손을 점령하고 그 다음 다른 섬들을 차지할 생각입니다.

나는 밤마다 늦게까지 백악관 마루 위를 걸었습니다. 그리고 여러분, 저는 무릎을 꿇고 전지전능하신 신에게 빛과 인도를 구하며 밤새

기도했음을 부끄럽게 생각하지 않습니다. 그리고 어느 날 밤늦게, 우연히 이런 생각이 떠올랐습니다.

첫째, 우리는 필리핀을 스페인에게 되돌려줄 수 없다. 왜냐하면 그것은 비겁하고 불명예스러운 일이기 때문에.

둘째, 우리는 필리핀을 프랑스나 독일 등 동양에서의 무역 경쟁 상대자들에게는 넘겨줄 수 없다. 그 자들의 상업이 부실하고 믿음직스럽지 못하기 때문에.

셋째, 우리는 그들을 스스로에게 맡길 수도 없다. 그들은 자치 정부를 세울 만한 능력이 없어서 곧 스페인 정부 아래서보다 더 나쁜 법부재 현상, 무정부 상태를 초래할 것이기 때문에.

넷째, 우리가 그들을 맡아 교육시키고 끌어올려 시민화하고 기독교화하는 길밖에 없다. 예수께서 못 박혀 죽으신 것은 그들을 위해서이기도 하다. 그러므로 우리는 우리의 동료인 그들을 위해서 최선을 다해야 할 것이다.

그리고 나서야 비로소 나는 잠들었습니다.

참으로 수준 높은 정치 개그가 아닐 수 없다. 그런데 아마도 필리핀 사람들은 똑같은 하느님으로부터 다른 메시지를 받았던 것이 분명하다. 그들은 미국의 통치에 반대해 반란을 일으켰기 때문이다.

매킨리 대통령의 능청에 대해서 알버트 비버리지는 상원에서 다음과 같이 말했다.

대통령 각하, 시대는 솔직 담백함을 요구합니다. 필리핀은 영원히 우리의 것입니다. 그리고 필리핀 너머에는 광대한 중국 시장이 있습니다. 우리는 어느 쪽에서도 후퇴하지 않을 것입니다. …… 우리의 전쟁 행위는 잔인하다고 비난받아 왔습니다. …… 여러분들께서는 우리가 유럽 인이나 미국인을 다루고 있는 것이 아니라 동양인을 다루고 있다는 사실을 기억하셔야 합니다.

상원 의원이 보기에도 매킨리 대통령은 솔직하지 못했던 모양이다.

인디언 여인 포카혼타스는 실제 인물

월트 디즈니 사의 만화 영화 『포카혼타스』의 주인공인 인디언 아가씨 포카혼타스는 실재한 인물이었다.

1616년 6월, 인디언 족장 포우하탄의 딸 포카혼타스(21세)는 영국인 남편 존 롤프(31세)와 아들 토마스(1세)와 함께 런던에 도착했다는 기록이 있다.

신대륙의 버지니아 회사가 판매하기 시작한 복권의 선전을 위해 런던에 초대되었던 것이다. 런던에서 포카혼타스는 원주민의 기독교화와 식민지 사업 성공의 실례로서 '아메리카의 여왕'이라 일컬어지며 상류 사교계에서 환영받았다.

1607년 12월, 포카혼타스는 처형 직전인 버지니아 식민지의 지도자 존 스미스(28세)의 목숨을 구했다고 한다. 버지니아 식민지 건설의 지도자 존 스미스는 당시 겨울철 식량과 서쪽으로 가는 수로를 찾아 탐험하는 도중에 인디언에게 사로잡혔다. 분명한 것은 1614년에 교회에서 만나 알게 된 롤프와 결혼, 세례를 받고 리베카라는 이름을 갖게 되었다는 사실이다. 포카혼타스는 인디언 부족 연합의 족장인 포우하탄의 딸로서 사형을 선고받은 스미스에게 연정을 느껴 목숨을 구했다.

포카혼타스의 이야기는 처음 북미 대륙에 이민 온 백인들과 인디언들의 관계가 반드시 적대 관계만은 아니었다는 것을 말해준다. 실제로 토지를 둘러싸고 인디언과 백인들은 격하게 대립했지만, 1614년 포카혼타스와 식민자 존 롤프가 결혼함에 따라 한때 평화를 누리기도 했다.

런던에 머물 때 여왕의 의상을 걸친 모습으로 그려진 포카혼타스. '아메리카의 여왕'이라 일컬어지며 사교계의 꽃으로 인기를 모았으며, 왕실에도 출입했다.

포카혼타스는 런던을 방문한 이듬해인 1617년 3월에 신대륙으로 귀국하는 배 위에서 갑자기 천연두라는 '백인의 병'에 걸려 죽었다. 천연두는 아메리카 신대륙에는 존재하지 않았던 병이다. 백인의 아내가 된 인디언 포카혼타스가 '백인의 병'에 걸려 죽은 것은 장차 인디언과 백인의 비극적인 관계를 암시하는 것이었는지도 모른다.

영국인의 평균 수명이
15세였던 까닭

　1858년 여름, 영국 의회 의사당에 모인 의원들은 석탄 표백제에 적신 커튼으로 창문을 가리느라 법석이었다. 바로 옆 템스 강에서 뿜어내는 악취로 호흡이 곤란할 지경이었기 때문이다. 그 해 영국은 유난히 덥고 비가 거의 내리지 않아 가뜩이나 악명 높은 템스 강의 악취가 가장 기승을 부렸다. 모든 런던 시민은 이러다가 또 돌림병이 돌지 않을까 전전긍긍했다. 웨스트민스터 다리를 건너려면 손수건으로 코와 입을 틀어막아야 했고 유람선은 타려는 사람이 아무도 없어서 운행을 중단했다.
　런던 시민이 오랫동안 템스 강의 물을 펌프로 길어 올려 식수로 마시고 빨래를 했는데 왜 이런 지경에 이르렀던 것일까?
　산업혁명으로 공업 도시가 템스 강변 곳곳에 들어서면서 빠르게 성장하고 있었지만, 그 도시의 풍경은 요즘 우리가 알고 있는 깨끗한 영국의 도회지가 아니었다. 도시는 곧 노동자들의 빈민가라고 보아도 지나친 말이 아니었다. 한 방마다 두세 가족이 사는 공동 주택에는 마당도 없고 화장실도 없었다. 20~30가구가 공중 변소 하나를 두고 이용하는 것이 보통이었고, 아일랜드 인 노동자들이 사는 빈민가에는 아예 공중 변소조차 없었다. 더욱 문제인 것은 분뇨를 아무런 정화 장치도 없이 그대로 강에 버렸다는 사실이다. 실내용 변기(요강 비슷한 것)를 갖고 있는 비교적 풍족한 층은 아침마다 도로 중앙에 있는 도랑에 변을 내다 버렸고, 2층 이상에 사는 자들은 창 밖으로 내던졌으며, 강변에 사는 사람들은 오물을 직접 강에 던지곤 했는데, 이런 습관은 중세로부터 17세기까지 일반적으로 행해지던 것이었다. 더구나 강변의 도살장이나 공장의 오폐수, 각종 가축들의 분뇨, 생활 쓰레기도 결국은 템스 강으로 흘러들었다. 그리하여 템스 강의 색깔은 짙은 녹갈색이었으며, 강 입구 언저리에서는 검은 색을 띠게 되었다.

템스 강이 혼탁해지기 시작한 것은 16세기 말이었으며, 런던의 일부 지역에 상수도가 설치되기 시작한 것이 1829년이었다. 그 동안 템스 강 주변의 도시민은

지독한 하수도 냄새를 피해 신선한 공기를 마시고자 하는 모습(1849년의 만화)

줄곧 이 템스 강물을 식수원으로 사용해왔다. 신흥 공업 도시 리버풀의 노동자 계급의 평균 수명이 15세였던 것도 충분히 납득할 만한 일이다.

기적을 연출해내는 무식한 사제

중세 교회에서 설교를 듣는 농민들은 가끔 소스라치게 놀라며 두려움에 떨었다. 설교단 앞에 놓여 있는 예수 상이, 사제의 설교가 절정에 다다를 때면 머리나 눈, 또는 혀가 불쑥 움직이는 것이 아닌가. 이 기적 덕분에 사제의 설교는 효과 만점.

이 기적의 비밀은 설교단 안쪽에 설치된 페달 장치였다. 예수 상의 각 부위가 마치 꼭두각시 인형처럼 용수철 장치로 페달과 몰래 연결되어 있었던 것이다. 사교는 설교 중에 슬쩍 페달을 밟아서 예수 상의 특정 부위를 꿈틀거리게 했다. 이 용수철 장치는 지금도 남아 있다.

이 재미있는 일화는 중세 가톨릭 세계의 문화를 잘 보여준다. 중세 사회에서 사제들은 일반 서민의 생활과 가장 밀착된 자들이었는데도 그다지 높은 교육을 받지 못해 교양이 풍부하지 못했다. 사실 신학에는 무식하기 짝이 없었다. 라틴 어 명사나 동사 변화 몇 개, 찬송가 몇 곡만 알면 자격을 얻을 수 있었기 때문이다.

그래도 이런 정도나마 알고 있으면 일류 사제에 속했다. 대개는 시험도 치르지 않고 뇌물을 써서 자격을 얻었다. 이런 사제가 어떻

종교 개혁 초기에 나돌았던 루터 파의 목판화 책. 루터에 적대하는 교황과 신학자가 동물로 그려져 야유를 받고 있다. 알기 쉬운 목판화가 선전에 활용됐다.

게 성무를 맡아볼 수 있을까 의문이 들 것이다. 하지만 다 대책이 있었다. 설교사란 자들이 따로 있어서 이들이 미사나 설교를 대행해 주었다. 그 결과 설교사 조합까지 생겨나고 설교사들은 보수의 많고 적음에 따라 이리저리 옮겨 다녔다.

 당시 교회의 건설은 세속 영주가 돈을 대는 경우가 많았고, 이에 따라 으레 영주의 친족이나 심복들이 사제로 임명되었다. 곧 사제는 단순한 성직자가 아니라 마을에 토지를 소유한 세속적인 영주 출신이었던 것이다. 이러한 세속적인 사제들은 인간의 영혼보다는 교구의 수입에 더 관심이 많았다. 대리 설교사를 고용한 사제들 중에는 의사·변호사·서기, 심지어는 상업이나 고리대에 열중하는

1장 사실은 드라마보다 놀랍다

자들도 있었다.

한 마디로 우리가 기대하는 고매한 영적 지도자가 아닌 자들이 많았다는 말이다. 중세 말기에는 각종 이단 사상이 많이 나타나는데, 이는 기성 교회의 질 낮은 사제와 타락한 문화에 대한 반발이기도 했다.

가짜 왕의 불행과 행운

　고대 메소포타미아 지역의 왕권은 지극히 강대한 것이었으나 전혀 견제를 받지 않는 것은 아니었다. 왕권이 신에게서 주어진 것인 만큼 감독권도 신(신관이 해석)이 가지고 있다고 믿었다. 그리고 신의 뜻은 다양한 '조짐'으로 나타난다고 믿었다. 그 조짐은 지진을 비롯한 자연 현상으로 나타난다고 믿었는데, 그 중에서도 가장 불길하고 두려움의 대상이었던 것은 태양과 달의 일식·월식 현상이었다.

　월식과 일식으로 인해 왕권에 최악의 사태가 예측될 경우 왕의 신변 안전을 꾀하기 위해 가짜 왕을 내세웠다. 졸지에 왕이 된 가짜 왕은 왕에게 닥쳐올 것이 분명한 모든 재앙을 왕 대신 떠맡는 역할을 했다.

　현대에도 정적이 많아 언제나 암살의 위협에 시달리는 독재자들은 위험 장소에 나가야 할 때면 자기와 비슷하게 생긴 인물을 분장시켜서 혹시 있을지도 모르는 테러에 대비한다고 한다. 다만 고대에는 왕을 위협하는 대상이 테러리스트가 아니라 신의 재앙이었을 뿐이다.

에사르하돈의 아들 아슈르바니팔이 사자 네 마리를 사냥해 신에게 희생으로 바치는 장면. 당시 사자 사냥은 일종의 종교 의식이었다.

어쨌든 그 가짜 왕은 임무를 완료하기까지 일정 기간은 정식 왕으로서 대우받았다. 그 동안 진짜 왕은 농부로 변장하고 작은 초막에 숨어 지내야 했다. 그때는 왕에 대한 존칭도 '국왕 폐하'에서 '농부 폐하'로 바뀐다.

아시리아의 위대한 왕이었던 에사르하돈 시대에도 식(월식·일식)이 몇 번 일어났는데, 특히 이집트를 정복하려던 기원전 671년에는 두 번이나 개기월식이 일어났다고 한다. 에사르하돈 또한 가짜 왕을 내세워 재앙을 피하려고 했다. 농사꾼이 갑자기 왕으로 분장한다면 제대로 정무를 볼 수 있을까? 물론 대책이 있었다. 막강한 권력을 쥐고 있던 궁정 점성술사가 있었기 때문이다. 그렇다면 가짜 왕이 월식이 있던 날 밤을 무사히 보냈다고 해서 숨어 지내던 왕이 바로 왕의 자리에 복귀할 수 있었을까? 그게 그렇게 수월하지는 않았다. 언제까지 숨어 있어야 하느냐는 에사르하돈 왕의 물음에 궁정 점성술사는, 아직 일식이 일어나지 않았으니 재앙이 끝난 것이 아니므로 1백 일을 더 기다리라고 했다.

만약 그 1백 일 동안에도 가짜 왕에게 아무 일이 일어나지 않는다면 그 다음은 어떻게 될까? 궁정 점성술사의 말에 따르면, 가짜 왕은 재앙이 끝남을 축하하는 의식을 치르는 가운데 새로 만든 묘지에 생매장되어야만 했다.

그런데 가짜 왕이 아직 왕의 자리에 있는 동안 진짜 왕이 갑자기 죽어버리면 어떻게 될까? 메소포타미아의 왕권 개념으로는 왕의 직무를 집행하는 자 이외에는 달리 왕이 있을 수 없었다. 사정이야 어떻든 왕의 자리에서 내려가 농민의 몸이 된 왕은 이미 왕이 아니라 평민이며, 따라서 진짜 왕의 죽음이 국정 운영에는 아무런 지장도 초래하지 않았다. 가짜 왕은 그대로 왕권을 행사하며, 1백 일이라는 기간에 구애받지 않고 죽을 때까지 그 직무를 맡게 되는 것이다.

이러한 행운을 타고난 가짜 왕이 메소포타미아 역사에 한 명 존재했다고 한다. 농부였던 엔릴 바니라는 자인데, 그는 '농부 폐하'가 뜨거운 수프에 데어서 죽은 덕분에 죽음을 모면했을 뿐만 아니라 그 뒤 24년 동안이나 왕으로 군림할 수 있었다.

칭기즈칸의 군대를 물리친
베트남의 진흥도

당시 세계 최고의 군사력으로 동서양을 휩쓴 대몽골 제국이지만, 이들도 정복에 실패한 나라가 있었다. 일본과 베트남, 자바 왕국 등이다. 이 나라들은 한결같이 남방의 해양 왕국이었기 때문에, 천하의 위력을 자랑하던 몽골 기병도 남방의 밀림과 바다에서는 힘을 발휘하지 못했다.

특히 베트남의 대몽 항쟁 승리는 베트남 민족의 강인한 민족성과 아울러 몽골 군의 약점을 잘 보여준다. 당시 인도차이나 반도의 북부에는 대월(大越)이라는 독립 국가가 있었고, 남부에는 참파라는 독립 국가가 있어서 서로 싸우고 있었다. 원래 두 나라는 몽골의 침입에 맞서 항전하다가 항복했으나, 패전국에 대한 몽골의 약탈이 지나치게 가혹하자 이에 반발해 항쟁에 나섰다. 그들의 요구가 얼마나 가혹한지는 원(元)나라의 지배를 받은 고려가 얼마나 극악한 착취를 당했는지를 보면 미루어 짐작할 수 있다.

베트남의 대 몽골 항전을 지도한 사람은 진흥도(陳興道)였다. 그는 베트남 진(陳) 왕조의 왕족으로서 세 번에 걸친 몽골의 침략을 물리치고 베트남의 독립을 지켜 지금도 민족의 영웅으로 추앙받고 있다.

　대월국의 반발에 격분한 몽골은 1257년에 제1차 침략을 단행했다. 당시 몽골 군은 하노이를 점령하기는 했지만 무더위와 피로에 시달리며 고전을 면치 못하다가 철수했다. 몽골 군의 빛나는 기병대도 베트남의 밀림과 습지에서는 힘을 발휘하지 못했다. 진흥도는 철수하는 몽골 군을 추격해 밀림과 늪지대에서 갈팡질팡하는 몽골의 기병대를 크게 무찔렀다.

　대월의 진 왕조는 그 뒤에도 몽골의 위력을 절감하고 사신을 파견해 조공을 계속하는 유연한 외교를 펼쳤다. 그러나 극동의 일본 정벌에 실패해 위신이 깎인 몽골은 그 칼끝을 다시 대월국으로 돌렸다. 1284~85년에 걸쳐 50만 대군으로 제2차 침략을 했다. 이에 진흥도는 병사를 밀림에 매복해 두었다가 독화살을 쏘는 기습 작전을 펼쳤다. 진흥도는 적을 집요하게 괴롭히면서 조금씩 후퇴하는 게릴라전을 감행했고, 이때 몽골 군은 병력의 반 이상을 잃고 말았다.

　잇따른 원정 실패에 분노한 쿠빌라이 칸은 1287년에 다시 몇십만 병사에 6백 척의 군선을 이끌고 육지와 바다 양쪽을 통해 세 번째 침입을 했다. 원군은 이번에도 하노이를 함락시키고 요지를 장악했으나 이미 성 안에는 인기척이 없었고, 식량도 조달할 수 없었다. 게다가 해군까지 베트남 인의 항쟁으로 타격을 받아 전세가 여의치 않았다. 진흥도는 조수 간만의 차이가 심한 곽단 강바닥에 많은 쐐기를 박아놓고, 밀물 때 싸움을 걸어 원나라의 군선들을 강 상류로 유도했다. 곧 썰물로 물이 빠지기 시작해 원나라 배들은 쐐기에 걸려 움직이지 못하고 우왕좌왕했다. 이때 강기슭에 매복해 있던 베트남 군은 파상 공격을 퍼부어 큰 승리를 거두었다. 또한 몽골 군은 진홍도 군에게 군량 보급대가 전멸하여 중국 본토로 패주할 수밖에 없었다.

이렇듯 몽골 군은 압도적인 병력으로 몇 차례 침입해 그때마다 대월국의 수도를 비롯한 요지를 점령했으나 그리 오래 지속하지는 못했다. 목숨을 걸고 항전하는 원주민들에게 둘러싸인 그들의 점령지는 고립된 섬일 뿐이었다. 진홍도의 지휘 아래 떨쳐 일어난 베트남 인들의 각오는 다음과 같은 격문에 잘 나타나 있다.

> 우리가 밥을 먹을 때가 되어도 먹기를 잊고, 한밤이 되어도 잠자리에 들지 않고, 눈물을 흘리고 밤을 지새우며 분노에 치를 떠는 것은 오로지 적군의 목을 베고 가죽을 벗기고 간을 먹고 피를 마실 수 없기 때문이다. 설령 이 몸이 백 번 쓰러져 들판에서 비바람을 맞고 내 몸뚱이가 천 번 죽어 말가죽에 싸이게 될지라도 적을 치기만을 원할 따름이다.

병사들은 팔에 '살달(殺韃 : 몽고 침략자를 죽이자)'이라는 두 글자를 문신으로 새겨서 각오를 다졌다. 그들의 게릴라 전술은 가히 유구한 민족적 전통이라 할 만하다. 삼국지에 등장하는 맹획(孟獲)의 '칠종칠금(七縱七擒)' 이야기 또한 이들의 강인한 민족적 기질과 게릴라 전술의 전통을 잘 말해준다. 제갈량(諸葛亮)이 적장을 일곱 번이나 잡았다가 풀어준 것은 장수 한 명을 죽인다고 원주민의 항쟁을 꺾을 수 없음을 잘 알고서 쓴 고도의 회유책이었다. 그리고 현대에 들어서도 베트남은 프랑스를 물리친 데 이어 세계 최강의 군사력을 자랑하던 미국과도 싸워서 승리한 바 있다.

바빌로니아의 왕은 해마다 한 번씩
따귀 맞고 눈물을 흘린다

　인류 최고의 문명이 발생한 메소포타미아, 이 지방을 중심으로 세계 최초의 제국을 건설한 아시리아의 바빌론에서는 해마다 1월 초만 되면 괴이한 풍경이 펼쳐졌다. 왕이 귀때기를 잡혀 끌려나가 무릎을 꿇고 따귀를 맞고 눈물을 흘려야 했던 것이다. 당시 최강의 제국에서 무소불위의 권력을 휘두르던 아시리아 왕을 상대로 감히 누가 그런 짓을 했을까? 설마 대왕이 아내에게 쥐여살며 시달렸던 것은 아닐 테고.
　따귀 맞는 소리가 들리는 곳은 신년 초마다 신년제가 열리는 바빌론의 신전인 에사길라. 이 에사길라 신전은 바빌로니아의 국가신으로 떠받들어지던 마르두크 신이 강림하는 신성한 곳이다. 신년제는 마르두크 신이 세계 질서를 회복한 것을 기리는 제사인데, 이때 제국의 왕권 또한 만물과 함께 마르두크 신으로부터 재인정을 받았다.
　서임식(敍任式)이 시작되면 왕은 에사길라의 신관에게 검과 지팡이와 고리를 건네준다. 이 물건들은 말하자면 조선 시대의 옥새처럼 왕권의 상징물이었다. 이 상징물들을 거두어들인 신관은 왕을 신상 앞으로 데리고 가서 느닷없이 따귀를 때리고, 귀를 잡아끌어

기원전 7~6세기쯤의 바빌론 시가의 복원도. 왼쪽에 보이는 7층의 지구라트가 하늘과 땅의 기초가 되는 집이다. 이 성탑의 높이는 90m나 되었다고 한다.

바닥에 엎드리게 한다. 그러면 왕은 머리를 조아리고 "나는 죄를 짓지 않았으며, 신의 은혜와 권위를 잊지 않았으며, 바빌론을 파괴하지 않았으며, 바빌론 시민을 박해하지도 않았다"고 아뢰어야 한다.

그러면 신관이 엄숙한 목소리로 말한다. "그대의 권력을 강대하게 해줄 것이오, 영원히 그대를 축복할 것이며, 그대의 적을 분쇄해 주겠노라"고. 신관의 이러한 말을 듣고서야 왕은 평정을 되찾고, 신관에게 내주었던 왕권의 상징물들을 되돌려 받는다. 그리고 신관은 다시 왕의 따귀를 때리는데, 이때 왕은 반드시 눈물을 흘려야 했다. 눈물을 흘리지 않으면 신의 노여움을 사서 적에게 멸망당할 것이라고 믿었기 때문이다.

결국 왕의 따귀를 치는 존재는 무당(신관), 아니 신관이 대리하는 마르두크 신이었던 것이다. 이 왕권 서임식 풍경을 보면 고대 메소

1장 사실은 드라마보다 놀랍다 63

포타미아 인들이 왕권을 어떻게 보고 있었는지 미루어 짐작할 수 있다.

고대 메소포타미아에서 왕권은 절대적 권위를 갖고 있었지만, 한편으로는 신들의 직무를 대신 집행하는 자에 지나지 않는다고 여겼다. 곧 왕 개인보다는 왕의 기능과 직무를 중시하는 경향이 강했다.

특히 바빌론의 신 마르두크는 바빌로니아의 국가 신으로 추앙받고 있었다. 바빌로니아를 지배하고자 하는 자는 무력만으로는 주민을 다스릴 수 없었다. 제아무리 왕일지라도 신성한 마르두크 신으로부터 권위를 인정받지 못한 왕은 백성들로부터도 권력의 정통성을 인정받을 수가 없었다.

이러한 행사가 벌어지는 바빌론은 고대 오리엔트의 제왕이라면 꼭 차지하고 싶은 보석과 같은 도시였다. 물론 바빌론 노예로 끌려와 있던 이스라엘 민족에게는 타락한 야만적인 도시로 비쳤을 테지만, 헤로도토스가 말한 것처럼 당시 바빌론은 세계 최고의 문명을 자랑하는 도시였다.

뭇 왕들이 바빌론에 마음을 두었던 것은 이 도시가 국제 무역을 통해 거대한 부를 갖춘 도시였기 때문이지만, 한편으로는 바빌로니아 왕위 서임권을 갖고 있는 에사길라 신전이 있었기 때문이다. 구약 성경에서도 이러한 사실을 '세상 임금들을 다스리는 큰 도시', '세상의 왕들이 그 여자(바빌론)와 놀아났으며' 라고 표현하고 있다 (「요한 계시록」).

이런 의미에서 바빌론은 지상의 모든 왕을 지배하는 도시라 일컬어졌다.

허풍쟁이 혁명가
바쿠닌과 네차예프

1869년 3월, 한 러시아 젊은이가 스위스 제네바에 있던 노 혁명가 바쿠닌을 찾아갔다. 당시 바쿠닌이라면 과격파 혁명 운동 진영에서 최고의 이름을 날리던 명망가였다. 바쿠닌의 거인 같은 풍모와 명성에 감격한 한 젊은이는 자신을 만만치 않은 혁명가로 자처하며 늙은 혁명가를 감동시키자고 작정했다. 곧 그는 바쿠닌에게 자기는 러시아 학생 혁명 운동의 지도자로서 투옥되었다가 방금 페테로 파브로 요새 감옥에서 탈옥했으며, 러시아 혁명 위원회의 대표로 스위스에 망명한 참이며, 상트 페테르부르크에 본부를 둔 자기 조직은 현재 전국적인 혁명을 준비하고 있다고 당당하게 소개했다.

이 젊은이의 이름은 세르게이 네차예프. 러시아를 떠난 지 오래인 바쿠닌은 고국에서 찾아온 이 열혈 청년으로 인해 용기를 얻었다. 그는 고국에 대한 아련한 향수와 아울러 고국의 혁명을 위해 일할 수 있는 기회가 왔다는 흥분을 주체할 수 없었다. 바쿠닌은 네차예프에게 첫눈에 반해 그를 '보이'라고 부르며 행동을 같이 하게 되었다. 오히려 네차예프에게 러시아 혁명 위원회에 꼭 끼게 해달라고 호소할 정도였다.

어쨌든 이 열혈 청년에게 감격한 바쿠닌은 네차예프에게 다음과 같은 문서를 건네주었다.

　　　　이 문서의 지참자는 세계 혁명가 동맹 러시아 지부 공인 대표자 가운데 한 사람임을 증명한다. 제2771호.

이 문서에는 바쿠닌의 서명이 있고, 선명하게 찍힌 인장에는 '유럽 혁명가 동맹 중앙 위원회' 라는 글자가 찍혀 있었다. 문서 번호가 2771호이므로 적어도 이 혁명 단체에는 자기 말고도 최소한 2770명은 있지 않겠는가. 네차예프는 이런 영광스러운 조직에 받아들여진 것에 대해 몹시 감격했다. 그는 이 문서를 통해 유럽 혁명가 동맹의 대표자로서 러시아에서 활동할 권한을 바쿠닌으로부터 부여받은 셈이었다.

하지만 사실 유럽 혁명가 동맹이라는 조직은 네차예프가 새로 가입함으로써 이제 막 조직원이 2명이 된 참이었다! 말하자면 이 조직은 존재하지 않는 조직이었으며, 다만 평소에도 허풍이 심한 테러리스트 바쿠닌이 고국의 젊은이 앞에서 순발력 있게 허풍을 떨었던 것이다.

그런데 문제는 네차예프가 대표로 있는 러시아 혁명 위원회 또한 존재하지 않았다는 것이다. 더구나 그는 투옥된 적도 없었으니 당연히 탈옥도 있을 수 없었다. 또한 그는 애초에 러시아에서 스위스로 망명할 때도 동료 학생들에게 묘한 쪽지를 남기고 온 경력이 있었다. 곧 그는 자기가 지금 어딘지 알 수 없는 감옥으로 끌려가는 중

레핀이 그린 '선전가의 체포.' 몇천 명의 학생들이 직공이나 노동자로 용모를 바꾸고 마을을 돌아다니며 혁명 선전 활동에 종사했다. 그러나 농민들은 이 나로드니키들을 받아들이지 않고 오히려 밀고해 그들의 운동은 곧잘 실패로 돌아가곤 했다. 체포되는 선전가(중앙)와 체포에 협력하는 농민, 나로드니키에게 호통 치는 경관이 보인다. 창문 옆에는 냉담한 농촌의 어른들, 그 옆에 입회인이 앉아 있다. 난폭하게 나로드니키의 트렁크를 열고 그 속의 문서를 조사하는 경찰 서장과 밀정, 그리고 문 옆에서 걱정스럽게 이 광경을 지켜보는 여성이 나로드니키에게 동정의 눈길을 보내고 있다.

이라는 쪽지를 남겨 동료 학생들로 하여금 석방을 요구하는 대회를 열게 하는 등 야단을 떨게 했다.

결국 두 명의 '혁명적' 허풍쟁이가 멋들어지게 만난 것이고, 서로 평등하게 속인 셈이었다. 하지만 두 사람은 진지하기 짝이 없었다.

어쨌든 네차예프는 이 권한을 굳게 믿고서 다시 러시아의 모스크바로 잠입한다. 네차예프는 러시아로 입국하기 직전에 다시 한 번

바쿠닌에게 특기를 발휘했다. 곧 자기가 계획 중인 혁명은 틀림없이 내년(1870년) 2월 19일, 농노 해방 제9주년 기념일에 시작될 것이라고 바쿠닌에게 보증했다. 결론부터 말하자면 그런 사태는 전혀 없었다.

아무튼 모스크바에 잠입한 네차예프는 비밀 혁명 위원회를 조직했다. 물론 바쿠닌의 증서가 큰 힘이 되어 주었다는 것은 말할 나위도 없다. 러시아 국내의 청년들은 서유럽에 망명해 활약하는 바쿠닌을 거의 영웅처럼 알고 있었기 때문이다. 네차예프는 유럽 혁명가 동맹의 대표자로서 모든 조직원에게 무조건적인 복종을 요구했다.

그러던 어느 날 조직원인 이바노프라는 대학생이 이 조직 최고의 원칙, 곧 네차예프의 명령에 무조건 복종한다는 원칙을 무시하는 경향을 보였다. 네차예프는 이 학생에게 본보기를 보여 조직의 규율을 잡는 동시에 혹시 변절해 경찰에 밀고할지도 모르는 위험을 예방하기로 했다. 그리하여 1869년 11월 21일, 조직원 4명과 함께 이바노프를 살해하기로 했다. 순진한 추종자 4명은 감히 나서지 못하고 벌벌 떨 뿐이었고, 살인은 네차예프 혼자서 했다. 그리고 사체를 대학 호수에 던져 넣었다. 사실 네차예프가 러시아에서 만든 조직은 이 살해 사건 말고는 이렇다 할 만한 활동이 없었다.

나흘 뒤에 이 학생의 사체가 호수 위로 떠올라 사건의 진상이 밝혀져 온 러시아는 분노로 들끓었다. 차리즘에 염증을 내는 사람들의 심정적 지지를 얻고 있던 러시아의 혁명 운동은 이 사건으로 여론의 외면을 받아 커다란 타격을 받았고, 이 타격에서 헤어나는 데

3년 이상이나 걸렸다. 러시아 혁명사에서는 이 기간을 '암흑의 3년'이라 부르고 있다.

러시아 혁명을 이끈 사람들은 잘 알려진 대로 레닌으로 대표되는 마르크스주의자였다. 이들이 러시아 혁명에 본격적으로 뛰어든 것은 지금부터 약 1백여 년 전인 1890년대. 그 이전에 러시아의 반체제 운동은 나로드니키(인민주의자)들이 담당했다. 네차예프도 크게 보면 나로드니키의 한 사람으로 볼 수 있다.

물론 모든 나로드니키가 네차예프처럼 도덕심이 없는 편집증 환자였던 것은 아니다. 오히려 대부분의 나로드니키들은 가엾은 민중을 위해 차르 전제 정치에 맞서 목숨까지도 바치며 싸웠다. 네차예프 같은 자들은 오히려 혁신 진영에 해를 끼친 특이한 예로 보아야 한다.

다만 바쿠닌과 네차예프의 일화는 19세기 말 유럽의 혁신주의자들의 한 특징인 '지독한' 낭만주의를 잘 말해준다. 과학적 이론과 조직을 지향하던 마르크스와 이 이야기의 조연인 바쿠닌의 사이가 꽤 좋지 않았던 것도 이해할 만하다.

아내를 줄 수는 있어도
영토는 줄 수 없다

하늘에 선 흉노의 대선우가 삼가 묻노라. 황제는 무고하신가?

이 말은 흉노의 선우(單于)가 한나라의 황제에게 보낸 국서의 첫머리다. 외교 문서치고는 참으로 오만하기 짝이 없는데, 여기서 '선우'란 흉노 말로 임금을 뜻한다.

흉노의 인구를 셈해보면 고작 우리 나라의 큰 현 정도에 지나지 않습니다. 넓은 중국 천하를 지배하면서 겨우 한 현의 수밖에 안 되는 인구에게 괴로움을 받는다는 것은 정치를 담당하는 이로서 수치가 아닐 수 없습니다.

이 말은 한 문제(文帝) 시절에 가의(賈誼)라는 신하가 황제에게 눈물을 흘리며 한 말이다.

흉노가 이렇듯 한나라에 치욕을 안겨줄 정도로 세력을 키운 것은 진시황(秦始皇)과 같은 시절에 북방에서 활약한 두만(頭曼) 선우와 그의 아들 묵돌(冒頓) 선우 시절이었다. 특히 항우(項羽)를 무찌르고 한나라를 세운 고조(高祖) 유방(劉邦)의 의기양양한 대군을 '백등(白登)의 포위'라는 유명한 전투로 무찌른 묵돌 선우는 절세의 영웅이라 할 만한 인물이었다.

그런데 묵돌이 선우에 등극하게 되는 과정이 전설로 전해지고 있는데, 그 내용이 매우 흥미롭다.

흉노가 두각을 나타내기 시작한 것은 묵돌의 아버지 두만 선우 시절이었다. 묵돌이 어렸을 때 두만 선우는 장남인 묵돌을 싫어해 멀리 서방의 월지(月氏)에 인질로 보냈다. 당시 서로 인질을 교환하는 것은 평화를 지키겠다는 것을 약속하는 관례였다. 이때 인질로 보내는 왕족은 사랑받지 못하는 아들을 보내는 것이 상례였다. 두만 선우는 곧 군사를 일으켜 아들을 인질로 보내놓은 월지국을 공격했다. 인질로 가 있던 아들 묵돌로서는 아버지가 자기를 죽음으로 몰아넣으려는 것이라고 생각했다. 위험에 빠진 묵돌은 다행히 준마를 훔쳐 타고 고국으로 도망쳤다. 그는 이 일로 아버지를 깊이 증오하게 되었다. 더구나 아버지 두만은 젊은 후궁이 낳은 막내만을 편애했다. 장차 선우 자리를 막내에게 빼앗길 것이 분명했을 뿐만 아니라 목숨마저 위태롭다고 느낀 묵돌은 행동에 나서기로 작정한다.

묵돌은 측근 부하들에게 한 가지 엄명을 내렸다.

> 내가 이 우는살로 무엇을 쏘면 너희도 무조건 그것을 쏘아라. 쏘지 않는 자는 목을 베리라.

흉노를 짓밟고 있는 말. 이 석상은 흉노에 괴롭힘을 당해 온 한족들의 바람을 잘 표현해주고 있다.

우는살은 소리를 내며 날아가므로 목표물을 알리기에 알맞은 화살이다. 며칠 뒤 묵돌은 자기의 애마를 우는살로 쏘았다. 이에 주저하며 쏘지 못하는 부하가 있었다. 그러자 묵돌은 곧바로 그 부하의 목을 베었다. 며칠 뒤에 묵돌은 자기 처를 우는살로 쏘았다. 목표물이 목표물인지라 감히 활을 쏘지 못하는 부하가 나오자 또 베어 죽였다. 이리하여 묵돌의 부하들은 묵돌의 뜻대로 움직이게 되었다.

이윽고 아버지 두만과 함께 사냥을 갔을 때 묵돌은 아버지를 향해 우는살을 날렸다. 그러자 부하들도 일제히 두만에게 화살을 쏘았다. 묵돌은 10만 기병을 일으켜 계모와 배다른 형제들, 복종치 않는 부하들을 모두 죽이고 스스로 선우 자리에 올랐다.

이후 흉노의 동쪽인 만주 지역에 자리한 동호(東胡 : 선비족)를 평정했다. 동호 평정과 관련해서도 흥미로운 일화가 전해지고 있다.

묵돌이 선우에 오르자 동호에서는 두만 선우가 타던 천리마를 달라고 요구했다. 천리마는 흉노의 보물과도 같았으므로 부하들은 한결같이 줄 수 없다고 건의했다. 그러나 묵돌 선우는 고작 말 한 마리가 아니냐며 흔쾌히 내주었다. 그러나 동호에서는 더욱 오만한 요구를 해왔다. 묵돌 선우의 부인 가운데 한 명을 달라는 것이었다. 부하들이 화를 내며 줄 수 없다고 주장했지만 묵돌 선우는 고작해야 여자 하나 아니냐며 선선히 내주었다.

당시 흉노와 동호 사이에는 드넓은 불모지가 있었는데, 동호는 그곳으로 들어와 이 빈터를 소유하겠노라고 알려왔다. 그러자 이번에는 부하들도 어차피 불모지이므로 주어도 좋겠다고 건의했다. 그러나 묵돌 선우는 펄쩍 뛰며 화를 냈다.

땅은 나라의 근본이다. 어찌 내줄 수 있으랴!

그리고 곧바로 군대를 이끌고 동호로 쳐들어가 무찌르고 공납을 받았다. 일국의 군주다운 묵돌 선우의 모습을 잘 전해주는 일화가 아닐 수 없다.

동호를 무찌른 묵돌은 곧바로 말머리를 돌려 서쪽으로 쳐들어갔다. 그곳에는 월지라는 나라가 있었는데, 일찍이 묵돌이 인질로 가 있던 곳이기도 했다. 이들은 묵돌 선우에 쫓겨 지금의 아프가니스탄 북부까지 밀려나게 된다.

흉노 정벌을 필생의 과업으로 생각하던 한 무제(武帝)가 동맹국을 찾아 장건(張騫)을 서역으로 보낸 사실은 널리 알려져 있는데, 무제가 동맹국으로 기대하던 나라가 바로 이때 쫓겨난 월지였다. 전설과도 같은 장건의 기나긴 모험담은 흉노가 얼마나 광대한 영역을 지배하고 있었는지를 뒷받침해주는 것이기도 하다. 이 장건의 대여행으로 말미암아 중국은 처음으로 서방에 눈을 돌리게 되었다.

이렇게 북방의 흉노가 통일 제국을 형성함에 따라 한나라는 그들의 힘에 눌려 심한 고통을 당했다. 한 고조는 묵돌과 싸워 거의 일방적으로 연전연패했다. 이에 고조는 해마다 조공을 바치는 조건으로 위기를 벗어났다. 뿐만 아니라 한의 공주를 흉노 선우에게 출가시켜야 했고, 양국의 왕위에 변동이 있을 때는 새로운 혼인으로 동맹 관계를 갱신해야 했다. 한이 흉노에 바치는 조공 액수만 해도 수시로 인상되었고, 이때마다 흉노는 군사력으로 위협했다.

그런데 그 고통의 씨앗을 만든 것은 다름 아닌 중국인 자신이었다. 흉노가 강대한 세력 통일을 이루게 된 계기는 진시황을 통한 통일 제국의 출현이었기 때문이다. 중원에서 통일 제국 진(秦)이 나타나자 중국 주변의 민족들은 위협을 느끼며 각성하게 되었다. 한반도에 설치된 한사군(漢四郡)이 한반도 주민들로 하여금 공동체 의식을 일깨운 것처럼 말이다. 진의 출현에 자극을 받은 흉노족도 묵돌 선우라는 영웅의 지도 아래 대제국으로 성장하게 되었다.

불타는 애국심으로 해적질에 나선 드레이크 선장

프랜시스 드레이크

콜럼버스가 아메리카 대륙을 발견한 지 80년이 지난 1572년의 어느 날 밤, 커다란 선인장들이 여기저기 서 있는 중남미 파나마의 어느 산골에 한 무리의 해적들이 몸을 숨기고 좁다란 산길을 살펴보고 있었다. 이 산길은 스페인 국부의 원천인 아메리카 대륙의 금과 은이 운반되는 길목이다. 이 도적떼의 우두머리는 영국인 프랜시스 드레이크였다. 선인장 그늘에 숨어 총을 겨누고 있는 드레이크라는 사나이는 가톨릭을 철천지원수처럼 생각하는 독실한 개신교 신자였다.

이윽고 나귀들의 방울 소리가 차츰 다가왔다. 곧이어 탕 탕 탕! 하는 요란한 총소리와 함께 나귀 대열을 호송하던 몇백 명의 스페인 사람들이 혼비백산해 도망쳐 버렸다. 드레이크는 몇백 마리의 나귀에 실린 15t의 금과 은을 챙겨서 배에 실었다. 동업자였던 프랑스 인 해적이 스페인 사람의 총에 맞아 죽은 덕분에 드레이크의 몫은 더 커졌다. 그는 막대한 금은보화를 싣고 영국으로 돌아갔다.

이후에도 드레이크는 스페인이 지배하던 신대륙의 여러 도시를 점령하고 약탈했다. 그리하여 스페인 사람들에게 "드레이크가 왔다!"라는 말처럼 두려운 말도 없었다.

엘리자베스 1세는 몸소 항구의 해적선에 올라 드레이크에게 기사 작위를 내려주었다. 스페인 국왕 펠리페 2세로부터 '해적' 이라는 비난을 받던 드레이크에게 엘리자베스 여왕은 왜 이런 영광을 내렸을까? 대답은 간단히 세 가지다.

첫 번째는 드레이크가 노략질한 재물이 엄청나게 커서 영국 왕실을 기쁘게 했다는 점이다. 노략질의 규모 때문에 그의 행동은 단순한 해적질을 떠나 일종의 정치적이며 애국적인 행동이 되었던 것이다.

두 번째는 그 재물이 다름 아닌 스페인의 재산이었다는 점 때문이다. 당시 유럽의 최강국인 스페인과 가난한 섬나라 영국은 사이가 매우 험악했다. 신대륙을 비롯해 세계 곳곳에 세력을 뻗치고 재물을 긁어모으던 스페인은 신대륙의 금은보화를 절대로 타국과 나누려고 하지 않았을 뿐만 아니라 접근조차 못하게 했다. 따라서 스페인은 약소국 영국에게는 질투의 대상이요, 강국이 되기 위해서는 반드시 타도해야 할 대상이었다.

세 번째는 당시에 신교도와 구교도가 서로 피를 흘리며 싸우고 있었는데, 스페인의 펠리페 2세는 구교도의 선봉이었다. 개신교도들은 스페인의 펠리페 2세라는 말만 들어도 등골이 오싹했다. 그는 신교도 여왕이 즉위한 영국을 다시 구교도 국가로 만들려고 했다. 따라서 열렬한 가톨릭 교도인 스페인의 펠리페 2세와 신교도인 영국의 엘리자베스 1세는 도저히 친하게 지낼 수가 없었다. 그 구교도들에게 커다란 손실을 입혔으니 영국 여왕이 어찌 해적 드레이크를 총애하지 않을 수 있겠는가.

드레이크의 해적질이 얼마나 심각한 것이었는지는 다음과 같은 사실을 보면 잘 알 수 있다. 스페인 은행이 파산했으며 펠리페 2세의 주요 채무자인 베네치아 은

권세가 절정에 달해 있을 즈음의 스페인 왕 펠리페 2세

행도 파산 직전의 위기로 몰렸다. 독일의 아우구스부르크 은행은 스페인 왕실에 더 이상의 대출을 거절했다. 물론 스페인의 자존심이 크게 구겨진 것은 말할 나위도 없다.

상황이 이러하니 드레이크는 노략질을 하면서도 결코 죄의식을 느낀 적이 없었다. 오히려 불타는 의무감으로 해적질에 임했다. 청년 시절에 겪었던 불운한 경험이 그로 하여금 대 스페인 해적질에 나서게 했다. 미천한 계급 출신인 드레이크는 어려서부터 바다에 익숙한 사람이었다. 20대 청년 시절에 그는 아프리카의 기니 해변에서 노예를 사들이고 훔치고 잡아들인 다음 신대륙의 스페인 주둔

1장 사실은 드라마보다 놀랍다 77

1588년 8월, 펠리페 2세는 '무적함대'를 파견하여 영국으로 진격했다. 그러나 무적 함대는 열악한 기후와 영국 해군의 완강한 저항으로 패배했다.

지로 운반해서 팔아먹는 노예 상인이었다. 그러던 중 멕시코에서 스페인 사람들의 공격을 받고 목숨만 간신히 건져 도망쳤다. 일행 4백 명 가운데 3백 명이 목숨을 잃고 많은 배까지 빼앗겼다. 더구나 구교도인 스페인 사람들은 포로로 잡은 신교도 영국인을 종교 재판에 회부해 처벌했다.

 이 사건으로 드레이크는 스페인과 구교도에 깊은 원한을 품게 되고 반드시 복수하겠노라 다짐했다. 스페인은 개인의 적일 뿐만 아니라 개신교의 적이요, 그의 조국 영국의 적이었던 것이다. 또한 인류의 자유를 짓밟는 모든 악의 근원이었다. 물론 자신이 노예 상인이라는 것에 대해서는 조금도 양심의 가책을 느끼지 않았다.

드레이크는 또한 세계를 일주한 대단한 모험가이기도 하다. 세계 일주를 하는 와중에도 스페인 선박만 보면 해적질을 했음은 물론이다. 그리하여 세계 일주를 마치고 돌아왔을 때 그의 배에는 스페인 사람의 금은보화로 가득했다.

구교도 스페인에 대한 드레이크의 복수가 절정을 이룬 것은 무적함대를 멋지게 무찔렀을 때였다. 드레이크는 이제 일개 해적이 아니라 해군 제독으로 출세해 있었다. 드레이크의 활약으로 승리한 영국은 이 해전을 계기로 세계 최강의 해양 왕국으로 성장하게 되었으며, 최강국 스페인은 차츰 그 빛을 잃어가게 되었다. 드레이크, 그는 열렬한 구교도인 펠리페 2세에게는 악마의 화신이었고, 신교도인 영국인에게는 되살아난 다윗이었다.

영국과 스페인의 식민지 확보 경쟁에서 이러한 해적 행위는 큰 역할을 했다. 해적은 일종의 국책 사업이었으며, 아무나 해적질에 나설 수는 없었다. 국왕의 약탈 특허장이 필요했으니 결국 이들은 '허가받은 도적들'이었던 셈이다. 따라서 국왕이 해적 행위를 금지하면 해적들은 일자리를 잃고 다른 직업을 찾아야 했다. 실제로 이렇게 '직업'을 잃은 카리브 해의 해적들은 짐승을 잡아 훈제 고기(베이컨)를 만들며 생계를 유지하기도 했다. 드레이크의 대규모 노략질 또한 엘리자베스 1세의 허락 아래 이루어진 것이다.

가난한 섬나라였던 영국이 유럽의 열강으로 올라선 데에는 이러한 '애국적' 해적들의 빛나는 공이 있었다.

바이칼 호의 철갑상어 알을 먹기 전에 알아두어야 할 사실

북몽골 위에 위치한 바이칼 호는 전 세계 담수의 5분의 1을 담고 있는 거대한 호수다. 길이 636km에 평균 너비 48km, 최고 수심 1,620m, 총 336개의 하천이 흘러들고 있어, 호수라기보다는 차라리 바다라고 하는 게 더 어울린다. 거대한 시베리아 대륙은 이렇듯 바다 같은 호수를 품고 있는 셈이다.

이 호수 물은 그냥 떠 마셔도 될 만큼 깨끗한 것으로도 정평이 나 있다. 하지만 이 바이칼 호는 잘 알려지지 않은 엄청난 비극을 간직하고 있었다. 이 비극을 안다면 아마도 바이칼 호 물을 그냥 떠 마시기가 꺼림칙해질 것이다.

비극은 러시아 혁명이 일어나고 2년 뒤인 1919년 11월, 서시베리아 옴스크에 반혁명군이 세웠던 독립 정부가 혁명군에게 밀려나면서 시작된다. 이곳 반혁명군의 지도자 콜차크 장군은 영국의 지원을 받아 한때 세력을 크게 떨쳤으나 혁명군에 밀려 일본과 이웃한 태평양 연안을 목표로 후퇴하기 시작했다. 그쪽에 가면 볼셰비키 혁명을 좌절시키려는 일본군의 지원을 기대할 수 있었기 때문이다. 이 후퇴 대열은 병사가 약 50만 명, 일반인이 약 75만 명으로, 총

125만 명에 이르는 거대한 집단이었다. 이 대열에는 제정 러시아가 갖고 있던 약 5백t의 금덩이가 28대의 무장 차량에 실려 운반되었다.

하지만 문제는 이들이 가야 할 길이 8천km의 대장정일 뿐만 아니라 세계에서 가장 추운 지방을, 더구나 한겨울에 행군해야 한다는 것이었다. 수은 온도계조차 얼어붙고 마는 영하 40~60도의 혹한인지라, 부인과 어린이들이 많이 포함된 이 대열에게 행군은 애초에 무리한 일이었다.

이들이 지나간 길은 곧 얼어 죽은 시체들로 그득했다. 이 시체의 대열 위에는 곧 눈이 쌓여 마치 둑과 같은 자취가 남았다고 한다. 땔감이 떨어지고 시베리아 산 조랑말들도 얼어 죽어버려 5백t의 금덩이도 길가에 버려졌다. 이 금덩이의 행방은 지금도 베일에 싸여 있어 일확천금의 꿈을 가진 자들의 가슴을 설레게 하고 있다.

마침내 출발한 지 세 달째, 옴스크에서 2천km 떨어진 바이칼 호에 다다랐을 때는 고작 25만 명만이 살아 있었다. 무려 1백만 명이 길 위에서 죽어간 것이다. 물론 살아남은 자들도 거의 귀신같은 몰골들이었다. 볼셰비키 혁명군에 쫓기던 그들은 두께 3m의 얼음으로 뒤덮인 바이칼 호를 건너가기로 했다. 너비는 무려 80km. 이들이 바이칼 호 위를 걷고 있을 때 추위는 극에 달해 영하 69도를 기록했다. 마침내 25만 명의 사람들이 바이칼 호수 위에 쓰러져 동사하고 만다. 그리고 5월이 되어 바이칼의 얼음이 녹기 시작하자 25만 구의 시체는 바이칼 호수 밑으로 가라앉았다. 이 죽음의 행진을 이끈 콜차크 장군도 바이칼 호를 채 벗어나기도 전에 볼셰비키 혁명군에

사로잡혀 처형되었다.

  25만 구의 시체는 지금도 바이칼 호수 깊은 곳에 잠들어 있을 것이다. 그리고 이 호수에서 잡히는 철갑상어의 알은 지금도 비싼 값에 팔리고 있다.

2

잘못된 상식 바로잡기

링컨은 노예 해방을 위해 헌신한 사람이고,
조지 워싱턴은 거짓말을 전혀 모르는 사람이며,
진시황은 천하의 폭군일 따름이고,
마키아벨리는 사악한 사상가……?
도덕적 훈계에 흔히 인용되는 편리한 소재일지는 모르지만
역사의 사실과는 거리가 먼 이야기들이다.

'올림픽 정신'이 지켜진 고대 올림픽은
한 번도 없었다

　현대 스포츠가 금전으로 타락했다고 비난하는 사람들은 곧잘 고대 올림픽의 순수성을 되찾자고 말한다. 하지만 고대 올림픽은 결코 순수한 아마추어 스포츠의 무대가 아니었고, 부정이 없었던 것도 아니다. 고대 올림픽 광경을 살펴보면 본질 면에서 요즘과 그다지 다르지 않았다는 것을 알 수 있다.

　고대 올림픽은 닷새 동안 열렸으며, 경기 첫날에 모든 선수들은 올림피아의 평의회장에 모여 '서약의 제우스' 상 앞에서 선서를 했다. 선수들과 그 가족들과 코치들은 희생으로 바친 돼지 앞에서 부정을 저지르지 않겠노라고 선서하고, 심판들도 뇌물을 거부하고 떳떳한 판정을 내리겠노라 맹세했다.

　이 선서를 받는 제우스 상은 양손에 번개를 들고 있는 형상이었다. 선서를 어기고 부정을 저지르면 제우스에게 벼락 맞을 줄 알라는 경고였던 모양이다. 아무튼 이런 선서식이 있었다는 것은 선수와 심판이 각종 부정을 저질렀다는 사실을 반증하는 것이기도 하다.

　실제로 당시 부정이 있었다는 것은 지금도 남아 있는 올림피아

경기장 옆에 있는 제우스 신전. 기원전 4세기쯤에 대대적으로 개축할 때 경기장은 신전과 더 먼 거리에 짓게 된다. 이는 신에 대한 의식의 일부였던 올림픽 경기가 세속화하는 것을 상징적으로 나타낸다.

유적이 잘 말해준다. 경기장 옆에는 10개 이상의 제우스 동상 받침대가 남아 있는데, 이 동상들은 경기에서 부정을 저지른 자에게 부과된 벌금으로 제작된 것이다. 예를 들면 제89회 올림픽(기원전 388년에 개최)에서 테살리아의 권투 선수가 경쟁 선수 세 명에게 뇌물을 주었다가 발각되어 네 명 모두 벌금을 물었다. 그 벌금으로 세워진 상에는 '올림픽에서 승리는 돈이 아니라 빠른 발과 체력으로 얻어야 한다'고 적혀 있고, 다른 동상에는 '이 상은 부정을 꾀하는 자에 대한 경고다'라고 적혀 있다.

또 다른 동상은 제112회 올림픽(기원전 332년에 개최)에서 아테네의 5종 경기 선수가 경쟁 상대에게 뇌물을 주었다가 발각되어 세워진 것이다. 아테네 인들은 이 벌금 조치에 발끈해 유명한 정치가를 통해 주최 도시인 엘리스 쪽에 벌금을 취소하라고 요구한다. 이 요구가 받아들여지지 않자 앞으로 올림픽을 보이콧하겠다고 선언한다. 그러자 당시 가장 권위 있는 델포이 신전에서 아테네 인들이 벌금을 물 때까지 그들의 신탁은 거절하겠다고 위협하는 바람에 하는 수 없이 아테네 인들도 벌금을 물었다. 델포이의 신탁을 받을 수 없다는 것은 폴리스에게나 개인에게나 정신적인 지주를 잃는 것을 뜻하는 중대한 문제였다. 이처럼 고대에도 요즘처럼 올림픽 보이콧이 위협의 수단으로 쓰이기도 했다.

  또한 다른 도시에 매수되어 국적을 속이는 부정도 가끔 있었다. 기원전 380년 경기에서 크레타 출신의 장거리 선수가 우승했는데, 이오니아의 에페소스 시에 매수되어 자기는 에페소스 시민이라고 선언했다. 이에 크레타 시민들이 격분해 그를 추방해버린 적이 있었다. 또 기원전 480년에도 크로톤의 달리기 선수가 시라쿠사의 참주 히에론을 기쁘게 하려고 출신지를 시라쿠사라고 선언했다가 고향 사람들의 분노를 사서 추방당했다. 또한 연령을 속이는 부정도 있었다. 고대 올림픽은 청소년 올림픽을 따로 열었는데, 나이 많은 자가 나이를 속이고 청소년 게임에 참가하려다가 제명당하기도 했다.

  이렇게 선수들이 각종 부정을 무릅쓰면서까지 우승을 노리는 것은 물론 폴리스의 명예를 위해서였지만, 선수 개인에게도 많은 돈과 명예가 걸려 있었기 때문이다. 올림픽 경기의 승자에게 주어진 것은 제우스 신전 근처에서 자라는 올리브나무의 가지로 만든 관이었다. 이 관은 훌륭한 가정에서 자란 소년을 선발해 금 낫으로 올리브를 베어 만들었다.

  상품이 여기에서 그쳤다면 물론 아마추어 정신의 표본이라 할 만하다. 그러나 올림픽의 우승은 폴리스의 크나큰 영광으로 여겨졌기 때문에 각 폴리스에서는 우승을 독려하기 위해 승리자에게 막대한 특전을 부여했다. 그의 동상을 세워주기도 하고, 아테네에서는 상금과 더불어 평생 공짜 식사가 주어졌다. 또한 다른 경기들에도 초대되어 막대한 돈을 벌 수 있는 직업 선수로서 자리를 굳힐 수 있었다. 타소스 섬의 테아게네스는 올림픽에서 두 번 우승한 만능 선수였는데, 그가 평생 받은 상이 실로 1천4백 개라는 전설 같은 이야기가 있다. 이렇게 많은 경기에 참가하면서 얼마나 많은 부를 축적했을지는 상상할 수 있을 것이다. 엄밀한 의미에서 고대 올림픽 선수들은 아마추어 정신과는 거리가 멀었다.

  고대 올림픽은 정치로 인한 오염에서도 결코 자유롭지 못했다. 폴리스 간의 다툼이 끊일 새 없었던 고대 그리스 사회에서도 올림픽 경기 기간만큼은 전쟁을 중지했다. 이를 '올림픽 휴전'이라 하는데, 이 관습도 잘 지켜진 것은 아니었다.

  올림픽은 신전 도시 올림피아가 있던 엘리스라는 폴리스가 주최했는데, 본래는 피사라는 폴리스가 주최했다. 피사는 주최권을 되찾기 위해 엘리스와 전쟁을 벌였다가 도리어 패해 완전히 폐허가 되고 말았다. 평화의 상징인 올림픽 때문에 전쟁까지 벌인 셈이다. 엘리스는 올림픽 경기 개최지라는 점을 최대한 이용해 중립성을 강조함으로써 로마 제국이 멸망할 때까지도 영토와 독립을 지켰다. 이 또한 올림픽을 정치에 이용한 것으로 볼 수 있겠다.

또한 페르시아 전쟁 중에도 올림픽은 열렸고, 그리스 세계 내부에서 벌어진 펠로폰네소스 전쟁 동안에도 올림픽은 열렸다. 또한 스파르타는 제90회 올림픽 직전의 '올림픽 휴전' 기간에 전투를 벌였다가 주최 도시 엘리스로부터 벌금 조치를 당했다. 스파르타는 벌금 납부를 거부하다가 마침내 제명당해 출전할 수 없게 되었다. 그런데 전차 경주의 우승자 리카스라는 자가 알고 보니 국적을 속이고 참가한 스파르타 인이었다. 리카스는 '처벌관' 한테 매를 맞았다고 한다.

올림피아에는 '다른 목적'을 갖고 찾아오는 사람들도 많았다. 약 4만 명 이상이 모이는 올림픽 축전이야말로 광고하기에 더없이 좋은 자리였다. 책이 없던 시절이었으므로 시인이나 평론가들은 자신의 명성을 높이기 위해 군중 앞에서 자기 작품이나 사상을 말로 들려주었고, 화가·조각가들은 자신의 작품을 전시해 이름을 알리고 작품을 사줄 사람을 찾았다.

또한 정치가들은 올림픽을 정치에 이용했다. 어떤 참주는 호화찬란한 일행을 이끌고 올림피아에 행차해 자기 세력을 과시하고, 음유 시인을 시켜서 자신의 공적을 찬양하는 시를 낭독하게 했다. 참주들이 가끔 다른 폴리스의 우승자를 돈으로 매수해 자기 폴리스 출신이라 속이려는 것도 정치적인 목적이 있었기 때문이다. 또한 악명을 떨치는 참주를 타도하자는 정치 연설을 듣고 흥분한 군중들이 그 참주의 숙소를 습격해 약탈했다는 일화도 있다.

돈·명예·정치를 떠난 '순수한' 올림픽은 고대로부터 지금까지 여전히 요원한 꿈으로 남아 있는 것 같다.

노예 해방에 무관심했던
링컨 대통령

에이브러햄 링컨 하면 금방 '노예 해방'이 떠오를 것이다. 덕분에 링컨은 일개 정치가를 떠나 아예 '성인'의 반열에 올라 있는 느낌조차 든다. 링컨이 1858년 9월에 일리노이 주 찰스턴에서 했던 연설을 보자.

"나는 어떤 방법으로든 백인과 흑인이 정치·사회적으로 평등하게 되는 것을 찬성하지 않으며, 찬성했던 적도 없습니다!(박수갈채) 곧 흑인에게 선거권이나 배심원의 권한을 주는 것, 그들이 공식적인 지위를 갖는 것, 또한 백인과 결혼하는 것에 찬성하지 않습니다. 그리고 그들이 우리와 함께 머무르고 있는 한 그들이 우리처럼 살 수 없으므로 상층과 하층 계급은 반드시 존재하게 됩니다. 다른 사람들과 마찬가지로 나도 상층의 지위는 백인들에게 할당되어야 한다는 데 찬성하고 있습니다."

이 연설이 있기 두 달 전, 일리노이 주 시카고에서 했던 연설도 보자.

"이 사람이니 저 사람이니, 이 인종이니 저 인종이니, 어떤 인종은 열등하므로 열등한 위치에 있어야 한다는 따위의 모든 모호한 말들을 버립시다. 우리는 이 모든 것을 버리고 이 땅의 단일한 국민으로서 뭉쳐야 합니다. 그리하여 우리는 모든 사람은 날 때부터 평등하다는 선언을 지지하게 될 것입니다."

도대체 링컨은 노예를 해방하자는 것인지 아닌지 분명치가 않다. 그렇다면 링컨의 속마음을 그의 말을 통해 직접 확인해보자. 링컨이 그릴리에게 보낸 편지의 일부다.

"이 전쟁에서 나의 최대 목표는 연방을 구하는 데 있으며 노예 제도를 유지하거나 없애려는 데 있는 것은 아닙니다. 만약 어떤 노예도 해방시키지 않고 연방을 유지할 수 있다면 나는 그렇게 할 것이고, 모든 노예를 해방시킴으로써 연방을 구할 수 있다면 또한 그렇게 할 것이며, 일부는 노예로 남겨두고 일부만 해방시킴으로써 연방을 유지할 수 있다면 또한 그렇게 할 생각입니다. 내가 노예나 흑인에 대해 어떤 정책을 시행하는 것은 그렇게 함으로써 연방을 구하는 데 도움이 되기 때문이며, 도움이 되지 않을 경우에는 어떤 정책도 삼가할 것입니다."

링컨은 공화당의 지명을 받고 대통령 선거에 나섰는데, 당시의 당 대회는 '사상 보기 드문 부패한 당 대회'라는 혹평을 들었다. 시카고에서 당 대회가 열릴 때 링컨은 스프링필드의 자택에 틀어박힌 채 더러운 일은 전부 관계자에게 맡겨 놓았다. 링컨보다 인기가 더 높았던 경쟁 후보 윌리엄 스워드를 상대로 링컨 진영은 상대쪽 의원들이 대회장에 들어오는 것조차 방해했다. 또는 몇몇 상대 진영 의원에게는 장차 정권의 요직을 약속하기도 했다. 링컨이 지명을 받을 수 있었던 것은 그의 노예제 반대론이 스워드처럼 강력하지

'국민의, 국민에 의한, 국민을 위한 정치'라는 말로 유명한 게티스버그 연설을 하는 링컨. 그러나 당시 신문은 "장황한 연설에 지쳐서 웅성거리는 청중"이라고 보도했을 뿐 연설 내용에 대해서는 언급하지 않았다.

않았다는 점도 한 이유였다.

링컨의 마음은 언제나 다수의 지지, 대통령, 연방 유지에 있었으며, 노예제 폐지는 그 정치적 이해에 따라 찬성하기도 하고 반대하기도 하는 사안일 따름이었다. 노예제에 관한 한 그는 소신 없는 정치가였다. 링컨이 노예 해방의 공로자로서 역사에 기록된 것은 그가 노예 해방론자들의 여론이 들끓던 시대에 대통령이었다는 사실 덕분이다. 그는 단호하게 노예제 폐지를 위해 애쓰다가 죽은 영웅은 결코 아니었다.

워싱턴 대통령은 정직한 사람이 아니었다

워싱턴이 얼마나 정직한 정치가였는지는 벚나무 일화를 통해 널리 알려져 있다. 평소 애지중지하던 벚나무에 큰 상처가 난 것을 보고 펄펄 뛰며 화를 내는 아버지에게 나이 어린 워싱턴은 자기가 도끼로 그랬노라고 정직하게 자백해 오히려 칭찬을 받았다는 이 이야기는 이솝의 동화만큼이나 유명하다.

그런데 이 이야기는 지어낸 이야기, 곧 거짓말이었다. 이 거짓말을 퍼뜨린 자는 로크 윔즈라는 목사였다. 그는 돈을 벌 요량으로 한 출판업자에게 조지 워싱턴 이야기를 책으로 써서 팔면 잘 팔릴 거라고 제의하고 직접 책을 썼

조지 워싱턴 장군

다. 그 제목은 『일화로 엮은 워싱턴의 생애』. 1800년에 초판이 나온 이 책은 과연 잘 팔려서 그가 죽기 전에 무려 21쇄를 찍었다. 그런데 이 벚꽃 일화는 첫 판에는 없었다가 제5쇄에 처음으로 등장한다. 나중에 덧붙여진 것이다.

하지만 정직을 가르치기 위해 목사님이 거짓말 좀 했기로서니 무슨 대수냐 할 수도 있을 것이다. 그런데 정작 문제인 것은 저자 윔즈가 자신에 대해서도 거짓말을 했다는 점이다. 곧 그는 스스로 마운트 버넌 교구의 목사라고 했지만 그런 교구는 존재하지 않았다.

그리고 사실 워싱턴이 거짓말을 하지 않았다는 것은 사실이 아니다. 병사들의 사기를 높이려할 때 워싱턴이 곧잘 쓴 수법은 적의 사상자 수를 엄청나게 늘려서 발표하는 것이었다. 그는 나쁜 뉴스는 감추고 좋은 뉴스는 요란하게 선전했던 사람이었다.

또한 어린 워싱턴을 정직한 소년으로 교육했다는 어머니도 사실 때로는 거짓말을 해 아들을 곤란하게 했다. 곧 대통령으로 일하는 자기 아들이 밥조차 제대로 주지 않고 전혀 돌봐주지 않는다면서 아들을 비난한 것이다. 물론 이것은 거짓말이었다.

다른 한편 워싱턴이 정말로 거짓말을 몰랐다는 사실을 우리는 기록으로 알 수 있다. 그가 쓴 글을 보면 'lie'를 'lye'로 써놓았다.

진시황을 위한 변론

현재 중국에서는 중국의 역대 제왕 가운데 가장 걸출한 자로 진시황을 꼽는다. 그도 그럴 것이 시황제 이전에 중국은 존재하지 않았기 때문이다. 그 전의 기록에 나타나는 '중국'이란 그저 나라의 중앙 또는 수도라는 뜻에 지나지 않았다.

만약 진시황이 중국을 통일하지 않았다면 중국 대륙에는 마치 유럽과 같이 여러 나라가 자리잡고 있을지도 모른다. 시황제 덕분에 중국 대륙에 사는 사람들은 서로 '동포'라는 의식을 갖게 되었고, 여러 국가의 병립을 '분열'로 의식할 수 있게 되었다. 이 점 하나만 놓고 보더라도 현대 중국인들이 시황제를 첫째 손가락으로 꼽는 이유를 알 수 있다.

그런데 우리에게는 진시황이라고 하면 로마의 네로 황제 못지않은 폭군으로 알려져 있다. 분서갱유(焚書坑儒)는 시황제의 잔혹함을 전하는 상식처럼 자리잡았고, 장대한 만리장성이나 20세기 최대의 고고학 발굴이라는 진시황릉조차도 진시황이 폭군임을 증명하는 것처럼 이야기됐다. 그에 대한 평가는 양극단을 달린다.

이와 관련해 먼저 유의해야 할 것은, 시황제는 역대 중국의 제왕

분서 : 책을 불태우고 있다.

가운데 가장 변호를 받지 못한 사람이었다는 점이다. 그 원인은 시황제가 죽은 지 불과 4년 만에 진나라가 망했다는 데 있다. 무지막지한 토사구팽(兎死狗烹)으로 몇만 명을 몰살한 명 태조, 자기 형을 쿠데타로 쓰러뜨리고 황제가 된 당 태종조차도 나라가 오래 유지되면서 성인으로 추앙받고 미화되었건만, 시황제는 미화해줄 만한 후손도 없었고 시간도 모자랐다.

따라서 우리는 다음과 같은 의문을 품을 수 있다. 로마의 네로 황제처럼 거대한 제국을 유산으로 거저 물려받은 제왕이라면 또 모를까, 몇백 년의 전통을 갖고 있던 6개국[제齊·연燕·조趙·한韓·위

갱유 : 수많은 학자를 산 채로 구덩이에 묻어 죽이고 있다.

魏·초楚]을 10년이라는 단기간에 평정한 드문 패자(覇者)였지 않은가. 그가 만약 전횡만을 일삼는 폭군이었다면 제자백가(諸子百家)로 대표되듯 문화가 고도로 발달한 춘추전국 시대에 과연 패자가 될 수 있었을까?

아마도 그가 강력한 지도력과 실력을 갖추지 않았다면 최초의 중국 통일은 이룰 수 없었을 것이다. 따라서 시황제를 변호하는 것도 역사에 대한 객관적 이해를 위해서 필요한 일이다.

흔히 시황제하면 금방 분서갱유를 떠올린다. 말 그대로 책을 불태우고 유학자들을 생매장해 죽였다는 뜻으로, 이렇게 하나의 성어로 이야기되지만 원래는 서로 별개의 사건이다.

진나라는 짧은 기간 안에 주변국을 무너뜨리고 통일을 이룩했기 때문에 중국 곳곳에는 항우와 유방처럼 여전히 시황제와 진나라에 원한과 적의를 품은 자들이 많았다. 이들은 사사건건 비판적인 경향을 띠었고, 특히 진나라의 군현제(郡縣制)와 같은 핵심 제도까지도 옛 제도를 그리워하며 비판하는 경향이 있었다. 통일에 온힘을 쏟고 있던 시황제에게 '옛 제도'를 그리워함은 진시황의 통일 정책에 대한 반항이요, 다시없는 반역 사상일 수밖에 없었다. 그는 이런 정책 비판이 널리 대중의 인기를 얻게 되면 위험하다고 판단하고 과감한 사상 통제에 나섰다.

분서는 잘 알려진 대로 주로 시중에 나도는 '사상 언론'에 관한 책을 모아 불태운 것으로, 각종 실용 서적은 남겨두었다. 또한 사상에 관한 책도 전부 태운 것이 아니라 조정의 도서관 같은 곳에는 남겨두어 연구했으며, 단지 민간에 널리 퍼지지 않도록 했던 것이다. 당시 책이란 종이로 만든 것이 아니라 죽간(竹簡)이나 목간(木簡) 더미였으며, 학문의 주된 방법은 스승이 제자에게 구전으로 사상이나 이론을 가르쳤다. 목간이나 죽간에 글로 써 전하는 것은 부차적인 방법이었다. 따라서 모든 사상이나 이론은 이미 암기를 통해서 머릿속에 들어 있었으므로 서적은 태울 수 있어도 두뇌를 태울 수는 없었다. 기억하고 있다가 다음 제자에게 가르칠 수 있었기 때문에 결국 분서는 그다지 효과가 없었으며 '반정부 여론'을 탄압하겠다는 상징적인 의미였다.

다음으로 유학자를 생매장해 죽였다는 '갱유'를 보자. 시황제는 신선을 믿고, 불로불사의 존재가 될 수 있다고 믿었다. 시황제가 이러한 도사들의 말을 믿은 것은 주술적 차원에서 벗어나지 못했던 당시의 의학 수준에서 비롯되었다. 이를테면 진나라 뒤에 일어선 한나라의 무제 또한 이러한 방사(方士)들의 말을 맹신했다.

어쨌든 시황제 주변에는 불로장생의 약을 구할 수 있다고 현혹하며 돈을 뜯어내려는 도사의 무리가 모여들었다. 후생(候生)과 노생(盧生)이라는 자도 그런 도사였는데, 시황제는 그들의 말을 믿고 많은 돈을 주었다. 하지만 아무리 기다려도 불로불사의 선약을 가져다준다는 신선은 나타나지 않았다.

그러자 벌 받을 것을 두려워한 후생과 노생은 황제의 부덕을 비난하면서 도망쳐버렸다. 도사들의 배반에 화가 난 시황제는 대대적인 수사를 벌여 이 도사들처럼 정부를 비난하는 학자들을 일제히 검거해 죽이니, 그 수가 460여 명이었다. 도사들의 배반에서 비롯된 일이었으나 본질은 비판적 지식인 사회에 대한 경고였다.

유생을 생매장해 죽였다고 하나 생매장은 사실이 아니라는 것이 정설이다. 또한 이때 죽임을 당한 자들도 유학자가 아니라 술수를 쓰던 도사들이 상당수였다고 한다. 참고로 말하자면, 불로초를 구하기 위해 제주도로 건너왔다는 전설의 주인공 서복(徐福)이란 인물도 시황제를 홀려서 거금을 뜯어내려는 자였다.

물론 시황제의 처사는 아들 부소(扶蘇)조차 말릴 정도로 과격한 것임은 분명하나, 실제보다 과장되어 전해진 것 또한 사실이다. 이는 진을 무너뜨린 한나라 사람들이 진시황을 극악무도한 자로 꾸미기 위해 사실을 왜곡했다고 보아야 한다. 이렇듯 분서갱유는 일부가 잘못 전해진 것이거나, 일종의 '계엄'과도 비슷한 당시의 상황 아래서 충분히 벌어질 수 있는 일이었다.

시황제의 폭정 가운데 하나로 만리장성 건설을 들지만, 이는 사실이 아니다. 본래 시황제 이전에 존재했던 각국이 제각기 성벽을 쌓았던 것이며, 시황제는 다만 이 성들을 서로 연결하거나 보강했을 뿐이다. 그리고 이 만리장성 축조는 북방의 흉노의 침입을 대비한 '국방' 사업이었던 것이다.

중원 대륙을 통일한 진 제국에 가장 큰 위협은 사실 북부의 유목민인 흉노였는데, 그들은 묵돌 선우 아래 통일된 강력한 집단이었다. 진 제국 이후에 등장하는 한나라도 흉노에게 사실상 굴복하며 조공까지 바친 것을 생각한다면 시황제의 우려는 당연한 것이었으며, 유목 민족의 기마 군단을 막아낼 만리장성의 구축은 참으로 시급한 사업이었다. 만리장성은 중요한 군사 시설로서, 시황제뿐만 아니라 그 후대에도 대대로 수리와 증축을 해왔다. 우리가 요즘 볼 수 있는 만리장성은 주로 명나라 때에 축조한 것이다.

스파르타 여성들의 운동은
국방을 위한 훈련이었다

    스파르타는 그리스의 많은 도시 국가 가운데서도 특히 유별난 나라로 알려졌는데, 이는 주로 '스파르타식 교육'과 '강력한 육군' 때문이었다. 스파르타가 강인한 병사를 육성하는 데 집중할 수밖에 없었던 것은 그들의 본성이 특별히 호전적이어서가 아니라 다른 도시 국가에 비해 노예를 훨씬 많이 갖고 있었기 때문이다. 스파르타의 전체 인구 가운데 자유민층은 겨우 4퍼센트에 지나지 않았다.

    소수의 자유민이 압도적으로 많은 노예와 반자유민을 지배할 수 있는 유일한 수단은 폭력이었고, 이를 위해서는 무력을 자유민만이 독점해야 했다. 게다가 끊임없이 주변 지역을 정복해 노예를 충당해야 했기 때문에 전쟁술은 곧 그들의 생존 수단일 수밖에 없었다.

    스파르타 교육은 여성에게도 남성과 다름없이 달리기·원반던지기·씨름 따위를 장려했다는 것으로도 널리 알려져 있다. 축제 때면 남성들과 마찬가지로 알몸으로 행렬에 참가하고 거리낌 없이 남성들 앞에서 노래하고 춤추었다. 보통 여성에 대한 스파르타식 교육을 단순히 튼튼한 아기를 얻기 위한 정책이라고만 알고 있지만 여기에는 더 절실한 이유가 있었다.

스파르타에는 정복자인 스파르타 인보다 압도적으로 많은 수의 국유 노예가 있었고, 이들은 틈만 나면 자유를 얻기 위해 반란을 일으켰다. 스파르타 인은 전쟁이 벌어져 적이 침공해올 때면 특히 더 위험했다. 노예들이 반란을 일으킨다면 안팎으로 적을 상대해야 하는 사태가 벌어질 수도 있었기 때문이다. 따라서 남성들이 원정을 나가 오랫동안 집을 비울 때면 여성들만의 힘으로 노예들을 억눌러야 했다.

운동을 하는 스파르타 여인. 남자와 마찬가지로 여성도 건강한 아기를 낳기 위하여 훈련을 받았다. 달리기 · 레슬링 · 창 던지기 · 원반 던지기까지 훈련했다.

이렇게 외부의 적은 물론이고, 내부의 적을 억누르기 위해서도 강인한 여성이 필요했다. 육체 면에서 강인한 여성을 만드는 것은 곧 국방력과 관련된 문제였던 셈이다. 체격이 우람함 노예를 죽이는 관습도 이와 관련된 것이며, 스파르타의 전술이 속전속결을 중시했던 것도 이와 같은 사정으로 고향을 오래 비워둘 수 없었기 때문이었다.

그리고 스파르타 식 교육에서 빼놓을 수 없는 것은, 청소년들이

집단 생활을 하며 나라 안을 행군하는 관습이었다. 그들은 낮에는 몸을 숨기고 밤에만 움직였는데, 그렇게 이동하다가 국유 노예를 만나면 무조건 죽여도 좋았다. 이 제도는 지나치게 잔혹해 그 사실성 여부를 의심하는 학자도 있으나, 이는 충분히 있음직한 제도였다. 이러한 제도를 통해 스파르타 인은 국유 노예들을 언제나 두려움에 떨게 하는 심리적 효과를 노렸던 것이다. 두려움을 줌으로써 남자들이 원정을 나가 집을 비울 때도 반란을 일으킬 생각을 못하게 하려는 것이었다.

덧붙여 신체가 약한 아기는 산에 던져 버렸다는 이야기도 스파르타의 특이한 풍습으로 유명하다. 기록에 따르면 아기가 태어나면 장로가 아기의 몸을 자세히 조사한 뒤 포도주를 머리 위에 붓는다. 나약한 아기들은 이때 발작 증세를 일으킨다고 한다. 이와 같이 정신이나 신체에 이상이 있는 아기는 타이게토스 산에 갖다 버렸다고 한다.

그러나 아기를 버리는 풍습은 일종의 산아 제한책으로서 당시 고대 그리스에서는 일반적으로 벌어진 일이었으며, 특별히 스파르타만의 특유의 것은 아니었다. 고대 그리스의 철학자 아리스토텔레스가 인구 증가를 억제하기 위해서는 아기를 버리는 것보다는 성 관계를 조절하는 것이 효과적이라고 주장할 만큼 아기를 버리는 풍습은 광범위했다. 특히 여자아이는 더욱 쉽게 버려져 죽임을 당했다. 아이를 버려 죽게 하는 것은 로마 제국 시대에도 마찬가지였다.

르네상스는 만능인의 시대였다

레오나르도 다 빈치. 그에게 있어 예술이란 자연 속으로 깊이 파고 들어가서 그 안에 숨어 있는 근원적인 힘과 원리를 파악하기 위한 노력이었다.

레오나르도 다빈치는 만능인으로 유명하다. 그가 얼마나 다재다능했는지를 열거하자면 꽤 길다. 회화와 조각은 물론이고 인체 해부학·지질학·유체 역학 등등. 잠수함·헬리콥터·자동 인형뿐만 아니라 조류의 비행을 정밀하게 분석해 비행기까지 만들었다는 것은 잘 알려져 있다. 물론 비행에 성공하지는 못했지만.

레오나르도 다빈치는 특히 군용 설비에 많은 관심을 기울였는데, 이는 당시 이탈리아가 취했던 용병 제도 때문이다. 용병은 결코 목숨을 걸고 싸우려 하지 않아 심지어 몇천 명이 싸워도 사상자는 불과 한두 명에 지나지 않을 때도 있었다. 때문에 이탈리아 각 도시의 지도자들은 군사 기술 향상에 큰 관심을 기울였다. 실제로 레오나르도 다빈치는 밀라노에 있을 때 군사 기사로 종군했는데 측량과 지도 제작, 기중기 제작, 운하 건설, 그리고 궁정의 오락을 총지휘하는 일부터 주방 일에 이르기까지 그의 손이 닿지 않는 곳이 없었다.

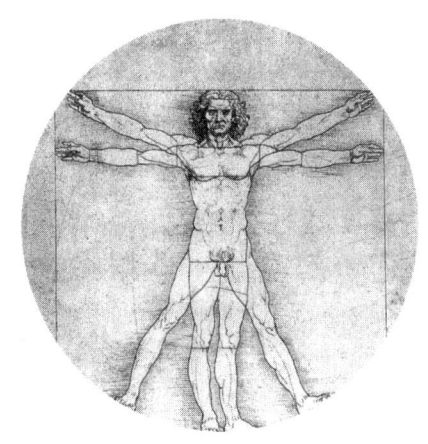

인체 해부 및 빛과 그림자의 연구를 비롯한 과학 연구에 몰두한 레오나르도 다빈치의 신체도

레오나르도 다빈치의 예술 작품이 얼마 안 되는 데 비해 노트가 유난히 많이 남아 있는 이유는 바로 이 때문이다. 곧 그는 너무나 많은 분야에 손을 댔으며, 그것도 대개 미지의 영역에 도전했다. 다만 레오나르도 다빈치의 노트에 남아 있는 많은 '발명'들이 모두 자신의 머리에서 나온 것만은 아니었다. 그가 남긴 노트 중에 많은 것들은 이미 여러 '만능인'이 이미 발명해놓은 것이었다.

이렇게 르네상스 시대에 레오나르도 다빈치만이 결코 만능인이었던 것은 아니다. 15세기 피렌체의 화공들은 모두 길드에 속해 있었으며, 일거리는 오직 길드를 통해서만 주문받을 수 있었다. 이 화공들은 그림뿐만 아니라 기술적인 일이라면 무엇이든지 주문받아 일했다. 금은 세공·도자기·안장, 심지어 수도 공사까지. 레오나르도 다빈치도 이러한 길드에서 도제 수업을 통해 배출된 예술가였다. 따라서 우리는 당시에 레오나르도 다빈치와 같이 성장한 만능 재주꾼들이 꽤 많았으리라는 것을 쉽게 짐작할 수 있다.

실제로 레오나르도 다빈치의 스승인 베로키도 조각가로 알려져 있지만 그림을 그리는 것을 비롯해 무엇이든지 했다. 레오나르도 다빈치에 앞서서 '만능 천재'로 알려져 있던 알베르티만 해도 건축학·회화론에 관한 책을 썼고, 건축가·화가·조각가로 알려졌다. 나아가 라틴 어·외국어·법률·물리·천문·기계·의학·수학을 배우고, 시·극·역사·소설·철학과 과학 논문을 썼다. 또한 작곡을 하고 달리기를 잘했으며, 높이뛰기는 수준급이었고, 로데오나 구두 수선 등등 열거하자면 레오나르도 다빈치 못지않게 길다.

우피치 미술관의 설계자요, 베키오 궁전의 벽화를 그린 피렌체의 조르조 바사리라는 인물도 빼놓을 수 없다. 회화와 저작에서도 실력을 발휘했을 뿐만 아니라 르네상스를 '고대의 부활'이라는 개념으로 포착한 최초의 인물이었다.

레오나르도 브루니는 유럽 최초로 고대 그리스 어를 정확하게 이해한 문인이었다. 아리스토텔레스와 플라톤의 저작을 라틴 어로 번역해 학문 발달에 크게 공헌했다. 플라톤의 철인(哲人) 정치라는 이상을 품고 정치에도 참여해 총리의 지위에까지 올랐다. 또한 『피렌체사(史)』라는 책을 남겼다. 피렌체에서는 브루니가 활동하던 시대를 전후하여 50년에 걸쳐 철인 정치의 이상이 정착하게 되었다. 이 기간에 브루니와 같은 많은 만능 인물들이 정치를 담당했다.

미켈란젤로 또한 새삼 강조할 필요가 없는 만능인이었다. 잘 알려진 것처럼 회화와 조각뿐만 아니라 건축에서도 크게 활약했고 또한 뛰어난 시인이기도 했다. 벤베누토 첼리니 또한 당시 최고로 대우받던 조각가이자 문필가였고 또한 검술에도 일가견이 있었다.

미켈란젤로가 모세상을 조각하는 모습

제롤라모 카르다노는 대학에서 강의하던 의사였다. 하지만 그가 역사에 이름을 남긴 분야는 수학과 물리학이었다. 그는 3차 방정식의 해법 카르다노의 공식과 물리학 분야에서 카르다노의 고리를 발견했다. 그의 저서는 2백 권이 넘는다. 또한 점성술의 대가였고, 수영·승마·낚시·검술의 대가였다. 뿐만 아니라 보석·상자·유리 제품·펜 등을 모았던 대단한 수집가이기도 했다. 확률의 대가가 될 수 있었던 것은 그가 대단한 도박광이었기 때문이다.

유명한 학자 부르크하르트는 이러한 만능인을 가장 르네상스다운 인간 유형으로 파악했다. 르네상스는 만능인의 시대였던 것이다.

종이를 발명한 사람은
채륜이 아니다

　중국의 위대한 발명인 화약·나침반·인쇄술과 함께 인류의 문화 진보에 큰 공헌을 한 종이는 후한(後漢)의 채륜(蔡倫)이 서기 105년에 발명한 것으로 알려져 있다. 하지만 이는 엄밀히 말하면 사실이 아니다. 종이는 이미 그 전부터 쓰였다. 이는 1934년, 중국의 누란(樓蘭) 유적에서 기원전에 쓰이던 종이가 발굴됨으로써 밝혀졌다. 또한 1973년에도 기원전에 사용되던 종이가 발굴되었다. 당시의 종이는 요즘처럼 나무 펄프로 만든 것이 아니라 삼 섬유로 만든 마지였다. 또한 그 용도도 글을 쓰는 용지가 아니라 귀중품의 포장재로 쓰였다.

　재미있는 것은 당시의 종이가 알뜰한 재활용품이었다는 점이다. 고대의 제지법을 알아보자. 먼저 삼으로 만든 신발이나 끈, 낡은 그물 따위를 물에 오랫동안 담갔다가 잘게 썬 뒤 석회수에 담가 불로 바짝 졸였다. 다시 절구로 찧어 섬유의 올이 거의 남지 않을 정도로 잘게 해 다시 한 번 씻고 큰 그릇 속에서 휘저은 다음 체로 받쳐서 형태를 바로잡아 햇볕에 자연 건조시키는 것이다.

　그렇다면 채륜의 종이 발명설이 완전한 허구인가 하면 그렇지는

최근 전한(前漢) 시대의 종이 유물이 잇달아 발견됨에 따라, 채륜이 종이를 '발명' 한 것이 아니라 '개량' 한 것으로 밝혀졌다.

않다. 적어도 채륜은 제지법을 크게 개량해 실용화했다는 점은 믿을 만하다. 왜냐하면 그는 궁중에서 사용하는 각종 도구의 제작을 맡은 부서의 책임을 맡은 환관이었기 때문이다. 그가 종이를 만들어 바치자 황제가 크게 칭찬을 했으며, 그 이후로 널리 보급되었다고 한다. 채륜이 만든 종이는 기존에 있던 종이보다 얇고 가벼우며 대량 제조가 가능해 가격이 쌌다.

물론 채륜이 종이를 개량했다고 해서 금방 널리 보급된 것은 아니다. 비단·나무·대나무가 여전히 사용되다가 3~4세기쯤이 되어서야 종이로 완전히 대체된 것으로 여겨진다.

채륜의 종이 실용화는 하나의 정보 혁명이었다. 당시 글은 주로 대나무 조각에 새겼는데, 무겁고 부피가 커서 불편했다. 일례로 전국 시대의 사상가 혜시(惠施)가 유학할 때 가져간 서적은 차량 5대 분량이나 되었다고 한다.

채륜의 종이 실용화는 문학에서 '시 창작의 대량화'를 낳았고, 학술 면에서는 서적의 유통량을 크게 증가시켜 사회에 커다란 영향을 미쳤다.

아테네와 스파르타의
여성복 패션이 달랐던 까닭

우리는 흔히 아테네를 민주정의 대표적인 폴리스로 꼽고, 귀족정의 대표로 스파르타를 꼽는다. 민주주의가 발달할수록 여성의 지위가 높다는 현대적인 상식 때문에 우리는 흔히 스파르타보다는 아테네에서 여성의 지위가 훨씬 나았으리라 생각하기 쉽다. 과연 그랬을까?

결론부터 말하자면 여성의 지위에 관한 한 스파르타가 월등히 나았다. 아테네 여성들은 집안에서 외부의 남성들과 격리된 채 실을 잣거나 옷감을 짜는 일을 하며 밖에는 되도록 나다니지 말아야 한다고 교육받았다. 결혼도 연애를 통해 하는 것이 아니라 부모들이 맺은 계약에 따랐다. 장 보는 일도 노예나 남편의 일이었고, 꼭 외출을 해야 할 때는 허가를 얻어서 노예와 함께 나가야 했다. 손님이 찾아와도 아내는 나서지 않는 것이 관례였다.

사실 당시 시민 여성들은 남성들의 대화에 끼어들 만큼 교양이 있지도 못했다. 아테네의 여성은 가사 이외의 교육은 거의 받지 않았기 때문이다. 때문에 술자리가 벌어지면 헤테이라(기생 또는 접대부)가 참석했다. 헤테이라들은 남자들과 대화할 수 있을 만큼 교양도 높았고, 이 일로 돈을 벌어서 갑부가 된 이도 있었다. 대정치가

도리스식 의상　　　　　　　이오니아식 의상

페리클레스의 아내 아스파시아도 본래 헤테이라였다.

　아테네와 비교할 때 스파르타 여성들의 생활은 매우 달랐다. 우선 스파르타식 교육은 여성들에게도 적용되었다. 창던지기와 달리기를 권장 받았고, 축제 때면 남성들과 함께 알몸으로 행렬에 참가하고 청년들이 경기에 지기라도 하면 품위를 지키는 선에서 놀리기까지 했다. 또 청년들 앞에서 노래하고 춤추는 것도 거리낌이 없었다. 이러한 장면은 다른 폴리스에서는 생각할 수도 없는 일이었다. 결혼한 뒤에도 남편들은 남성 시민들끼리 공동 식사를 해야 했으므로 상대적으로 여성들은 가사 일에 대한 부담도 적었다. 당시에 스파르타의 여성들은 남편을 깔아뭉개고 사는 것으로 정평이 나 있었다. 남편들은 중요한 일이 생기면 보통 아내와 상담을 했다.

　아테네와 스파르타에서 여성의 지위가 달랐다는 것은 현재까지 남아 있는 그림이나 조각상의 의복을 통해서도 확인할 수 있다. 고대 그리스 시대의 스파르타 여성은 어깨와 무릎이 다 드러나는 간

편하고 활동적인 복장(도리스 식)을 하고 있다. 이에 반해 아테네 여성의 복장은 팔과 무릎을 감춘 여성스러운 복장(이오니아 식)을 하고 있다. 노출이 자유로웠던 스파르타 여성들의 옷차림은 당시의 다른 폴리스와 비교할 때 매우 이례적이었다.

뉴턴은 종말론자였다

재판정을 나서면서 "그래도 지구는 돈다"는 말을 남겼다는 갈릴레오의 일화를 통해 알 수 있듯이, 기독교 세계관이 지배하던 근세에 과학의 길은 결코 순탄하지 않았다. 그래서 우리는 흔히 이단 심문, 종교 재판은 곧 과학의 적이었다고 간단히 치부하곤 한다. 그래서 과학은 곧 종교나 신을 부정하는 데서 출발했을 것이라고 생각하기 쉽다.

하지만 아무리 뛰어난 과학자라 하더라도 천몇백 년을 지배해온 세계관을 어느 날 갑자기 극복할 수는 없었다. 떨어지는 사과를 보고 만유인력을 깨달았다고 해서 곧 기독교 세계관을 금방 벗어던질 수는 없었을 것이라는 말이다.

17세기 과학 혁명의 대표자 뉴턴을 살펴보면, 중세의 기독교 세계관 속에서 어떻게 과학이 발전할 수 있었는지에 대한 중요한 시사점을 얻을 수 있다.

뉴턴은 광학·역학·수학 분야에서 뛰어난 업적을 남긴 인물로서, 떨어지는 사과를 보고 만유인력 법칙을 깨달았다는 일화는 너무나 유명하다. 세계 각국에서 그 사과나무의 씨를 받아다가 나무로 키워서 청소년들의 향학열을 북돋을 정도로 그는 과학사 최고의 영웅이다.

뉴턴이 자신의 대표작인 『자연 철학의 수학적 원리』를 펴낸 1687년의 유럽은 여전히 기독교 세계관이 지배하던 곳이었다. 그렇다면 혹시 뉴턴은 갈릴레오보다 더한 고난을 당하지는 않았을까? 결론부터 말하자면 그런 사태는 없었다. 왜냐하면 뉴턴은 성경을 철석같이 믿고 있었고, 성경의 사실성을 그의 과학 지식을 총동원해 증명하려 애쓰던 독실한 신자였기 때문이다.

우리는 그의 저서의 제목을 통해서도 사실을 미루어 짐작할 수 있다. 『개정 고대 왕국 연대학』 『다니엘 서와 요한 계시록의 예언에 대한 연구』 등, 수학·광학·역학의 대가가 쓴 책 제목치고는 조금 수상쩍지 않은가. 사실 그는 물리학·수학뿐만 아니라 연금술이나 신비 사상과도 깊은 관계를 갖고 있었다. 게다가 평생을 두고 기독교 연구에 심취했는데, 기독교 연구는 과학 연구 과정에 틈틈이 즐기던 취미가 아니라 그의 다양한 연구의 최종 목적이었던 것이다.

이러한 기독교 연구의 일환으로서 뉴턴은 역사 연구에도 열심이었다. 그의 역사 연구는 고대 왕국, 곧 그리스·이집트·아시리아·페르시아의 연대를 확정짓는 것이었다. 특히 이집트 역사의 시원을 밝히는 것에 중점이 두어졌다. 재미있는 것은 연대를 확정짓는 데 뉴턴답게 천문학을 이용했다는 것이다.

예를 들면 고대 그리스의 영웅들이 배를 타고 고르키스의 보물인 금양피를 가지러 원정을 가는 이야기에는 원정 당시의 별자리가 전해지고 있었다. 뉴턴은 그 별자리를 근거로 원정이 있었던 연대를

뉴턴(1642~1727). 뉴턴의 과학적 발견인 만유 인력의 법칙은 신의 신비로운 힘은 물질계에는 존재하지 않는다는 기독교 정통파의 주장을 뒷받침해주었다.

알아내려 했다. 그 결과 이 원정이 솔로몬이 죽은 지 43년 뒤, 곧 기원전 937년에 있었다고 결론짓는다. 뉴턴은 천문학으로 밝혀낸 기원전 937년을 기준으로 이집트나 그리스·로마 역사의 연대를 결정지어 갔다. 이러한 연대 결정에 천문학이 이용되기는 했지만 또한 결정적인 증거는 『성경』의 말씀이었다.

성경의 말씀과 천문학 연구를 근거로 한 그의 연구는 물론 오늘날의 시각으로 보자면 황당한 오류에 지나지 않는다. 일례로 이집트 역사가 대폭 단축되어 히브리 인의 역사보다 짧아지기까지 한다. 성경을 믿고 있던 뉴턴에게는 이집트의 역사가 헤브라이의 역사보다 더 오래되었다는 것은 있을 수 없는 일이었다. 이 점에서는 당시 유럽의 지성계가 대동소이했다. 프랑스의 볼테르도 뉴턴의 주장을 지지하고 나섰다.

뉴턴은 또한 성경에 나타난 예언도 심도 있게 연구했다. 그는 요한 계시록에 예언된 7번째 봉인이 뜯길 때 로마 제국이 분열했다고 생각했다. 첫 번째 나팔이 울렸을 때 고트 족과 훈 족의 침입이 있었고, 다섯 번째 나팔이 울렸을 때 사라센의 칼리프가 나타났으며, 여섯 번째 나팔이 울렸을 때 투르크 제국이 나타났다고 주장했다. 그리고 일곱 번째 나팔이 울릴 때 종말이 찾아올 터인데, 당시는 그저 그 종말을 기다리는 시기에 해당한다고 믿었다. 주의 깊은 사람이라면 뉴턴의 예언 연구에서 고대와 중세에 최고의 문화를 자랑하던 중국이 아예 등장하지 않는다는 것을 알았을 것이다. 당시 뉴턴의 세계사 시야에는 중국이 아예 빠져 있었다. 아무튼 뉴턴은 그 종말이 2015년에 도래할 것이라고 구체적인 숫자까지 계산해냈다.

20세기의 저명한 경제학자 케인즈가 발굴한 뉴턴의 미발표 논문에서 뉴턴의 놀라운 비밀이 밝혀졌다. 정통 기독교에서는 '삼위일체설'을 근간으로 삼고 있는데, 뉴턴은 이 삼위일체설을 부정하는 아리우스 파였다. 뉴턴은 삼위일체설의 근거가 되는 성경 문구는 성경이 개찬되기 전에는 원래 없었던 것이라고 주장했다. 그는 예수는 신이 아니라 신의 피조물에 불과하다고 함으로써 정통 교리를 정면으로 부정했다.

잘 알려진 대로 아리우스 파는 니케아 공의회에서 이단으로 지목된 종파로, 요즘이야 여러 종파가 자유롭게 신앙 생활을 하지만 당시로서는 이단을 믿는다는 것은 때로는 목숨까지도 위태로울 수 있는 중대한 문제였다. 당시 영국에서도 비국교도들을 공직에서 추방하고 있었다. 이 이단 문제는 나름대로 합리적으로 성경을 이해하려 했던 뉴턴에게는 오히려 필연적인 것이었는지도 모르겠다. 아무튼 노년에 왕립학회 회장을 역임하고 기사 작위까지 받은 것을 보면 뉴턴은 자신의 종교적 신념을 비밀로 감추며 살았던 듯하다.

이처럼 뉴턴의 연구는 현대 과학의 디딤돌을 쌓은 위대한 것이었지만, 그 자신은 중세 기독교 세계관에서 결코 자유롭지 못했다. 더 나아가 여러 분야에 걸친 뉴턴의 과학적 연구도 사실은 신의 섭리를 해명하려는 노력의 일환이었다. 이러한 그를 가리켜 케인즈는 "한쪽 발은 중세에 두고 다른 발은 근대 과학에 두었다"고 함축해서 평가했다.

결국 후세 사람들은 근대 과학이 중세의 기독교 세계관과 투쟁하는 속에서 발전했다고 평가하지만, 정작 뉴턴에게 과학은 종교에 봉사하는 학문이었다.

아고라 없는 폴리스는 없다

만약 서울에 찾아온 외국인이 서울 사람들의 삶을 보고 싶다고 한다면 어디로 안내하면 좋을까? 국회의사당이 있는 여의도? 또는 관공서가 몰려 있는 시청 거리? 현명한 사람이라면 오히려 남대문 시장이나 동대문 시장, 그 외국인이 젊은이라면 신촌 거리로 안내할 것이다.

그리스 폴리스의 중심지라고 하면 금방 아크로폴리스를 떠올린다. 이는 고대 그리스 도시에서 방어를 목적으로 만든 중심 지역으로서 도시에서 가장 높은 곳에 자리잡고 있으며, 주요 관공서와 종교 건물들이 모여 있다.

하지만 엄밀하게 말해서 아크로폴리스는 고대 폴리스의 중심지라기보다는 상징물로 보아야 한다. 폴리스의 시민들이 어떻게 살고 있는지를 보려면 오히려 아크로폴리스 근처에 있는 아고라를 보아야 할 것이다.

아고라는 공동체 전체를 위한 공공 광장으로, 시민들의 장터임과 동시에 온갖 정보들이 모여들고 교환되는 곳이다. 뿐만 아니라 법률이 공포되고 제전이 거행되고 선동 연설이 이루어지고 대규모 재

아고라의 상점에서 물건을 슬쩍하려다 관리에게 붙들려 매질을 당하는 소매치기

아고라의 구둣방 풍경. 작업대 위에 손님을 올려놓고 발의 크기를 재는 구두공

판이 열리는 광장이었다. 아크로폴리스를 제대로 갖추지 못한 폴리스는 있어도 아고라가 없는 폴리스는 없다고 할 만큼 시민 생활의 중심이고 심장부였다.

시골에는 아고라가 없었다. 아고라라고 하면 곧 도시를 뜻하고, 도시는 아고라로 상징되었다. 경제적 여유가 있는 시민은 오전에 여자 노예를 데리고 아고라로 나와 필요한 물건을 사서 집으로 돌려보낸 뒤 친구를 만나 잡담하거나 체육장에서 운동을 했다. 배심원으로 뽑히면 재판소에 갔으며, 이발소에 앉아 빈둥거리다가 해질녘이 되어서야 저녁을 먹으러 귀가한다. 또한 가난한 시민들은 아고라에 나오면 어렵지 않게 일자리를 찾을 수 있었다.

아고라에서 여러 나라의 특산물들이 잘 팔리고 있다는 것은 곧 평화를 뜻했고, 장정들이 무기를 들고 아고라를 어슬렁거리면 전쟁이 터졌음을 뜻했다. 곧 시민 사회의 가장 생생한 생활의 장이었던 것이다. 다만 시민 신분의 여성들은 아고라에 거의 모습을 드러내지 않았다. 또한 범죄로 기소된 남자들은 재판을 받기 전에는 아고라에 들어설 수 없었다.

마호메트의 열네 번째 결혼은
왜 성사되지 못했나

이슬람교의 창시자 마호메트가 십몇 명의 아내를 거느렸다는 것은 잘 알려진 사실이다. 이슬람 문명 밖에 있는 현대인들은 이를 비난하기도 하지만, 이는 어디까지나 현대인의 고정 관념일 뿐이다. 일부다처는 중동 유목민의 생활 양식에서 비롯된 전통이었을 뿐만 아니라 마호메트는 결코 호색한도 아니었다.

우선 그의 결혼사를 훑어보면서 그 점을 확인해보자.

첫 번째 아내는 그의 설교를 제일 먼저 듣고 최초의 신자가 된 하디자. 그녀는 신자가 되기 15년 전에 이미 마호메트와 결혼한 상태였다. 이 충실한 조강지처는 남편이 모진 박해 속에서 고생하던 619년에 세상을 떠나 남편 마호메트의 가슴을 아프게 했다. 마호메트는 하디자가 살아 있을 동안에는 결코 다른 아내를 두지 않았다.

두 번째 아내는 그의 외가 쪽 숙모에 해당하는 사우다라고 하는 과부였다.

세 번째 아내는 그와 평생 우정을 나누었던 아부 바크르의 딸인 아이샤. 약혼할 때 그녀의 나이는 6세, 그리고 9세 때 정식으로 결혼한다. 이때 아이샤는 이미 어느 친척 청년과 약혼 상태에 있었는

고향 메카에서 이슬람 선교에 실패한 마호메트는 메디나로 이주했다. 마호메트 옆에 있는 이는 셋째 부인 아이샤의 아버지이자 뒷날 초대 칼리프가 되는 아부 바크르.

데, 그녀의 아버지 아부 바크르는 마호메트가 구혼하자 이미 약혼한 청년의 부모의 양해를 얻어 선뜻 딸을 존경하는 친구 마호메트에게 주었다.

네 번째 아내는 나이 스무 살 정도의 과부 하프사. 그녀는 마호메트의 유력한 신도인 오마르의 딸로서 남편이 마호메트의 지휘 아래 메카 군과 싸우다 전사했는데, 딸을 걱정한 오마르가 혼처를 찾던 중에 마호메트가 거두어주었다.

다섯 번째 아내는 자이나브. 그녀의 전 남편 또한 전투에서 죽었다. 그녀는 '가난한 자의 어머니'라 일컬어질 만큼 마음씨가 착했지만, 마호메트와 결혼한 지 8개월 뒤에 세상을 떠났다.

여섯 번째 아내는 아름답고 기품 있는 힌드란. 그녀의 전 남편 또한 오호드 전투에서 부상을 입고 고생하다 상처가 덧나서 세상을 떠났다. 이때 그녀는 이미 몇 명의 자녀가 있었다고 한다.

일곱 번째 아내는 자이나브. 그녀는 마호메트의 사촌누이뻘 되는 미인이었으나 서른 살이 되도록 결혼을 못한 노처녀였다.

여덟 번째 아내는 쥬와이리야. 그녀는 알 무스타리크란 유목 부족민이었는데, 마호메트 군의 포로로 잡혔다가 그의 아내가 되었다.

아홉 번째 아내는 유대 교도 부족의 딸인 미녀 라이하나. 그녀의 남편이 마호메트 군대에게 죽어 과부가 되었다가 그의 아내가 되었다.

열 번째 아내는 17세의 미소녀 사피야. 그녀 또한 유대 교도였고, 전 남편이 마호메트 군에게 죽어 과부가 되었다.

열한 번째 아내는 금발의 노예 마리아. 그녀는 기독교도로서, 동로마 제국의 이집트 총독이 선물로 바친 여자였다. 그녀는 이교도였기에 정식 아내로 인정받지는 못하고 노예 신분으로 있었다.

열두 번째 아내는 세력 있는 우마이야 집안의 아부 수피얀의 딸 람라로서 결혼 당시 과부였다.

열세 번째 아내는 마호메트의 큰아버지 압바스의 처제인 26세의 미녀 마이무나.

630년 여름, 예순 살이 된 마호메트는 열네 번째 아내를 맞이하려 했다. 그 여인은 네지드 고원의 킨다 왕가의 혈통을 이어받은 아스마 공주였다. 이 킨다 족이 메디나에 사절을 보내 이슬람에 귀의했을 때 마호메트와 혼담이 오갔다. 마호메트는 기꺼이 특별 경호원을 파견해 아스마 공주를 메디나로 맞아들였다. 그러나 이 혼인은 예식을 올리기 직전에 갑자기 취소되고 공주는 고향으로 돌려보내졌다. 이로써 열네 번째 결혼은 성사되지 못한다.

결혼이 이루어지지 못한 이유에는 몇 가지 설이 있는데, 일설에 따르면 새로 들어올 공주가 마호메트의 사랑을 독차지할까 두려워한 아내가 꾀를 쓴 탓이었다고 한다. 곧 마호메트의 여인들 사이에서만 통하는 '이 몸은 알라와 더불어 당신을 피하겠나이다' 라는 말이 있었는데, 마호메트에게 이 말을 하면 그는 그 여자 곁으로 가지 않았다고 한다. 한 아내가 공주를 불러내 위와 같은 말을 하면 총애를 받을 것이라고 귀뜸을 했다는 것이다.

이 십여 명의 아내들 가운데 마호메트가 가장 총애한 부인은 세 번째 부인 아이샤였다. 아이샤와 이루어진 결혼 또한 정치적인 동기에서 나온 것이었다. 장인인 아부 바크르는 당시 마호메트의 가장 중요한 지지자였으므로 그와 관계를 돈독하게 하기 위한 결혼이었다. 그러나 마호메트는 아이샤를 진정으로 사랑했다고 한다. 그리하여 마호메트는 임종할 때도 다른 부인들의 동의를 구한 뒤에 세 번째 부인 아이샤의 곁에 있고자 했다.

아무튼 위에서 언뜻 보아도 알 수 있듯이 그의 결혼은 포교와 정치에서 나타난 정략적인 결정이었으며, 또한 과부가 많은 데서 알 수 있듯이 인도적인 배려였다. 마호메트가 "네 마음에 드는 여자 두 셋 또는 넷을 아내로 삼아라"고 말한 것은 사실이지만, 이는 전투에서 많은 전사자가 발생해 남녀의 비율이 맞지 않게 된 상황에서 나온 말이다. 곧 여성들에 대한 구제책의 성격을 가졌다.

또한 마호메트는 "공평하게 대할 자신이 없으면 하나만 취하라"는 말을 덧붙였다. 마호메트는 아내들의 의견을 존중할 줄 알았으며, 여성의 권리를 존중하도록 가르치는 인간적 매력을 갖춘 '부드러운 남자'였다. 그리하여 그는 마지막 설교에서 "형제들이여, 여성을 소중히 여기자"고 호소했다.

십자가와 예수

파리한 얼굴에 입술이 유난히 붉은 드라큘라 백작이 아리따운 아가씨를 유혹해 끌어안는다. 아가씨의 목덜미로 고개를 숙이는 드라큘라 백작, 송곳니가 쑤욱 삐져나오고. 그때 갑자기 소스라치게 놀라면서 뒷걸음치는 드라큘라……. 영화를 보는 사람들은 그 이유를 금방 짐작할 수 있다. 그 아가씨가 마늘 냄새를 심하게 풍겼거나 목에 십자가 목걸이를 걸고 있었겠지.

서구 기독교 문화에서 십자가는 단순한 상징물을 넘어서 신령한 힘이 깃든 성스러운 기호로 자리잡은 지 오래다. 그 이유는 물론 온 인류의 죄를 대신해 피를 흘리며 죽은 예수의 상징이기 때문이다. 그리하여 현대인들, 특히 기독교인들은 십자가를 보면 마음이 평안해지거나 경건해진다고 한다.

하지만 십자가의 역사를 알고 나면 마냥 평온과 경건으로만 바라볼 수 없을지도 모른다. 왜냐하면 우선 십자가 형벌은 평온과 경건한 마음을 갖기에는 너무도 처참하기 짝이 없었기 때문이다.

나무 기둥의 모양이 어떻게 생겼든 기둥에 사형수를 매달아 죽이는 형벌을 '가형(架刑)'이라 한다. 전문가에 따르면 교수형도 가형과 그 기원은 같다고 한다. 이 가형은 역사적으로 매우 오래된 형벌이다. 이미 고대 페르시아나 이집트의 기록에도 가형이 등장할 뿐만 아니라 예수가 태어나기 350여 년 전에 활약했던 알렉산드로스 대왕도 페니키아 병사 2천 명을 가형에 처했다고 기록되어 있다. 물론 예수가 활약하던 로마 제정 시대에도 가형이 시행되고 있었다.

이 가형은 로마 시민에게는 적용되지 않았고, 반역자·범죄자·노예 검투사 등에게만 적용되는 수치스러운 형벌이었다. 또한 오로지 남자에게만 적용되었다.

예수에게 가해졌으리라 생각되는 가형 방법(19세기 그림)

사형수가 죽은 뒤에 곧바로 나무 기둥에서 끌어내리는 것이 허용되지 않았고, 제대로 장사 지낼 수도 없도록 하루 이상을 감시했다. 친지들이 금방 끌어내려 장사를 치르지 못하게 해 죽은 뒤에도 천국에 가지 못하도록 하기 위함이었다. 따라서 사후 세계에 대한 관념이 특별했던 그 시대 사람들에게 이보다 더한 형벌은 없었다. 로마 제국이 로마 시민에게만은 이 형을 금지한 것도 이해할 만하다.

또한 사형수가 겪어야 하는 고통을 보더라도 가형은 참으로 잔혹한 형벌이었다. 예수는 가장 잔인하고 천한 형벌에 처해진 셈이다.

가형에 처해진 사형수는 대개 혈액 순환이 안 돼 심장이 멈춤에

2장 잘못된 상식 바로잡기 127

따라 죽게 된다. 몸을 움직이지 못한 채 매달려 있으면 피가 하반신에 몰려 뇌 속의 혈액이 부족하게 되고, 심근 경색으로 호흡이 곤란해지고, 심장 박동이 약해지고, 끝내 실신을 한다. 팔만 고정시켜 대롱대롱 매달리게 해놓을 경우에는 이러한 증세가 더욱 빨리 나타난다. 여기에 목숨이 끊어지는 데 필요한 몇 시간 동안 뜨거운 태양열, 갈증, 손에 못을 박았을 경우의 엄청난 고통 따위에 시달려야만 한다. 더구나 가형에 처하기 전에는 대개 마디가 있는 가죽 채찍으로 때리는 관습이 있었는데, 이 채찍질만으로도 충분히 죽음에 이를 수 있는 가혹한 형벌이었다. 그리하여 사형수의 친지는 집행인에게 뇌물을 주어 숨이 빨리 끊어지도록 손을 쓰기도 했다.

이러한 가형이 로마에서 폐지된 것은 기독교를 국교로 인정한 콘스탄티누스 황제 때였다. 여태까지 탄압해오던 기독교에 호의를 갖게 된 황제는 비열한 범죄자를 예수처럼 가형에 처하는 것이 마땅치 않았다.

그렇다고 십자가가 금방 기독교의 성스러운 기호로 등장한 것은 아니었다. 이미 로마 민중들이 가형에 대해 갖고 있는 이미지가 워낙 나빴기 때문이다. 가형이 폐지되고 시간이 흘러 민중들이 가형에 대해 갖고 있는 끔찍한 느낌이 많이 완화한 즈음에야 십자가가 성스러운 기호로 등장하기 시작했다. 십자가가 등장하는 예술 작품 가운데 가장 오래된 것이 5세기 중반인 것도 이러한 이유 때문이다.

그런데 우리가 알고 있는 십자가는 몇 가지 부분에서 왜곡되어 있다. 우리의 마음에 십자가를 심어준 예술가들이 실제로 가형을 본 적이 없었다. 먼저 우리가 흔히 보는 성화에는 예수의 손과 발에

뒤러(Albrecht Dürer)「골고다 언덕을 오르는 그리스도」

못이 박혀 있지만, 당시 관습상 발에는 못을 박지 않는 것이 보통이었다. 또한 특별히 발에 못을 박더라도 두 발을 겹쳐서 박는 것은 사실상 불가능했으며, 두 발에 따로따로 못을 박았다. 그 부위는 아킬레스건과 발목뼈 사이였다. 그리고 십자가에는 예수의 허리에 옷감이 감겨 있어 치부를 가리고 있지만 당시 관습으로는 반드시 발가벗겨졌다.

가장 중요한 것은 예수는 십자가가 아니라 곧은 기둥에 매달려 죽었을 것이라는 점이다. 가형에는 대개 십자보다는 곧은 기둥이 많이 이용되었다. 천한 자들을 죽이는 데 굳이 목공을 불러다가 십자가까지 만들지는 않았다. 물론 십자가형도 실시되기는 했다. 하지만 이때는 먼저 언덕 위에 굵은 기둥을 단단히 세워놓은 뒤, 사형수의 두 팔을 벌려 가로 막대에 묶어서 사형장으로 데리고 가 이미 세워 놓았던 기둥에 사형수를 가로 막대 채로 들어올려 기둥 꼭대기에 걸쳐놓은 밧줄에 매달았다. 따라서 예수가 정말로 십자가형에 처해졌다면 골고다로 지고 올라간 것은 가로 막대일 것이다. 그러나 예수가 너무 무거워서 감당하지 못하자 농민 시몬이 예수를 대신해 형장까지 나무를 짊어지고 갔다고 한다.

물론 성경에는 십자가라는 말이 분명히 등장한다. 예수가 가형에 처해져 죽은 것은 분명한 사실이지만, 뒷날 그 사실을 전한 사람들 가운데 현장에 있었던 사람은 없었다. 그의 제자들조차 아무도 이 가형을 목격하지 못했다. 몇몇 신봉자가 멀리서 바라보았을 뿐, 성경이 작성될 때는 이미 이 세상 사람들이 아니었다. 이로 인해 성경도 세세한 부분에서는 서로 모순되고 있다.

기독교에서 십자가를 상징으로 채택하게 된 이유는 기독교가 지중해 유역에 널리 퍼지기 전에 이미 십자가가 친숙한 기호였기 때문이다. 기원전 20세기의 신석기 시대 유물인 북에도 이미 십자 무늬가 그려져 있었고, 아시리아 인은 태양의 상징으로 이용했으며, 고대 이집트에서는 영원한 생명의 상징이었다. 또한 베수비오 화산의 용암으로 매몰된 헤르쿨라네움에서 발굴된 가옥에도 십자가 기호가 그려져 있었다. 또한 현대 광고 심리학에서 십자가는 최고의 시각적 신호로 간주되고 있다.

미국의 선조들은
게으름뱅이들이었다

개척·자유·모험이라는 말로 표현되는 미국의 개척사는 그 역사가 비록 짧아도 미국인 후손들에게 자긍심을 느끼게 하는 원천이다. 종교 박해를 피해 죽음의 모험을 감행하며 메이플라워 호를 탔던 신교도들은 지금도 후손들의 무한한 애정과 존경심을 받고 있다.

그런데 문제는 그들이 최초의 개척자가 아니었다는 사실이다. 그들보다 14년 전에 이미 한 무리의 이주자들이 버지니아의 제임스타운을 개척했다.

신대륙에 처음 건너간 영국인 이주자들은 첫해 겨울을 보내면서 거의 절반가량이 굶주림으로 죽었다. 이 식량 부족은 비단 첫해 만이 아니라 거의 10년 이상이나 초기 이주민들을 괴롭히면서 많은 사람의 목숨을 앗아갔다. 굶주림을 못 견디고 무덤을 파서 시체를 먹기도 하고 제 아내를 잡아먹는 끔찍한 사건까지 일어났다. 주변에 사는 인디언들은 옥수수 농사를 지으며 잘 살고 있었는데도 말이다.

왜 그랬을까? 영국인들의 농업 기술이 인디언들보다 뒤떨어졌기

메이플라워 호에서 내려 상륙하는 사람들. 식민자에게 신세계의 생활은 더없이 힘겨워서, 첫 해 겨울을 났을 때 절반밖에 살아남지 못했다.

때문일까? 신대륙의 농업 환경에 적응하지 못했기 때문일까? 아니면 인디언들이 농사를 방해했을까? 대답은 그들이 농사에 게을렀기 때문이다. 굶주림에 시달리면서도 농사를 소홀히 한다는 것이 우리로서는 이해하기 힘든 일이지만 사실이 그러했다. 왜 그랬을까?

가장 근본적인 문제는 초기 이주자들의 이주 의도에서 찾을 수 있다. 최초로 건너간 105명의 영국인들은 투자가들이 설립한 런던 주식회사에서 파견한 사람들이었다. 그들은 차분히 농사를 짓고 처자식을 부양하며 정착해서 살려고 온 것이 아니라 뭔가 일확천금이

132 교과서에서 절대 가르치지 않는 세계사

될 만한 장사거리는 없을까 하며 건너간 사람들이었다. 콜럼버스가 그랬듯이 그들은 모두들 금과 은과 보물을 꿈꾸었다.

이 점은 초기 이주민의 구성에도 반영되어 있다. 처음 정착한 105명 가운데 36명이 젠트리, 곧 손재주도 없고 노동도 하지 않는 사람들이었다. 그 뒤에 도착한 120명의 이주자 가운데 28명이, 그리고 그 뒤에 건너간 70명 중에서도 28명이 젠트리였다. 젠트리의 비율이 본국인 영국보다 6배가 더 많았다.

더욱 심각한 사정은 젠트리들이 영국에서처럼 편히 살려고 시중을 들어줄 하인들을 데리고 갔다는 점이다. 그 하인들 또한 노동이 무엇인지 몰랐다. 따라서 초기 이주민 지도자인 스미스는 2백 명 가운데 실제로 일할 사람이 30명밖에 안 된다고 투덜댔다.

게다가 초기의 이주자들 중에는 농사를 모르는 다양한 종류의 기술자들이 많았다. 금세공인·제련사·재단사·이발사·대장장이·술장사·목수·보석상·향수 상인 등등. 이들은 자기의 전문 분야를 활용해 신대륙에서 한몫 단단히 잡을 생각으로 건너갔다. 금과 은을 찾아서 제련사·금세공인·보석상들이 갔고, 광산 발견을 기대하며 광산 기술자들이 가는 식이었다. 하지만 이러한 기술자들은 자기 전공을 살릴 만한 일확천금의 돈벌이를 하나도 발견하지 못했다. 그래도 이들은 농사는 자기 할 일이 아니라고 믿었다.

그들이 농사를 소홀히 한 것은 또한 주변의 인디언들 때문이었다. 인디언이 농사를 방해했다는 말일까? 아니다. 오히려 인디언들은 옥수수 농사를 가르쳐주고, 모자란 식량을 원조해주기도 했다. 정착민들은 애써 농사를 짓기보다는 인디언에게 옥수수를 사거나 약탈하면 된다고 생각했다. 따라서 인디언들은 언제라도 그냥 그 지역을 떠남으로써 정착민들을 기아로 몰아넣을 수도 있었다.

물론 초기 정착민들은 옥수수 농사를 짓기는 했지만 생산량은 늘 부족했다. 이렇듯 초기 영국의 이주민들은 식민지 상황에 대해 밝지 못했을 뿐만 아니라 준비도 소홀했다.

그렇다면 농사일이 아닌 다른 일에는 부지런했을까? 정착민 지도자 존 스미스가 "일하지 않는 자는 굶으라"고 말한 것을 보면 꽤 부지런했을 것도 같은데. 하지만 별로 그렇지도 않았다. 이때 스미스는 과연 얼마나 많은 노동을 요구했을까? 그는 "하루에 4시간 일하고 나머지 시간은 휴식을 취하며 즐겁게 지내라"고 했다. 다른 기록을 보더라도 정해진 작업 시간은 아침 6~10시까지, 그리고 오후 2~4시까지 정도였다. 따라서 여름에는 하루에 약 5~8시간이고, 겨울에는 3~6시간이었다. 이 노동 시간에는 군사 훈련 시간이나 잡다한 볼일에 필요한 시간까지 포함되어 있었기 때문에 이 시간이 모두 노동 시간인 것도 아니었다.

이들이 천성적으로 게을렀기 때문이라고 치부할 수는 없다. 초기 이주민들의 기능이 지나치게 세분화한 탓에 게으름이 더욱 조장되었을 뿐이다. 신대륙에서는 금 세공사나 이발사가 하루 종일 움직여야 할 일거리가 없었다. 더구나 개인에게 토지가 분배되기 전에는 공동 노동, 공동 분배 체제였기 때문에 게으름을 피운 사람도 결국에는 열심히 일한 사람과 같은 양의 분배를 받았다. 이러한 작업 체제가 게으름을 조장했다. 이 모순은 차츰 개개인에게 토지를 분배하면서 해결되었다.

이들이 게으름을 털어버리고 농사에 부지런해지게 된 것은 인디언들이 담배 농사를 짓고 있다는 것, 그리고 담배가 유럽에서 괜찮은 값에 팔리는 상품이라는 것을 발견한 뒤였다. 대규모 농장을 운영하면서 노동력이 부족해지자 영국의 빈민이나 부랑자나 전과자들을 대거 끌어들이기도 하고 마침내 노예 제도를 이용하게 되었다.

어쨌거나 담배 농사로 활로를 개척한 이들은 엄연히 북미 대륙을 개척한 원조였다. 처음에 말한 것처럼 버지니아에서 많은 고생을 하면서 개척지를 건설한 사람들은 후손들에게 백안시당했다. 런던 주식회사가 파견한 이주민들 중에는 빈민·부랑자·전과자 등이 많았고, 그 목적 또한 노골적인 돈벌이였던 데다가 노예 제도를 정착시킨 자들인 만큼 자랑스러운 미국의 시조로 떠받들기에는 좀 꺼림칙했던 모양이다.

마적은 강도 집단이 아니다

마적(馬賊)이란 말 그대로 말을 탄 도적이란 뜻이니, 우리에게 결코 좋은 이미지는 아니다. 흔히 마적이라고 하면 구식 장총을 메고 허리춤에는 권총 두어 자루를 꿰차고 말을 타고 달리면서 이 마을 저 마을을 약탈하고 불을 지르는 험악한 장면이 떠오르게 마련이다.

중국 역사에서 홍건적(紅巾賊)이나 황건적(黃巾賊) 같은 비정규 무력 집단이 언제나 난세를 배경으로 나타나 역사에 뚜렷한 영향을 미쳤듯이, 19세기 말의 마적 또한 청(淸)나라의 몰락과 혼란을 배경으로 필연적으로 나타났고 나름대로 역사에 영향을 미쳤다. 이런 의미에서 19세기 말에서 20세기 초 중국 북방을 휩쓸던 마적단에 대해서 한번쯤 주목할 필요가 있다. 실제로 마적을 살펴보면 근세 중국사의 한 자락이 엿보인다.

19세기 말 만주 땅에는 이미 원주민인 만주족보다 중국에서 이주한 한족이 더 많은 상태였다. 한족은 오랜 세월에 걸쳐 온갖 어려움에도 토지를 찾아 만주·남몽골·시베리아까지 퍼져나갔다. 하지만 이들에게 북방은 가혹한 곳이었다. 때때로 유목 민족의 약탈 아래 피해를 입고 악질적인 지주들의 가혹한 착취를 당했지만 역대 중국 정권은 아무런 보호 조치도 취해주지 않았다. 오히려 정부 군대는 비적과 다름없이 약탈을 일삼았다. 그리하여 북방의 향민들은 스스로 자위에 나섰다.

우리가 마적이라 부르는 무장 집단은 중국 북방의 촌락 공동체 자치 조직에 뿌리를 둔 집단이다. 청나라의 보갑제(保甲制) 또한 그러한 촌락 자치 조직이었다. 1백 가구가 모여 1갑을 이루고, 10개의 갑이 모여 1개의 보를 이루는 것이 보갑제의 전형이다. 각 단위에서 선출되는 책임자는 해당 지역의 치안을 책임지고 호적을 기록했으며 중앙 정부의 정보원 노릇도 했다. 하지만 청은 반란을 염려해 민간인이 무기를 소유하지 못하게 했고, 심지어 말을 기르는 것조차 엄금했다.

이로 인해 향민 조직은 실질적인 자위력을 갖추지 못해 무방비 상태에 처하게 되었다. 그렇다고 정부 군대가 치안을 맡아주는 것도 아니었으므로 향민들은 각종 약탈과 가렴주구에 대항할 방도가 없었다. 따라서 향민들 스스로 자위단을 만들었고, 이러한 무력 조직은 정부의 힘이 미치지 못하는 농촌 사회에서 차츰 지배적인 힘으로 등장한다.

자위단은 비단 전투만 하는 것은 아니었고, 평소에는 마을의 길을 닦거나 촌락 주변의 성벽을 보수하기도 했으며, 공공시설의 건축에도 종사했다. 또한 마을을 통과하는 화물이나 마차를 호위해주고 통행세를 받기도 하고, 악질적인 탐관오리나 토호 세력의 부당한 탄압에 맞서 싸우기도 했다.

육해군 대원수에 취임하는 장작림. 빈곤한 가정에서 태어나 최대 군벌로 출세한 그는 일본과 손을 잡고 패권을 노리다가 장개석의 북벌군에 패하고 끝내 일본군에게 살해되었다. 그의 아들 장학량은 아버지를 죽인 일본을 증오해 보수 군벌인데도 공산당과 손을 잡고 항일 투쟁에 나서게 된다.

이렇게 격렬한 전투가 있을 때는 특히 유격대가 힘을 발휘했다. 유격대는 자위단 중에서 무예에 뛰어난 젊은이들로 구성되었으며, 이들 중에서 특히 무예나 지도력이 뛰어난 자들이 우두머리로 나섰다. 이러한 유격대는 자기 고향에서는 향민들에게 결코 피해를 끼치지 않았으나 다른 지방에 대해서는 약탈이나 납치를 자행하기도 했다. 따라서 마적이 마냥 정의로운 집단만은 아니었다.

유격대가 지방 향민들과 결합되면서 어떻게 성장하는지 예를 들어보자. 우선 유격대는 각종 화물의 수송을 경호해주고 대가를 받았다. 가령 마차 50대 분의 화물을 멀리 운반할 경우 식량이나 침구를 비롯한 각종 생활 필수품을 나르는 소나 나귀가 2백 마리 정도 필요했고, 1백여 명의 무장한 사람들이 운반에 필요했다. 화물주는 그 비용을 유격대에 지불했다. 게다가 다른 지방을 거칠 때는 그곳을 세력권으로 삼는 유격대의 도움을 받아야 하므로 그들에게도 세금을 내야 했다. 화물이 금은이나 아편처럼 고가품일 경우 교통 보장금은 훨씬 비싸져서 화물 값의 10~20%에 이르렀다. 다른 지방의 유격대는 수송대가 보장금을 지불하면 그 표시로 작은 깃발 따위를 주고, 때로는 유격대원을 더 붙여주어 안전을 보장해주었다. 이렇게 각 지역의 유격대들끼리 자연스레 연계를 이루게 되어 뒷날 대규모 군벌까지도 생겨날 수 있었던 것이다.

또한 유격대는 부호들 간의 알력, 농민에 대한 토호들의 가렴주구를 물리치기 위해서도 출동했다. 원한을 사는 자를 납치한 뒤 농민 대표자가 집행하는 재판을 조직해 진상을 규명하고, 그 결과에 따라 손해 배상액을 결정했다. 유격대는 농민이나 마을이 받는 배상액 가운데 일정액을 받아 활동 자금으로 썼다. 향민들은 부패한 정부 관리나 도적과 다를 바 없는 병사들보다는 유격대를 더욱 신뢰하기도 했다. 이러한 유격대가 바로 '마적'의 본래 모습이었다.

이러한 무력 집단에 차츰 불평분자, 지주나 관리에게 원한을 품은 자, 야심가, 조직의 힘에 기대려는 무뢰한들도 모여들게 되었다. 유격대의 20% 정도는 이러한 무뢰한이었다. 하지만 유격대는 나름대로 엄격한 통제가 있었고 독자적인 예법과 관습이 있었으며, 양민을 상대로 약탈을 일삼는 도적 집단을 경멸하는 분위기가 강했다. 어쨌든 이 조직은 자연스레 반정부·반지주적인 분위기를 띠게 되었다.

이들은 차츰 세력이 커져 뚜렷한 지도자가 나서서 광대한 지역의 패권을 주장하는 자도 출현했다. 유명한 장작림(張作霖)도 대표적인 마적 출신의 군벌 가운데 한 사람이다. 이런 마적은 더 이상 향민의 보호자가 아니라 가혹한 지배 집단으로 변질되어 가고 있었다.

특히 일본이 만주에 침략의 마수를 뻗치면서 마적은 차츰 본래의 성격을 잃고 도적 집단과 구별할 수 없게 되었다. 사실 '마적'이란 말도 일본인이 만들어 쓰기 시작했다. 일본은 일부 마적 집단과 결탁해 그들을 정보 수집과 후방 교란에 이용해 마적에 대한 인식을 결정적으로 떨어뜨렸다.

중국의 역대 정권 가운데 지방 향촌의 내부 깊숙이까지 권력이 미친 사례는 1949년에 수립된 중화인민공화국이 처음일 것이다. 애초에 마적이 중앙 권력의 공백에서 생겨난 자위 조직이었던 만큼 새 중국의 성립은 이러한 전통적인 자치 조직의 종말을 뜻했다.

나폴레옹의 거짓말

1812년 12월, 러시아 원정에 나섰다가 참패한 나폴레옹 황제가 초라한 모습으로 프랑스로 돌아왔다. 50여만 명의 병사를 죽음으로 몰아넣은 이 패전은 나폴레옹을 몰락하게 하는 커다란 계기였다.

파리로 돌아온 나폴레옹은 자신의 러시아 원정 실패를 러시아의 혹독한 추위 탓이라고 공언했다. 세인트헬레나 섬에 갇혀 있을 때 쓴 회상록에서도 나폴레옹은 다음과 같이 기술했다.

> 나와 나의 용감한 군대가 러시아에서 패배한 것은 다름 아닌 1812년부터 3년 동안이나 계속된 유별나게 지독한 겨울 때문이었다. 게다가 그 해 겨울은 이상하게도 일찍 찾아왔다.

천재지변 앞에서야 제아무리 명장인들 어쩔 수 없지 않은가. 그러니 누가 그에게 돌을 던지랴! 사람들은 나폴레옹의 말을 믿음으로써 조금이나마 패배감을 덜어보려 했고, 또 나폴레옹의 무능에 대해 애써 외면함으로써 영웅을 잃지 않으려 했다.

그런데 나폴레옹을 영웅으로 생각하는 사람들에게는 안 된 말이지만 그의 패전은 결코 동장군 때문이 아니었다. 1812년 당시 헬싱키 중앙 기상 연구소의 기록이 남아 있는데, 기록에 따르면 그 해 겨울은 오히려 평년보다 뒤늦게 찾아왔으며 따뜻했다. 지독한 동장군은 12월에 가서야 찾아왔으며, 이때는 이미 원정이 실패로 끝난 것이 확실해진 시기였다.

그렇다면 진짜 패인은 무엇이었을까? 결론부터 말하자면 나폴레옹이 지휘를 잘못했기 때문이다. 나폴레옹이 제대로 지휘했다면 뒤늦게 찾아온 동장군은 충분히 피할 수 있는 문제였다.

1812년 6월, 나폴레옹은 러시아 원정을 위해 독일 동부에 총 60만 명에 이르는 병력을 집결시켰다. 그 해 여름은 유난히 덥고 건조했지만 병사들은 신속하게 행군했고 식량은 충분했으며 병사들도 건강해 순조로운 출발이었다. 이윽고 원정군은 폴란드의 비르나에 도착했다. 그런데 폴란드는 유난히 불결했다. 농부들은 목욕이란 걸 몰랐고, 벼룩과 이가 득실거렸다. 유난히 더운 날씨 탓에 식수가 모자랐고 우물 물은 불결했다. 도로는 먼지가 풀풀 나거나 울퉁불퉁한 길이 많아 보급 부대가 제대로 따라오질 못해 식량이 부족해지기 시작했다. 게다가 병사가 너무 많아 군기가 제대로 잡혀 있지 않았다. 병사들은 규율을 무시하고 폴란드의 농가를 약탈해 농민들의 원성을 샀다. 폴란드 인은 나중에 나폴레옹 군대가 퇴각할 때 게릴라 부대로 나타나 원한을 갚는다.

아무튼 폴란드 땅에서만 2만 마리의 말이 물과 식량 부족으로 길에서 죽었다. 굶주림으로 인한 저항력 감퇴와 오염된 식수 탓에 이질과 장티푸스가 창궐했다. 게다가 발진티푸스가 번져서 원정군을

프랑스 군은 1812년 겨울 모스크바에서 철수하면서 수많은 사상자를 냈다.

괴롭혔다. 발진티푸스는 오랜 세월 동안 폴란드와 러시아의 풍토병이었다. 그리하여 7월 셋째 주의 오스트로비나 전투에서 이미 8만명 이상이 발진티푸스 때문에 죽거나 전투 불능 상태에 빠졌다. 출발한 지 한 달 만에 돌림병으로 전투력의 5분의 1이 죽었다. 러시아 국경을 200km나 남겨둔 상태에서 상황은 이미 말이 아니었다.

실제로 7월 28일, 휘하 장군들은 나폴레옹에게 돌림병이 만연하고 병사들의 탈주로 병력이 감소되어 전투력이 절반으로 줄어들었고, 그나마 병사들에게 줄 식량도 부족하다면서 진군을 중지해달라고 호소했다. 나폴레옹도 처음에 이 의견을 받아들였던 것을 보면 상황은 정말로 심각했던 모양이다. 그러나 눈앞에 승리가 있다고 믿은 나폴레옹은 다시 진군을 결정한다.

나폴레옹은 모스크바를 향해 진군했다. 8월 말에 이미 중앙군의 절반이 도중에 쓰러졌고, 30만 명의 공격 부대는 불과 16만 명으로 줄었다. 발진티푸스는 여전히 기승을 부렸다. 9월 5일에는 겨우 13만 명이 남았다.

그 동안 러시아 군대는 시종 일관 소극적인 자세를 취하며 후퇴를 거듭해 단숨에 무찌르고 싶어 하는 나폴레옹을 안타깝게 했다. 게다가 보로딘 전투에서 프랑스 군은 3만 명을 잃었다. 이때 러시아 군도 5만 명을 잃었지만 원정지에서 거둔 프랑스 군의 작은 승리는 깊은 상처만을 남겼다.

어쨌거나 프랑스 군은 아무런 저항도 받지 않고 모스크바에 입성했다. 그러나 발진티푸스도 함께 입성했다. 10만 명이 채 안 되는 군대는 9월 7일부터 14일 사이에 1만 명의 사상자를 냈다. 결국 나폴레옹의 중앙군 30만 명 가운데 9만 명만이 모스크바에 도착했으니, 10명당 7명이 도중에 쓰러진 셈이다. 텅 빈 모스크바에서 나폴레옹은 이제 곧 러시아 황제가 항복해올 것이라고 기대하며 기다렸다. 러시아는 시종 일관 평화 교섭을 벌이는 척하면서 시간을 끌었다. 시간을 끌면 끌수록 프랑스 군에게는 위험했다. 그리하여 나폴레옹의 한 참모는 추위가 닥치면 모스크바에서는 견딜 수 없을 것이라고 경고했다. 하지만 그는 빨리 철수하자는 제안을 받아들이지 않았다.

마침내 도망간 줄만 알았던 러시아 군이 포위망을 구축하고 있다는 것을 안 나폴레옹은 뒤늦게 퇴각하기로 결정했다. 모스크바에 머문 한 달 동안 프랑스 군에는 1만5천 명의 원군이 보태어졌지만 다시 1만 명이 질병과 부상으로 죽고 말았다. 그리하여 모스크바에서 철수할 때는 불과 9만5천 명의 꾀죄죄하고 허기진 병사들뿐이었다. 프랑스 군은 곳곳에서 나타나 괴롭히는 러시아 군과 싸우면서 퇴각을 계속했다. 11월 5일, 많은 눈이 내리기는 했지만 춥지는 않았다. 다만 나폴레옹은 겨울철 행군에 전혀 대비가 없었기 때문에 말발굽에 씌울 빙상화도 준비하지 않았다. 기병들이 말에서 내려 걸어야 했던 것은 추위 때문이 아니라 준비 부족 때문이었다.

나폴레옹이 중간 기지로 삼은 스몰렌스크의 기지에 도착해보니 그곳에 있는 프랑스 군 또한 발진티푸스로 약체가 되어 있었고, 군기가 완전히 무너져 있었으며 식량도 별로 남아 있지 않았다. 이에 실망한 나폴레옹은 2만 명에 이르는 환자들을 스몰렌스크의 엉성한 폐가에 남겨둔 채로 다음 보급 기지인 민스크로 떠났다. 하지만 곧 민스크가 러시아 군에게 빼앗겼다는 소식을 듣는다. 또한 곳곳에서 퇴로가 러시아 군에게 막혀 있었다. 결국 5만 명만이 퇴각할 수밖에 없었다. 당시 나폴레옹의 기록을 보자.

> 식량, 식량, 식량. 식량 없이는 이 군기 빠진 오합지졸은 비르나에서 끔찍한 짓을 저지를 것이다. 아마도 니멘에 도착하기 전에는 원기를 회복하기 힘들 것이다. 비르나에 적병이 있어서는 안 된다. 우리 군대는 볼품이 없어졌다.

이때 비르나로 가는 길에서 1만5천 명이 죽었다. 비르나 또한 발진티푸스·설사·폐렴에 걸린 병사들로 가득했다.

11월 5일, 나폴레옹은 프랑스에서 자신이 죽었다는 소문이 나돌고 있다는 것과, 쿠데타가 일어났다는 소식을 들었다. 그는 곧바로 귀국하기로 결정하고 우선 파리로 보내는 관례적인 전달서를 썼다. 여기서 그는 보급선이 완전히 붕괴되었다는 점은 언급하지 않고, 오로지 모든 것이 날씨 때문에 망쳤다고 썼다.

파리에 도착한 12월 20일, 나폴레옹이 상원에 보고한 내용도 마찬가지다.

> 우리 군은 다소 피해를 보았지만 이는 주로 혹한이 너무 빨리 닥쳤기 때문이다.

나폴레옹은 이렇게 먼저 귀국할 수 있었지만 뒤에 남은 프랑스 군은 비참하기만 했다. 60만 대군 가운데 겨우 4만 명만이 살아서 귀환했고, 그 가운데 다시 전투에 나설 수 있을 만큼 온전한 병사는 1천 명에 지나지 않았다.

이렇듯 러시아 원정이 완전히 실패한 것은 나폴레옹 자신의 실책 때문이었다. 또한 여기에 돌림병과 기아, 러시아 군의 전략이 주요 요인일 것이다. 처음부터 추위는 원정의 승패와는 아무런 상관이 없었다.

과연 '주지육림'으로 망했나?

중국 역사의 맨 앞자리를 차지하는 고대 국가인 하(夏)·은(殷)·주(周)는 참 묘하게도 그 멸망에 아름다운 악녀가 개입되어 있다는 공통점이 있다. 하 걸왕(桀王)에게는 말희(妹喜), 은 주왕(紂王)에게는 달기(妲己), 주 유왕(幽王)에게는 포사(褒姒)라는 미녀가 있었다. 주지육림(酒池肉林)이니 경국지색(傾國之色)이니 하는 고사성어는 여기에서 비롯되었다.

먼저 서주(西周)의 마지막 왕인 유왕을 보자. 유왕이 미치도록 사랑했다는 포사라는 여인은 '늑대와 양치기 소년'과 비슷한 설화를 통해서 잘 알려져 있다. 아름다운 포사가 전혀 웃지 않는 데 애가 탄 유왕은 적의 침입을 알리는 봉화를 올리게 해 제후들이 군사를 이끌고 허겁지겁 달려오게 했다. 아무 일도 없다는 것을 알고 어리둥절해 하는 제후들을 보고 마침내 포사가 웃었다. 그러자 유왕은 그녀의 웃음을 보려고 자주 거짓 봉화를 올리다가 세상의 신망을 잃어 결국 살해되고 주나라는 멸망했다.

이와 유사한 설화는 하나라의 멸망과 은나라의 멸망에서도 등장한다. 하나라의 걸왕에게는 말희라는 미녀가, 은나라의 주왕에게는

소의 거대한 어깨뼈를 이용한 은나라의 점. 왕에게 열흘 안에 재앙이 있으리라 예언했고 실제로 직후에 적의 침입이 있었다는 내용이 적혀 있다.

달기라는 미녀가 있었는데, 폭군이 이 미녀를 끼고 주지육림을 즐기다가 세상의 인심을 잃어 멸망했다는 것이다. 말희와 달기라는 미녀는 모두 정복을 통해서 얻은 여자다. 왕조의 멸망에 관한 하·은·서주의 설화가 왜 이런 유사점을 가질까?

많은 학자들은 이것이 사실과 다른 설화라고 믿고 있다. 예를 들면 프랑스의 동양학자 그라네는 "하와 은과 서주의 세 왕조의 역사는 제왕의 덕과 하늘의 덕이 일치하면 흥하고, 폭군이 오만하면 망한다는 원칙을 세 번 거듭하여 설명한 것에 지나지 않는다. …… 마지막 제왕의 포악함을 강조하여 왕조 흥망의 이유를 가르치려는 목적에서 비롯된 것임을 알 수 있다"고 했다.

결국 실제 사실이 아닐 가능성이 짙다는 말이다. 설화 성립 순서로는 포사 이야기가 제일 먼저인 것으로 보이며, 이 포사 설화가 그 이전 시대인 은나라와 하나라의 멸망 설화에 차용된 것으로 생각된다.

우리가 잘 알고 있는 백이(伯夷)·숙제(叔齊) 이야기도 위의 폭군 설화의 사실성에 의문을 더해준다. 은 주왕이 미녀 달기와 사랑에 빠져 주지육림으로 세월을 보내고 신하들을 파리 죽이듯 하던 폭군이었다면 이 폭군을 거꾸러뜨린 주 무왕(武王)의 행동은 지극히 정당한 일이었을 것이다. 그런데 백이와 숙제는 주왕을 무찌르러 출정하는 무왕을 가로막으며 옳지 못한 전쟁을 그만두라고 간언하다가 죽임을 당할 뻔했다. 무왕이 그들의 말을 듣지 않고 기어코 주왕을 거꾸러뜨리자 백이와 숙제는 무도한 왕 밑에서 살 수 없다며 산속에 들어가 고사리를 캐먹고 살다가 굶어 죽었다. 폭군은 갈아치울 수도 있다는 관념이 희박했던 시절이라는 점을 고려해야겠지만 백이와 숙제가 당시에 의인으로 칭송을 받은 데는 그만한 까닭이 있었을 것으로 여겨진다.

본래 혈족 집단이 뭉쳐 은 왕조를 만들었고, 은 왕조는 여러 소부족 국가 연합체의 맹주로서 세력을 유지했기 때문에 은 왕의 권력이 너무 강해지면 자연히 다른 나라의 경계심과 반발을 살 수밖에 없었다. 은의 마지막 왕인 주왕이 포악한 군주로 묘사된 배경에는 이러한 객관적 사정이 있었다.

하지만 은 주왕은 우수하고 유능한 왕이었던 것으로 여겨진다. 갑골문자의 기록에 따르면, 주왕은 신권 정치 시대에 제왕의 가장 중요한 업무인 제사에 매우 열심이었다. 선조에 대한 제사도 정기적으로 드렸다. 다만 자주 정복 전쟁을 일으켜 백성들의 원성을 산 것은 사실이며, 이러한 은 왕조의 위기를 노려 서쪽 지방에서 궐기한 것이 주의 무왕이었다. 무왕은 주왕의 전제 정치에 불만을 품은 여러 부족을 모아 쿠데타를 일으킨 셈이다.

결국 하·은·서주의 마지막 제왕은 인격적으로 완성된 이상적인 제왕상을 강조하려는 후대의 학자들을 통해 실제보다 왜곡되고 과장되었을 가능성이 높다.

진나라의 법은 가혹하기만 했을까?

흔히 진(秦)나라가 중국 통일에 성공한 것은 엄격한 벌로 상징되는 법가(法家) 사상 덕이요, 패망한 것 또한 비정한 엄벌주의 때문이라고 말한다. 하지만 진나라 시대의 지방 하급 관리의 묘에서 나온 기록은 법가 사상이 마냥 난폭하기만 한 것은 아니었다는 것을 말해준다. 이 하급 관리는 형사 사건이나 소송을 처리하던 관리였는데, 그의 묘지에서 직무 수행의 규범집이 출토되었다. 여기서 확인된 진의 법치 실태는 우리의 예상과는 달리 매우 잘 정비된 것이었다.

조정의 부역에 징발된 인원이 도착하지 않으면 담당자는 2갑의 벌금, 도착이 늦으면 3일에서 5일까지는 견책, 6일부터 10일까지는 1순의 벌금, 10일을 넘기면 1갑의 벌금.

참고로 '갑'과 '순'은 벌금의 단위로 갑이 순보다 무거운 단위였다. 책무를 게을리 하면 무조건 사형에 처한다는 단순한 원칙이 결코 아니었다. 따라서 부역을 가다가 홍수를 만나 길이 끊기는 바람에 제날짜에 목적지에 도착하지 못하게 된 진승(陳勝)과 오광(吳廣) 일당이 '어차피 죽을 바에야' 하는 심정으로 반란에 나섰다는 고사에는 뭔가 다른 사정이 있었던 것으로 보아야 할 것이다.

당시의 법치가 매우 정돈된 것이었음은 절도 사건을 다룬 기록을 통해서도 잘 알 수 있다.

> 갑과 을은 본래 서로 모르는 사이였다. 갑이 병의 집에 물건을 훔치러 들어갔는데, 마침 그 때 을 또한 병의 집에 훔치러 들어갔다. 그리하여 갑과 을은 서로 의견을 나눈 뒤 절도 행각을 벌였다. 훔친 액수는 각자 4백 전씩. 두 사람은 도망쳤지만 곧 모두 검거되었다. 이럴 경우 두 사람이 공모했다면 양자가 훔친 액수를 합친 8백 전이 각자의 죄가 된다. 그러나 공모하지 않았다면 각자가 훔친 액수인 4백 전이 각자의 죄가 된다.

하나의 범행이라도 두 건의 단독 범행이냐 아니면 모의가 있었느냐를 기준으로 해 신중하게 가려내려 했다. 범죄는 불문곡직하고 엄벌에 처한다는 난폭함은 볼 수 없다. 또한 용의자를 심문할 때도 의외로 조리 있었다.

> 심문할 때는 당사자의 말을 다 듣고 그것을 기록해둘 것. 각자에게 진술시킬 때는 거짓을 고한다는 것이 명백하더라도 그 자리에서 일일이 힐문해서는 안 된다. 진술이 전부 끝나고 달리 변명이 없다면 그때 비로소 진술 기록을 근거로 해 심문하라. 심문하여 대답을 못하

고, 범인임이 명백한데도 계속 거짓을 고하며, 말을 이랬다저랬다 하며 죄상을 인정치 않아 그 태도가 규정에 비추어 고문에 해당할 경우에 비로소 고문하라. 다만 고문할 때는 그 이유를 보고서에 명기해 두어야만 한다.

진술 내용의 모순을 지적하여 범인의 자백으로 몰아가려는 태도가 돋보인다. 처음부터 고문으로 해결하려는 관리는 실격이었던 셈이다.

물론 진나라의 형벌이 대체로 엄했던 것은 분명하나, 엄밀히 말하면 벌만 엄했던 것이 아니라 '상(賞)'도 엄정했다는 것을 기억해야 한다. 이렇게 나름대로 합리적인 법 운영과 잘 짜인 관료 조직은 진나라를 강대국으로 만든 한 요인이었다. 이러한 관료 조직 운영은 한나라를 비롯해 후대로 계승되면서 개량되고 정비되었다.

본래 인도와 태국은 서양에 있었다

정화(鄭和)의 대선단이 베트남과 인도를 지나 멀리 아프리카 동해안까지 항해했다는 사실은 잘 알려져 있다. 정화가 대항해에 나설 때 이용한 배를 '서양 보선(西洋寶船)', '서양 취보선(西洋取寶船)'이라고 불렀다. 곧 서양의 보물을 가지러가는 배라는 뜻이다.

그런데 이때 중국인이 당시에 말하는 '서양'이란 우리가 요즘 사용하는 서양과는 그 뜻이 달랐다. 중국인은 송(宋)나라 말엽부터 남해 제도, 지금의 대만·필리핀·인도네시아·말레이시아 등의 해역을 크게 동양과 서양으로 나누었다. 그 경계선은 지금의 보르네오 섬의 북부에 있는 브루나이였다. 브루나이는 동양이 끝나고 서양이 시작되는 곳이다. 따라서 태국이나 인도 등은 서양이었다. 이러한 구분은 그 무렵 중국의 무역 항로에 기초한 것이다. 곧 서양 항로를 따라 있는 곳을 서양 열국으로, 동양 항로를 따라 있는 곳을 동양 열국으로 칭했다.

중국 남부 해안선을 따라 베트남 쪽으로 내려가는 서양 항로는 일찍이 정화의 원정대가 지나간 항로로, 훨씬 전에 이슬람 상인이 개발한 항로였다. 이에 반해 동양 항로는 뒤늦게 알려졌다. 왜냐하면 중국 남부에서 필리핀으로 내려가려면 해안을 떠나 망망대해를 항해해야 했기 때문에 나침반이 없던 시대에는 참으로 두려운 뱃길이었다. 동양 항로가 개발된 것은 나침반이 개발된 뒤의 일이다.

마침내 서방에서 유럽 인이 건너오자 중국인은 그때까지의 '서양'보다 더 서쪽에 더욱 넓은 바다와 강력한 나라가 있다는 것을 알게 되었다. 그래서 '대서양(大西洋)'이라는 이름이 생겨났다. 대서양이라는 이름으로 기존의 '서양'과 구별했던 것이다. 서양을 가리키는 범위가 확대됨에 따라 마침내 동양이라는 개념도 중국을 기준으로 동쪽 전체를 가리키게 되었다.

우리는 흔히 동양이라면 아시아 전체를, 서양이라면 유럽 및 아메리카 대륙을 가리킨다. 하지만 지금도 중국에서는 흔히 '동양'이라고 하면 중국의 동쪽을 뜻한다.

1천 년을 속여온 바이킹의 거짓말

바이킹들은 단순한 해적을 넘어서서 뛰어난 탐험가였다. 콜럼버스가 신대륙을 발견하기 이미 1천 년 전에 북미 대륙을 발견한 흔적이 남아 있다. 그런데 이들은 참 재미있는 사람들이었던 것 같다. 그들은 거짓말에도 매우 능숙한데, 그 두 가지가 지금도 멀쩡하게 세계 지도에 남아 있다.

그린란드는 세계에서 가장 큰 섬이며, 북극권에 있어 세계에서 가장 추운 지역 가운데 하나다. 9세기 말에 이 땅을 발견한 바이킹들이 그린란드라 명명한 것은 마치 녹음이 우거진 땅처럼 꾸며서 사람들이 이주하고 싶도록 만들기 위해서였다.

사실은 여름이 금방 지나가 버려 연안 지대에 녹색이 보일락 말락 하는 것이 고작이었다. 그린란드의 거의 절반은 북극권에 있어 땅의 85%는 두꺼운 얼음으로 뒤덮여 있다. 그러나 그 뒤 이름이 실상과 너무 다르다는 것이 알려진 뒤에도 이 이름은 고쳐지지 않았다.

비슷한 시기인 9세기에 다른 바이킹들이 또 다른 섬을 발견했다. 바이킹들은 이 섬을 독차지하고 싶었다. 그래서 궁리한 끝에 가장

사진설명

매력 없는 이름을 붙였다. 이름하여 '아이슬란드'. 사람들이 접근할 수 없을 정도로 추운 땅으로 알리고 싶었던 것이다.

아이슬란드는 말 그대로 '얼음의 땅' 이지만 결코 얼음에 덮인 곳이 아니다. 위도는 북위 66도로 높은 편이지만 푸른 숲도 있고 멋진 해안도 있으며, 산자락에는 꽃이 만발하고 화산도 있고 온천도 있다. 사실 아이슬란드에는 세계 어느 곳보다 많은 온천과 유황천이 있다. 빙하와 눈도 있으며, 계절은 두 가지 뿐으로 밝은 시기와 어두운 시기라고 하는 쪽이 좋을 것이다. 저지대는 여름이 시원하고 겨울은 비교적 온난하다. 항구는 1년 내내 어는 법이 없다. 민주주의가 잘 발달해 있고 문화면에서도 충실하다. 여성의 평균 수명은 79.5세며 남성의 수명도 70.9세다. 한겨울에 수도 레이캬비크의 기온은 뉴욕보다 높을 때도 있다.

이런 사실은 그다지 알려져 있지 않다. 바로 그 아이슬란드라는 이름 때문에. 이 지명은 1천 년 이상이나 세상 사람들을 속여왔던 것이다.

3

역사는 무대 뒤에서 만들어진다

관객의 눈에는 무대 위의 배우들만 보일 뿐,
무대 뒤에서 활약하는 연출자와 조명 기사가 보이지 않는다.
연극을 잘 이해하려면 무대 뒤로 돌아가 살펴볼 필요도 있다.
과연 역사라는 무대 뒤에서는 어떤 일들이 벌어졌을까?

제2차 세계대전을 결정지은 암호전

제2차 세계대전(1941~45년)에서 미국이 승리하는 데 결정적인 역할을 한 무기는 무엇일까? 원자탄? 물론 원자탄은 당시 최강의 첨단 무기이기는 했지만 그저 종전을 며칠 앞당겼을 뿐 결정적 역할을 했다고 보기는 힘들다. 그렇다면? 정답은 암호 해독술이다. 이는 결코 과장된 이야기가 아니다. 1980년이 되어서야 공개된 대일 통신 정보 작전 기록이 그 사실을 잘 보여준다.

제2차 세계대전 당시 일본은 도쿄의 외무성과 해외의 대사관 사이에 주고받던 연락 사항 중에서 극비 사항은 '보라색 암호'라는 이름의 시스템을 이용하고 있었다. 이 암호는 당시 쓰이던 암호 가운데 가장 복잡한 암호였다. 미국의 암호 해독관들은 적국인 이탈리아나 독일이나 일본 육군의 암호 시스템 해독에 성공했지만 이 '보라색 암호'의 해독만은 쉽지 않았다. 이 암호를 풀어낸 사람은 암호의 천재라 일컬어지는 프리드만이었다. 아마도 프리드만은 제2차 세계대전 당시 가장 큰 공을 세운 '숨은 영웅'일 것이다.

일본과 미국 사이에 분위기가 더욱 험악해져서 곧 전쟁에 돌입할 것이라는 소문이 무성했던 1940년에 '보라색 암호'가 풀렸다. 그리하여 일본 외무성이 주미 일본 대사에게 보내는 암호문은 일본 대사보다 미국의 암호 해독반에서 먼저 보았을 정도였다. 당시 독일은 서부 전선에서 전개할 작전을 일본 대사에게 통고했고, 일본 대사는 이 내용을 도쿄에 '보라색 암호'로 타전했다. 이를 도쿄와 동시에 해독하고 있던 연합군 쪽이 이 정보를 적절히 활용했음은 말할 나위도 없다.

암호 해독이 얼마나 중대한 문제였는지를 잘 보여주는 사례들은 많다. 일본이 태평양에서 승승장구하다가 패전으로 돌아서게 된 계기는 미드웨이 해전에서의 패배 때문이다. 이미 동남아시아를 석권한 일본은 미드웨이 섬을 점령하기 위해 은밀히 움직였다. 미드웨이 섬에 항공 기지를 구축하면 이미 점령한 태평양의 점령지를 미군의 공격으로부터 지킬 수 있을 뿐만 아니라, 도쿄를 공습해 일본의 위신을 떨어뜨렸던 미국의 중형 폭격기를 차단할 수 있을 것이라고 믿었기 때문이다.

미군의 암호 해독반은 암호로 이루어진 일본의 무선 통신을 도청하고 곧 대규모 공격이 있을 것과 그 전술까지 알아냈다. 하지만 정작 그 공격 지점과 시간은 알아낼 수 없었다. 왜냐하면 일본은 공격할 지점을 AF로 표기했기 때문이다. 과연 일본인은 어디를 AF로 표기하는 것일까? 미군 수뇌부는 태평양 전쟁의 흐름상 그 곳이 미드웨이 섬, 알류산 열도의 군항, 하와이의 오아후 섬 가운데 하나일 것이라고 짐작만 하고 있었다. 따라서 어디인지 정확히 알아내야만 했다. 이미 진주만 기습으로 크게 타격을 입은 미군은 병력을 몇 군데로 분산해 놓을 만큼 여유롭지가 못했다.

노년기에 접어들어 암호기를 앞에 놓고 인터뷰에 응하는 프리드만 부부. 제2차 세계대전이 끝난 뒤에도 프리드만의 활약은 계속되었다. 미국 정보 당국은 프리드만의 존재 자체를 1980년까지도 비밀에 부쳐왔다.

여기서 미군은 한 가지 꾀를 쓴다. 암호 해석관은 미드웨이의 미군 사령부에 연락해 섬 안의 증류수 공장이 고장났다는 통신을 평범한 영어로 송전해 달라고 부탁했다. 계략은 용케 맞아떨어졌다. 이틀 뒤 일본의 무선 통신을 감청해 보니 '곧 AF에서 식수가 부족해질 것'이라는 암호를 사령부에 송신하는 것이 아닌가. 이리하여 일본이 노리는 공격 목표가 미드웨이라는 것을 확신할 수 있었다. 이제 남은 것은 그 시간이었다. 암호 해독관들은 이틀 동안 필사적으로 일본의 날짜 암호 코드와 씨름해 마침내 해독해냈다. 그 날짜는 6월 3일이었다.

과연 6월 3일이 되자 일본군은 대형 항공모함 4척, 소형 항공모함

미드웨이 해전에서 미군의 공격을 받아 침몰하는 일본군 순양함

3척, 전함 11척, 순양함 15척, 구축함 44척, 잠수함 15척, 그리고 잡다한 소형 함정들을 몰아 하와이와 미드웨이 섬 사이의 대해로 나아갔다. 하지만 이미 정보를 입수하고 만반의 준비를 갖춘 미 해군의 공세에 밀려 대패하고 말았다. 일본은 미드웨이에서 가장 중요한 항공모함과 가장 우수한 해군 조종사를 거의 다 잃었다.

이 전투가 얼마나 중요했는지는 처칠의 다음과 같은 말을 보면 알 수 있다. "일본이 태평양에서 차지하던 우위는 한순간에 뒤집어졌다. 이 순간부터 우리는 침착하게 공세를 취할 수 있게 되었다."

미드웨이 해전의 승리는 이렇듯 숨어서 일하는 암호 해독관들의 쾌거였다. 이 암호 해독반의 쾌거의 또 한 사례를 보자.

1943년 4월, 일본 연합 함대 사령관 야마모토 제독이 태평양 기지를 닷새 동안 순찰하기로 했다. 일본군 사령부는 야마모토 제독의 순찰 예정지를 무선으로 통보했고, 미군의 암호 해독반도 곧 그 세세한 일정을 정확하게 파악했다.

이 정보를 알아낸 미군 수뇌부는 고민했다. 야마모토 같은 우수한 적장을 처치하고 싶었지만, 만약 그랬다가는 미군이 일본의 암호 코드를 완전히 해독하고 있다는 사실이 탄로 나기 때문이었다. 그러면 일본은 곧바로 암호 코드 체계를 바꿀 것이고, 그러면 더 중요한 정보를 놓칠 터였다. 이 문제를 해결하기 위해 미군 수뇌부는 시나리오를 준비했다. 곧 태평양 섬에 사는 원주민들이 공작원으로 활동하며 무선으로 정보를 타전하는 것으로 꾸며놓고 일본에 슬쩍 이 사실을 흘려보내 미군이 암호를 해독하고 있다는 사실만은 은폐할 참이었다. 마침내 4월 8일, 야마모토가 탄 비행기는 부겐빌 앞바다에서 18대의 미군기를 만나 밀림 속으로 곤두박질했다.

미국이 암호를 해독하고 있다는 사실은 극비 중에서도 극비 사항이었다. 이러한 극비 사항의 보안을 지키기 위해서 한 유명 인사가 사망한 적도 있었다. 1943년 6월, 리스본에서 런던으로 가던 비행기가 독일 전투기에 격추되어 유명 영화배우 레슬리 하워드가 죽었다. 나중에 밝혀진 바에 따르면, 이 사건은 우발적인 공격 사건이 아니라 독일군 수뇌부의 명령에 따른 계획된 공격이었다. 독일군 수뇌부는 처칠 수상이 이 비행기를 탈 것이라고 잘못 알고 있었다. 그런데 영국 공군에서는 이미 독일의 무선 암호 명령을 해독해 독일군의 공격 계획을 뻔히 알고 있었다. 그러나 만약 비행 일정을 갑자기 바꾼다면 독일군은 자국의 암호가 영국군에 의해 완전히 해독되고 있다는 것을 눈치 채게 될 터였다. 이를 우려한 영국 공군은 입을 꾹 다물고 아무런 대책도 세우지 않았다.

'지피지기면 백전불태(知彼知己, 百戰不殆)'라는 손자의 말은 정보가 얼마나 중요한지를 강조하는 경구다. 일본은 이 '지피지기'에서 이미 미국에 패배하고 있었다.

영국 여왕의 혈우병이
러시아 혁명을 촉진하다

19세기 유럽 최강의 독재 국가 러시아의 로마노프 왕조를 붕괴시키는 데 결정적인 역할을 한 것은 영국의 빅토리아 여왕이었다. 무슨 엉뚱한 소리냐, 로마노프 왕조를 끝장낸 것은 러시아 혁명이 아니냐고 하겠지만 사실이다. 물론 여왕 자신은 로마노프 왕조의 붕괴를 전혀 바라지 않았지만 말이다.

'해가 지지 않는 제국'의 빅토리아 여왕은 의도적으로 아들딸들을 유럽의 여러 왕조와 혼인시킴으로써 가문을 전대미문의 명문으로 만들고자 했다. 그리하여 여왕의 자식이나 손자들이 독일·스페인·러시아의 왕실로 퍼져나갔다.

그런데 문제는 빅토리아 여왕이 혈우병 유전자를 갖고 있었다는 것이다. 러시아 로마노프 왕가의 비극은 바로 영국 빅토리아 여왕이 물려준 혈우병 유전자에서 비롯되었다. 잘 알다시피 혈우병은 혈청 속에 특별한 단백질이 결여된 질환을 말하는데, 이로 인해 혈액이 응고하지 않는다. 따라서 사소한 상처로 생긴 출혈이 멈추지 않아 죽기도 하는 치명적인 질환이다. 실제로 빅토리아 여왕의 아들과 손자들 가운데 혈우병으로 죽은 자가 한둘이 아니었다.

라스푸틴(1872~1916년). 황태자의 혈우병을 계기로 두각을 나타내, 황제의 조언자로서 정치에 깊숙이 개입했다.

빅토리아 여왕의 셋째 아들이 낳은 차녀 애리스는 헤세 다름슈타트 대공 루드비히 4세와 결혼했고, 이 부부의 넷째 딸로 태어난 애릭스가 바로 러시아 제국의 황제 니콜라이 2세의 황후가 되는 알렉산드라였다. 니콜라이 황제 부부는 줄곧 황태자가 태어나기를 바랐지만 딸만 넷을 낳았다. 그러다 마침내 다섯 번째 아이로 황태자를 낳게 되었다. 알렉산드라 황후의 기쁨이 얼마나 컸을지 쉽게 짐작할 수 있을 것이다. 그런데 비극은 빅토리아 여왕의 4대 손에 해당하는 러시아의 황태자가 혈우병을 안고 태어났다는 점이다.

황태자 알렉세이는 생후 6주 만에 배꼽에서 피가 나왔고, 아장아장 걷기 시작할 즈음에는 사소한 충격에도 심한 멍이 들어 일찌감치 혈우병이라는 판정을 받았다. 애타게 기다리던 아들이 혈우병이라는 것, 더구나 그 병이 자기가 물려준 것임을 깨달은 알렉산드라는 엄청난 충격에 사로잡혔다. 절망에 빠진 황후는 사람들을 피해 칩거 생활에 빠졌다. 그리하여 한때 황태자가 백치라느니 간질병 환자라느니 하는 소문까지 나돌 정도였다.

알렉세이는 세 살 때 죽음의 위기를 맞았다. 의사들의 치료도 소용없고 성직자들의 기도도 무력했다. 이때 나타나 알렉세이의 증상을 가라앉혀 준 것이 저 유명한 괴승 라스푸틴이었다.

알렉세이가 여덟 살 때에 내부 출혈이 멈추지 않아 죽음의 문턱까지 가게 되었다. 백방으로 노력해도 소용이 없어서 승려들은 임종 의식을 준비했고, 곧 황태자가 죽었다는 발표가 있을 것이라는 말까지 나돌았다. 그때 황후 알렉산드라는 멀리 시베리아에 있는 라스푸틴에게 빨리 와달라는 전보를 보냈다. 이 전보를 받은 라스푸틴은 곧바로 수도인 상트 페테르부르크로 가기보다는 황후에게 전보 한 장을 띄웠다.

> 하느님은 전하의 눈물을 보시고 기도를 들으셨습니다. 이제 슬퍼하지 마십시오. 소년은 죽지 않습니다. 의사들을 물리치시고 소년을 그냥 놔두십시오.

그리고 하루가 지나자 진짜로 출혈이 멈추었다.

무릇 어머니는 자식의 목숨을 위해서라면 제 목숨조차 아끼지 않는 존재다. 아들의 혈우병 앞에서 황실의 권력도 무력했고, 의학 기술도 소용없었으며, 성직자들의 기도도 영험을 보이지 않았을 때 어머니의 마음이 어떠했겠는가. 미칠 듯한 심정으로 하느님의 배려만을 바랐을 것이다. 그때 라스푸틴이라는 자가 나타나 신비한 힘으로 아들을 살려냈으니 황후에게 라스푸틴은 신이 보낸 구세주가 아닐 수 없었다. 황후가 라스푸틴을 떠받든 것은 어머니 된 처지에서 차라리 당연한 일이었다. 이로 말미암아 라스푸틴은 제정 러시아의 국정에까지 영향을 미치게 되었다.

이제 황후에게 라스푸틴은 곧 선이요, 라스푸틴을 반대하는 것은 악이었다. 따라서 러시아의 핵심 권력자는 라스푸틴을 믿는, 또는 라스푸틴을 이용해 권력을 잡으려는 무능한 귀족들로 채워지게 되었다. 니콜라이 2세가 제1차 세계대전의 전투를 지휘하기 위해 직접 출정하게 되어 수도의 정치가 아내 알렉산드라에게 맡겨지다시피 한 것이 사정을 더욱 악화시켰다. 실제로 라스푸틴의 힘으로 제정 러시아의 마지막 내무장관이 된 프로토포포프는 뇌 매독으로 정신 질환을 앓고 있던 자였다. 황제 니콜라이 2세는 아내의 라스푸틴 숭배를 못마땅해 하면서도 끝내는 따르고야 마는 우유부단한 성격이었다. 황제는 프로토포포프가 정신병 환자라는 것과, 위기의 시대에 그를 장관으로 기용한다는 것이 매우 위험하다는 것을 잘 알면서도 아내의 고집에 따르고 말았다. 황제는 아내 알렉산드라와 열애 끝에 결혼한 터라, 사랑하는 아내의 발언권은 강할 수밖에 없었다.

황실과 제정 러시아가 라스푸틴에게 좌지우지되고, 라스푸틴과 황후에 대한 여론이 악화하는 것을 보다 못한 왕족들은 마침내 라스푸틴을 암살하기에 이르렀다. 그들은 라스푸틴만 제거하면 아마도 황후 알렉산드라는 절망에 빠져 더 이상 황제의 정치에 간섭할 수 없으리라는 희망이 있었다. 하지만 황제는 무기력증에 빠져 있었고, 장관 프로토포포프는 주문을 외워 죽은 라스푸틴의 영적인 도움을 얻어 정부를 운영하고자 했다. 제정 러시아는 여전히 희망이 보이지 않는 한심한 상태였다.

마침내 '빵을 달라'는 시위로 수도 상트 페테르부르크는 어수선해졌고, 진압에 나서야할 병사들이 오히려 반란을 일으켜 시위에 가담함으로써 러시아 혁명이 시작되었다. 그러자 군부 장성들은 황제가 퇴위하는 수밖에 수습책이 없다고 건의하기에 이르렀고, 궁지에 몰린 황제는 퇴위를 받아들였다. 니콜라이 황제는 아들인 알렉세이 황태자에게 황제 자리를 물려주고 싶었다. 그러나 정작 그 아들은 혈우병을 앓고 있었다. 니콜라이 황제는 의사들을 불러 모아 마지막으로 아들의 병을 고칠

3백 년을 이어 온 로마노프 왕조 마지막 차르 니콜라이 2세와 혈우병으로 고생하던 황태자 알렉세이

수 있는지 물어보았다. 의사들은 현재의 의학으로는 혈우병을 고칠 수 없다고 진언했다. 그리하여 부득이 황제 자리를 동생인 미하일 대공에게 넘겨주기로 결정했다. 하지만 미하일 대공은 한때 러시아에서 추방당한 전력이 있어 성난 민중들에게 전혀 인기가 없었다. 민중이 분노하자 미하일 대공도 황제가 되기를 거부하고 말았다. 이리하여 결국 로마노프 왕실은 종말을 고하고 말았다.

 만약 황태자에게 혈우병이 없었다면 라스푸틴이 등장할 이유도 없었고, 또 로마노프 황실이 니콜라이 2세를 끝으로 막을 내리지도 않았을 것이다. 왜냐하면 당시 두마(의회)와 소비에트는 어린 황태자를 황제로 받아들일 의사가 있었던 시기였고, 볼셰비키는 전면에

3장 역사는 무대 뒤에서 만들어진다 169

빅토리아 여왕(앞줄 왼쪽)과 친족들

나서지 못하고 있었기 때문이다. 더구나 탄약을 비롯한 병참의 부족으로 지리멸렬하던 제1차 세계대전의 러시아 전선도 영국제 탄약이 도착함에 따라 차츰 나아지고 있었고, 미국의 참전으로 승리의 전망이 밝아지고 있었다. 유난히 추웠던 1917년 겨울이 지나면 수도 상트 페테르부르크에는 다시 석탄도 보급될 수 있었을 것이다. 밀가루는 있어도 연료가 없어 빵을 못 굽는 어처구니없는 상황도 조금쯤 나아졌을지 모른다. 그러면 노쇠한 제국 제정 러시아는 어린 황제를 구심점으로 재기할 수도 있었다.

 물론 역사에서 이러한 가정은 공연한 짓이고 위험한 생각이다. 하지만 적어도 역사의 어떤 시기에서는 혈우병과 같은 사소한 요소가 결정적인 역할을 하기도 한다. 역사는 필연으로만 이어지는 것이 아니라 때로는 우연이 힘을 발휘하기도 하니까.

품위 있는 줄행랑 — 마리 앙투아네트의 왕비병

빵을 달라는 국민들의 아우성에 "빵이 없으면 케이크를 먹으면 되지"라는 명언(?)을 내뱉었다고 해 유명한 마리 앙투아네트 왕비. 사실 이 말은 뒷날 지어낸 말이고, 본래는 루소의 저서에 있던 말이다. 이 말이 마리 앙투아네트의 말이라는 거짓이 널리 유포될 만큼 그녀는 혁명 전부터 프랑스 국민의 미움을 한 몸에 받고 있었다. 그리하여 결국 혁명의 와중에 단두대의 이슬로 사라지고 만다.

급진적 혁명으로 위험을 느낀 루이 16세와 마리 앙투아네트는 외국의 보수 세력만이 왕정을 구해줄 수 있다고 믿고서 치밀한 탈출 계획을 세웠다. 사실 이 계획이 성공했다면 목숨을 건질 수도 있었다. 실제로 왕의 동생인 루이 18세는 마차를 타고 도망하는 데 성공했다. 하지만 왕 일가족은 파리는 벗어날 수 있었으나 접경 지역인 바렌에서 신분이 드러나 파리로 강제 송환되고 말았다.

이 탈출극은 왕의 처형까지는 생각하지 않았던 혁명 진영을 격분시켜 결국 죽음을 자초하고 말았다. 그 탈출극이 실패한 데는 왕족 일가, 특히 마리 앙투아네트의 왕비병이 한몫을 단단히 했다. 왜냐하면 마리 앙투아네트는 국민의 눈을 피해 도망쳐야 하는 절박한

마리 앙투아네트와 그의 아이들

상황에서도 프랑스의 왕은 신분에 걸맞게 도망가야 한다는 망상에 사로잡혀 있었다. 왕의 동생 루이 18세처럼 작고 눈에 띄지 않는 마차로 도망칠 생각 따위는 아예 염두에도 없었다.

탈출을 돕던 측근들도 작고 속도가 빠른 마차에, 싣고 갈 물건들도 최소한으로 줄이라고 권고했다. 그러나 막상 마차를 제작하는 단계가 되자 마리 앙투아네트가 화장 도구·가구·식량·식기류·술·변기 등을 고집하는 통에 거대하고 눈길을 끄는 호화 마차로 건조되고 말았다. 12마리의 말이 끄는 마차에는 왕 일가 5명 외에 7명의 하인이 탈 수 있었다. 말하자면 바퀴 달린 선박 같은 마차였다. 마리 앙투아네트의 의견에 따라 내부에는 식당, 와인 저장고, 거대한 화장실(화장하는 방)에 루이 16세 양식의 호화로운 화장실(변소)이 두 개나 갖추어졌다. 아무리 탈출하는 처지라 해도 프랑스의 왕이 길가에서 용변을 본다는 것은 생각할 수도 없었던 모양이다.

사정이 이러하니 왕 일가가 원래 바렌까지 갈 수 있었다는 것부터가 엄청난 기적이었다. 수행하는 마차 한 대까지 곁들인 이러한 거대한 '버스'에 도대체 누가 타고 있는지 궁금해 하는 자가 바렌

탈출하려다 체포되어 다시 파리로 귀환당하는 국왕 일가. '국왕에게 손뼉 치는 자는 곤장을 때리고, 국왕을 모욕하는 자는 총살에 처한다'는 포고가 내려져 있었다.

에 다다를 때까지 나타나지 않았으니 말이다. 더구나 천진한 왕 일가족은 파리를 벗어나자 긴장이 풀려 마차를 세우고 산책까지 즐겼다.

왕 일가족의 탈출 미수 사건은 왕정에 대한 국민들의 환상을 던져버리게 해 프랑스의 왕정을 종말로 치닫게 하는 촉매제가 되었다.

일장기는 아편 제품의 상표였다

"얘야, 남들한테 아편조차 못 피울 정도로 가난한 집안이라고 손가락질당하지 않으려면 가끔은 아편도 피워야 하느니라."

중국에 한창 마약이 성행하던 20세기 초에 한 중국인은 딸을 시집보내면서 이렇게 말했다고 한다.

중국이 1백 년 이상이나 아편으로 고통 받았다는 것은 잘 알려진 사실이다. 중국이 반식민지로 전락하는 계기가 바로 '아편 전쟁' 이었듯이 아편은 중국에 세기적인 재앙으로 등장했다. 의약품으로 쓰이던 시절에 연간 수입량이 12t이던 것이 아편 전쟁 직전에는 1,200t으로 급증했다. 여기에는 영국뿐만 아니라 미국도 한몫 거들었다. 미국 상인도 이란이나 투르크에서 구입한 아편을 마카오를 통해 중국으로 반입했다.

영국이 이렇게 중국을 상대로 아편 무역에 열을 올린 것은 그들이 즐겨 마시던 홍차와 밀접한 관계가 있었다. 영국인이 마시던 홍차는 중국의 수출품이었는데, 홍차를 구입하면서 막대한 양의 영국 은이 중국으로 흘러들어갔다. 무역 역조가 심각해지고 은의 부족이 심각한 경제 문제로 대두되자 영국은 중국으로 흘러나간 은을 되찾아올 상품을 개발해야 했다. 그것이 바로 식민지 인도에서 만드는 아편이었다. 적은 양으로도 많은 값을 받을 수 있을 뿐만 아니라 중독성이 있으므로 끊임없이 팔 수 있었기 때문이다.

두 차례에 걸친 아편 전쟁으로 영국에 완벽하게 무릎을 꿇은 청 정부는 더 이상 아편 수입을 막을 수 없었다. 이제 중국 민중은 아편의 해악에 무방비하게 노출되어 아편 흡입은 일종의 문화로 자리잡았다. 아편 흡입이 일종의 부를 과시하는 상징으로 여겨질 지경이었다. 또한 고급 가구로 치장한 아편 흡입실을 집안에 마련하는 것은 부유층의 유행이 되었다.

더욱 안타까운 것은 청 정부의 행태였다. 아편 수입으로 은이 대거 영국으로 빠져나가자 은 유출을 방지하게 위해 청 정부까지도 직접 아편의 재배와 판매에 발 벗고 나섰다.

국민당의 지도자 장개석(蔣介石)도 예외가 아니었다. 그는 1927년에 아편 판매를 전매제로 정하고 합법화해 대거 돈벌이에 나서서 막대한 수익을 올렸다. 장개석뿐만 아니라 당시 활개치던 군벌들은 대개 농민들에게 아편을 강제로 재배하게 했고, 이에 반항하는 농민들을 사살하고 집에 불을 지르기까지 했다. 이에 견디지 못한 농민들은 폭동에 나서기도 했다. 따가운 여론에 밀려 장개석도 아편을 단속하게 되지만, 이는 국민의 건강을 걱정해서가 아니라 다른 군벌의 돈줄을 죄기 위한 조치였을 뿐이다.

중국 민중은 영국과 미국이 들여오는 아편에 중독되었을 뿐만 아니라 이렇듯 자국의 지배 권력으로부터도 아편 흡입을 강요당해야 했다.

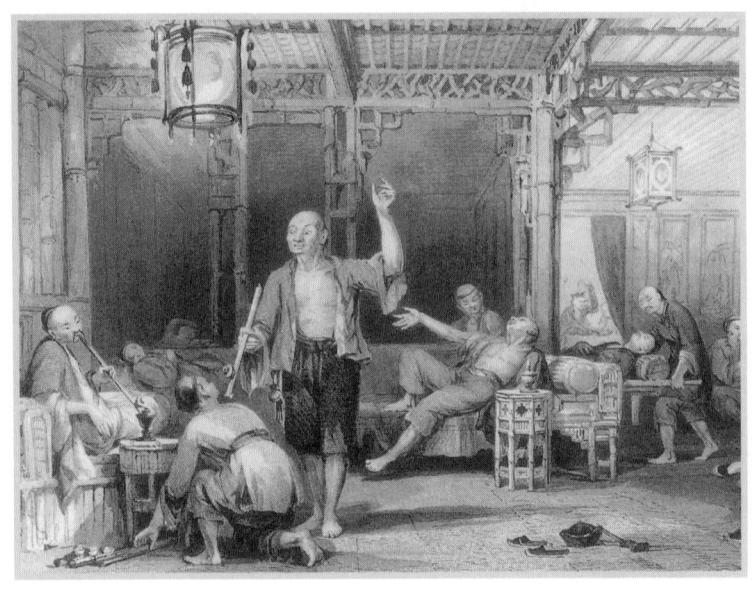

아편 중독자들의 소굴
왼쪽에 한 사람이 아편을 흡입하고 있고, 그 위에 묘한 빛을 내는 등이 이국적인 분위기를 풍기면서 빛나고 있다. 주변에는 아편에 취한 사람들이 몸을 가누지 못하고 누워 있다.

    물론 한 쪽에서는 아편 박멸 운동이 발전하기도 하지만 이 박멸 운동이 오히려 마약 중독을 악화시키는 어처구니없는 결과를 낳았다. 아편 중독을 치료하는 데 쓰이는 약으로 놀랍게도 모르핀과 헤로인이 쓰였던 것이다. 모르핀과 헤로인은 모두 원재료가 아편인데, 담배를 끊을 때 니코틴이 쓰이듯 아편 중독자가 금단 증세로 고통 받을 때 모르핀과 헤로인을 사용했다. 모르핀과 헤로인은 주로 주사기로 주입했기 때문에 공연히 낭비될 염려가 없고 효과도 빨라서, 흡입이 까다롭고 효과가 더디게 나타나는 아편보다 더 사랑받게 되었다. 그리하여 마약이 빈곤층에게까지 더욱 많이 확산되었다.

그런데 더욱 놀라운 사실은 영국의 상인들이 비단 중국뿐만 아니라 자국의 시민들에게도 아편을 판매했다는 것이다. 당시 영국의 약국에서는 누구나 자유롭게 아편을 살 수 있었으며, 런던의 빈민가에는 중국과 마찬가지로 아편굴까지 있었다. 당시 영국에서는 아편을 독물로 지정하지 않았다.

심지어 영국의 부인들은 울며 보채는 아기들에게 젖에 아편을 타 먹여서 잠을 재웠다. 당시의 공식 조사 결과에 따르면 프레스턴 시에서는 1,600가구에서 아편과 알코올이 들어 있는 유아 술을 사용했다. 각 가정은 1주일에 평균 약 28g씩 소비했다고 하니, 오늘날의 시각으로 보자면 이는 일종의 살인 행위나 다름없었다. 실제로 당시 영국에서는 유아 사망률이 45%인 지역까지 있었다. 영국인들이 아편의 해악에 얼마나 무감각했는지, 나아가 영국 정부와 상인들이 얼마나 돈벌이에 급급했는지 충분히 짐작할 수 있다. 영국에서도 아편의 해악은 20세기 초까지 계속되었다.

그런데 사실 1910년대 중반부터 세계 최대의 마약 시장인 중국에서 가장 크게 활약한 것은 일본이었다. 이 사실은 잘 알려져 있지 않지만, 어떤 학자는 일본의 중국 대륙 침략을 '또 다른 아편 전쟁' 이라 표현할 정도다. 일본의 마약 판매는 오히려 영국보다 더욱 악랄했다.

일본은 자국 내 회사에서 개발한 모르핀과 수입한 모르핀을 전량 중국에 밀수출했다. 1916년부터 5년 간 모르핀 6.4t, 헤로인 6.6t, 코카인 6.7t이 밀수출되었다. 최종 소비자 가격이 얼마였을지는 얼른 상상조차 되지 않는다. 1920년까지 일본을 거쳐 중국에 밀수된 모르핀 양만 해도 인구 많기로 유명한 모든 중국인들이 해마다 4번씩 복용할 수 있는 엄청난 양이었다.

만주사변 이후로는 아예 만주 현지에서 제조하는 방식을 취했다. 여기에는 일본의 괴뢰국인 '만주국'이 활용되었다. 마약은 일본군의 보호 아래 제조되고 중간 판매책들은 거의가 일본인이었으며, 위험성이 큰 말단 판매책은 한국인과 대만인이 맡았다.

뒤늦게 제국주의 대열에 낀 일본은 재정이 취약해 군비 조달과 점령지 유지에 늘 고심했다. 이러한 일본에게 아편은 제국주의 무역 경제를 활성화하는 상품이요 침략의 도구였다. 예를 들면 1897년 일본의 식민지 대만의 재정 규모 1,139만 엔 가운데 240만 엔이 아편 수익이었으며, 1898년에는 전체 세입의 46%가 아편 수익이었다. 또한 1934년 일본의 괴뢰국인 만주국은 전체 재정 가운데 16%가 아편 수익이었다.

중국에 대한 마약 판매는 이렇듯 일본의 전략 사업이었다. 마약을 통해 막대한 이윤을 거두어들였을 뿐만 아니라 적국인 중국을 마약으로 병들게 해 항일 운동을 약화시키고자 했다.

이윽고 태평양 전쟁이 일어나 동남아시아 제국이 일본의 지배 아래 들어가자 일본은 마약 판매를 중국 외의 지역에까지 넓히려고 했다. 1933년 이후 15년간 일본의 괴뢰국인 만주국의 아편 수입량이 무려 1만t이었다. 또한 1939년 이후 4년 동안 인구가 많지 않은 몽골·위구르 지역만 해도 총 714t이 팔렸다. 또한 일본이 지배하는 중국 내륙 지역에는 마약 판매점이 공공연하게 장사를 했고, 그 문

전에는 일장기가 걸려 있었다. 그래서 무지한 중국인 중에는 일장기를 아편의 상표로 착각하는 사람도 적지 않았다고 한다.

식민지였던 한국도 일본의 아편 정책에 고통 받았다. 중국에 팔던 인도·이란·터키의 아편 가격이 급등하자 아편을 직접 제조하기로 하고, 1933년부터 재배지로 몽강(蒙疆 : 몽골과 위구르 지역)과 한국을 지정했다. 그리하여 1932년에 한국에서 생산하는 아편은 7.5t이었는데 1년 만에 14t으로 증가했고, 재배 면적 또한 두 배로 늘어났다. 1939년에는 증산 정책에 나서서 한반도에서 무려 78t의 아편을 생산해 그 가운데 62t을 만주에 투입했다.

전시에 이루어진 마약 판매는 일본의 거의 모든 정부 기구가 관여한 국책 사업이었다. 영국이 일으킨 아편 전쟁보다 더욱 대대적인 아편 전쟁이었다고 할 수 있겠다.

제국주의 열강에 대한 중국 민중의 투쟁은 한편으로는 아편 중독과 퇴폐에서 벗어나고자 하는 절실한 움직임이었다. 항일 투쟁에서 용맹을 떨친 홍군(紅軍)의 총사령관 주덕(朱德)도 젊은 시절 한때 아편 중독자였다는 사실은 이와 관련해 시사하는 바가 크다.

중국이 이러한 마약 중독에서 벗어난 계기는 1949년에 공산당이 주도한 새 중국의 수립이다. 나아가 아편 전쟁의 결과 영국에 할양했던 홍콩이 1997년에 중국에 반환된 사건은 중국이 마약의 해독에서 완전히 벗어났다는 것을 보여주었다. 차츰 강대해지는 중국을 흔히 '잠에서 깨어난 거인'이라 표현하기도 하는데, 어쩌면 '마약 중독에서 깨어난 거인'이라는 말이 더 적당할지도 모르겠다.

국제 회의에서
스파이로 활약하던 창녀들

 온 유럽을 뒤흔들던 나폴레옹이 엘바 섬에 유배당하자, 유럽 각국의 왕정은 빈에 모여 향후 유럽의 진로를 결정하기로 했다. 빈 회의에는 전승국 4개국을 비롯해 90개의 왕국, 53개의 공국에서 대표를 파견했다. 패전국 프랑스 대표까지 참석하는 등, 이렇게 많은 나라의 대표가 참가한 국제 회의는 역사에서 처음이었다. 이 많은 사람들이 장장 1년에 걸쳐 빈에 머물렀으니 그야말로 빈은 외교관들로 넘쳐날 지경이었다. 수많은 외교관이 빈에 몰려든 탓에 오스트리아는 나폴레옹에게 점령당했을 때 못지않은 재정 손실을 감수해야 했다.
 이 국제 회의를 오스트리아에 유치한 사람이 바로 메테르니히다. 그는 이 회의를 통해 오스트리아를 유럽의 중심국으로 끌어올리려는 야심을 품고 있었다. 회의 장소는 메테르니히가 살던 커다란 저택. 그 풍경은 국제 회의라기보다는 메테르니히 저택의 파티 같은 것이었다.
 중요한 문제는 4대 강국이 결정했고, 약소국의 대표들은 자기 나라가 관계된 특별 위원회의 회의에 참석해서 잠깐 동안 발언을 할 수 있었을 뿐이었다. 그러나 각국의 이해가 상충해 회의는 한없이 길어졌다.

메테르니히는 이들의 대립을 완화하고, 지루해 하는 약소국 대표들을 위로하기 위해 걸핏하면 열병식·연극 관람회·무도회·연회 따위를 개최했다. 약소국의 대표들은 춤이나 추면서 불평을 참아야 했다. 회의가 열리는 날보다 향락의 날이 훨씬 더 많았다.

메테르니히

덕분에 빈에서 당시 크게 재미를 본 것이 각종 유흥 산업이다. 왈츠의 왕 요한 슈트라우스의 아버지가 오케스트라의 연주를 담당해 바쁜 나날을 보냈던 때도 바로 이때였다. 그 중에서도 특히 활황을 맞이한 산업이 바로 매춘업이다. 이미 13세기부터 유곽이 번창하기 시작한 빈은 19세기 초에는 유럽 최대의 매춘 도시로 성장해 있었다. 인구 40만 명 가운데 창부가 2만 명이나 되었다고 하니, 부녀자를 제외하면 남자 7명에 창부 1명 꼴이다.

성 관계에 그리 까다롭지 않던 시절, 고국에 처자식을 두고 유럽 최고의 매춘 도시에 많은 남자들이 모여들었으니 그 풍경은 가히 짐작할 수 있겠다. 더구나 날마다 연회나 무도회가 열렸으니 창부들에게는 더없는 기회였다.

3장 역사는 무대 뒤에서 만들어진다 **181**

영화 『회의는 춤춘다』의 한 장면. 이 영화는 19세기 초의 빈을 무대로 시골 아가씨와 젊은 러시아 황제의 사랑을 오페레타 풍으로 묘사했다.

메테르니히는 교섭을 유리하게 이끌기 위해 연애 사업을 잘 이용했을 뿐만 아니라 창부들을 활용해 치밀한 정보전까지 폈다. 그는 경찰 장관을 시켜서 빈의 수많은 창부들을 모아 정치 스파이로 이용했다. 메테르니히는 그 대가로 창부들의 '사업'을 묵인해주기로 했으며, 장래까지 보장해 뒷거래를 했다.

빈 시내 곳곳에 풀어 놓은 창부들은 각국의 외교관들과 어울리며 정보를 모았고, 이 정보는 곧바로 경찰 장관을 거쳐서 메테르니히에게 보고되었다.

재미있는 사실은, 심지어 메테르니히에 대한 정보까지 탐지되어 보고되었다는 것. 당시 메테르니히는 근엄하고 성실한 남자로 알려져 있었으나 그 또한 정부를 거느리고 있었다. 집에서 아침에 일어나면 옷을 챙겨 입기가 무섭게 정부인 사강 공작 부인의 집으로 달려가 5~6시간씩이나 보냈다는 것이다. 이 정보는 사강 공작 부인이 젊은 애인에게 털어놓은 것을, 그 애인이 다시 한 창부에게 흘린 것이다. 이런 복잡한 인간 관계는 우리 눈에는 매우 문란해 보이지만 당시에는 아주 흔한 일이었다.

  국제 회의가 열리는 곳에 창부들이 들끓는 것은 유럽에서는 그리 이상한 일이 아니었다. 어쩌면 하나의 '전통'이랄 수도 있다. 수많은 사제들과 주교들이 모여서 각종 이해 관계가 얽힌 문제를 교섭하고 결정했던 1414년의 콘스탄츠 공의회나 1545년의 트리엔트 공의회에서도 몇천 명의 창부들이 몰려들어 열심히 '일'을 했다. 창부들은 주교나 추기경들을 단골손님으로 잡으면 금방 큰 돈을 벌 수 있었다. 콘스탄츠 종교 회의에서 교황 요하네스 23세가 정적들로부터 사생활을 조사하겠다는 위협을 받았던 괴이한 사태도 그런 배경을 알면 충분히 이해할 만하다. 우리는 이 창부들이 성직자를 상대로 매춘 이상의 어떤 정치적 역할까지 했으리라는 것을 짐작할 수 있다.

  어쨌든 유럽의 질서를 오스트리아 주도로 재건하겠다는 메테르니히의 야심은 그런대로 충족되었다. 여기에는 빈 창부들이 헌신적인 '침대' 작업을 통해 많은 공을 세웠다는 것을 아는 사람은 그리 많지 않다.

신탁은 꿈보다는 해몽이었다

고대 그리스에서는 나라의 대사뿐만 아니라 개인적으로 중요한 일에 대해 신탁(神託)을 청하는 관습이 있었다. 신탁이란 기도자의 요청에 대한 신의 의사 전달을 말한다. 점술의 일종이기는 하지만, 특정 장소와 관련된다는 점에서 점쟁이들이 그때그때 하는 말과는 달랐다. 그리스에는 몇 군데의 신탁소가 있었는데 신전마다 점술법이 달랐다.

그 가운데 가장 존중된 것은 델포이의 아폴론 신탁이었다. 이곳의 신탁은 외국에도 널리 알려져 리디아의 크로이소스 왕도 신탁을 청하곤 했다.

그런데 무녀가 전하는 신탁의 내용은 대개 시 형식의 모호한 내용이었기 때문에 그 해석을 두고 의견이 분분하기 마련이었다. 말 그대로 '꿈보다는 해몽'이 중요했다.

한 가지 예로 페르시아 전쟁 당시 델포이 신탁은 "오호라! 가엾은 인간들아……"라는 말로 시작되는 불길한 내용이었다. 그래서 다시 신탁을 청했더니, "모든 것을 보시는 제우스는 너희에게 나무 성벽을 주실 것이다. 그것은 깨어지지 않으며, 너와 너의 자손을 지킬

델포이의 아폴론 신전과 극장 터

것이다. …… 신성한 살라미스여, 너는 여자가 낳은 자손들을 멸하리라"는 것이었다.

이 신탁을 두고 해석이 달랐다. '나무 성벽'이란 옛날 나무 울타리를 두른 아크로폴리스를 뜻한다고 해석하는 사람도 있고, 군함(당시 군함은 물론 나무로 만들었다)을 뜻한다고 주장하는 이도 있었다. 신탁의 마지막 구절을 살라미스에서 해전이 벌어져 아테네 인이 전멸한다는 내용으로 해석하는 자도 있었다.

테미스토클레스는 '나무 성벽'을 군함으로 해석하고, 만약 아테네 인이 전멸한다면 '신성한 살라미스'라고 하지 않고 '불길한 살라미스'라고 했을 것이며, 멸망하는 것은 페르시아 인이 분명하다고 해석했다.

3장 역사는 무대 뒤에서 만들어진다

대부분의 아테네 인들은 테미스토클레스의 해석에 찬성해 여자와 아이들과 노인을 이웃 나라에 피신시키고, 건장한 남성들은 모두 배에 올라타 아테네 시를 포기했다. 그리고 아테네 시내에는 '나무 성벽'을 아크로폴리스라고 해석한 소수의 사람들만이 남아 있었다. 결국 전자로 해석한 사람들은 살아남고 후자로 해석한 사람들은 아테네 시로 쳐들어온 페르시아 군에게 몰살당하고 말았다.

그렇다고 신탁이 특별히 그리스의 폴리스만을 편드는 것은 아니었다. 고대 지중해 세계에서는 모두들 신탁을 존중했다.

페르시아 전쟁 당시에 신탁은 페르시아 군과 그리스 군에게 모두 먼저 싸움을 거는 편이 질 것이라고 했다. 이 신탁의 권위 때문에 양군은 한참 동안 대치 상태를 유지했다. 이는 양쪽 모두 신탁의 내용을 존중하고 두려워했다는 사실을 잘 말해준다. 하지만 페르시아 쪽이 끝내 참지 못하고 전투를 걸었다가 실제로 패하고 말았다.

이렇듯 신탁의 영향력이 막강하다 보니 신탁이 자기에게 유리하게 나오도록 무녀에게 뇌물을 바치는 사태도 가끔 일어났다. 한 예로 아테네에서 쫓겨나 망명 중이던 알크마이온은 고국으로 돌아가기 위해 델포이의 무녀를 매수했다. 그리하여 스파르타 인이 신탁을 청하러 올 때마다 '아테네를 참주로부터 해방시켜라'고 말하게 해 스파르타가 아테네를 침입하게끔 했다.

이러한 신탁은 지중해 세계에만 있었던 것이 아니라 문명 세계 어디에나 존재했던 신권 정치의 한 형태였다.

아일랜드 인의 눈물 젖은 감자

　잘 알려진 대로 신대륙 발견은 그 영향이 가히 세계적이었다. 막대한 양의 금과 은이 유럽으로 흘러들어 가격 혁명을 일으켰고, 스페인을 비롯한 강력한 절대주의 국가를 뒷받침해 주었다. 또한 아프리카의 흑인들은 신대륙으로 끌려가는 참혹한 시절을 맞이하게 되었다.
　그런데 그다지 알려지지 않았지만 매우 중대한 영향을 미친 것이 또 하나 있었다. 신대륙의 감자가 유럽에 전해진 것이 그것이다. 우리도 즐겨 먹는 감자는 과연 역사에 어떤 중대한 영향을 끼친 것일까?
　감자의 원산지는 남미의 안데스 산맥으로, 영양가가 매우 높을 뿐만 아니라 소화가 잘 되고, 좁은 면적에서 많은 양을 거둘 수 있었다. 남미가 스페인의 식민지로 개발되면서 유럽에 전해졌으며, 밀을 주식으로 하던 유럽 사람들은 감자를 천한 음식으로 여겨 가난한 농민들이나 먹는 것으로 알았다. 고흐가 그린 『감자를 먹는 사람들』에는 이와 같은 분위기가 강렬하게 표현되어 있다.
　감자가 전해질 당시 유럽은 오랜 혼란 가운데 있었다. 각종 전쟁

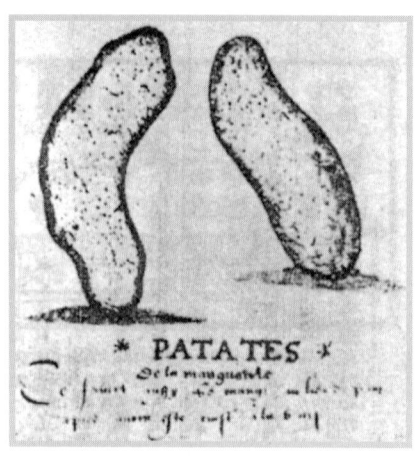

신대륙으로부터 유럽에 소개될 즈음의 감자 그림. 요즘의 감자보다는 길쭉하다.

이 끊일 사이가 없어 농지는 황폐해지고 백성들은 굶주렸다. 농경지가 전쟁으로 쑥대밭이 되어도 땅 속에 있는 감자는 피해를 면할 수 있었다. 또한 수확기가 길다는 것도 전시의 농민에게는 다행이었다. 곡물은 수확기를 놓치면 피해가 크기 때문이다. 30년 전쟁과 7년 전쟁 이후에 감자 재배는 크게 늘어났다. 북유럽의 후진국 프러시아에서는 감자가 주식으로 자리잡아 '가난한 자들의 빵'이라 일컬어졌다.

17세기가 되면 영국인 지주의 지배 아래 허덕이던 가난한 아일랜드 농민들에게도 감자가 전해졌는데, 주식으로 삼게 된 것은 영국 산업혁명의 여파가 아일랜드까지 미치던 시기였다. 이후 아일랜드의 경제는 아예 감자에 매달렸다 해도 과언이 아니다.

물론 아일랜드 인이 감자가 좋아서 밀가루를 멀리했던 것은 아니다. 아일랜드의 농민들도 간절히 밀가루를 원했지만 밭에서 자라는 밀은 악착같은 영국인 지주들의 몫이었다. 산업혁명으로 불어난 인구를 부양하기 위해서 영국은 식민지 아일랜드에 밀을 요구했다. 경작지가 없는 가난한 아일랜드 인들은 하는 수 없이 칼로리가 높은 감자를 경작하여 굶주림을 해결했다.

감자를 주식으로 삼으면서 아일랜드의 인구는 폭발적으로 늘어

1845년의 대기근으로 인구의 7분의 1에 해당하는 117만 명의 아일랜드 인이 조국을 떠났다. 그들은 대부분 3등 선실에 몸을 싣고 미국으로 건너갔다.

난다. 1730년에 약 150만 명이었던 인구가 불과 1백여 년 뒤에는 놀랍게도 850만 명으로 늘어났다. 거의 감자 덕분이라 해도 과언이 아니다.

그러다가 1845년에 대기근이 발생했다. 특이한 것은 오로지 감자만이 흉작이었을 뿐 밀은 풍작을 이루었고 목축업도 전혀 피해가 없었다. 감자에 원인 불명의 병이 발생했던 것이다. 때문에 거의 감자에만 의지하고 있던 아일랜드에서는 1백만 명이 굶주림으로 죽었고, 2백만 명 이상이 아일랜드를 떠났다. 그리하여 인구도 1845년의 850만 명에서 1901년에는 440만 명으로 크게 줄어들었다. 아일랜드뿐만 아니라 독일과 폴란드에서도 비슷한 상황이 벌어졌다.

이때 고향을 떠난 많은 아일랜드 인들이 대거 미국으로 이주했다. 인종의 도가니라는 미국 사회에서 주요 민족 가운데 하나가 된 아일랜드 계 이민들은 이렇듯 감자와 깊은 관계가 있다.

아무튼 고향을 버린 이들과 함께 감자는 다시 북미 대륙에 전해졌다. 남미가 원산지인 감자는 그때까지만 해도 북미 대륙에는 전해지지 않고 있었다. 남미 대륙의 감자는 이렇듯 멀리 유럽으로 가 격동기 유럽에서 한몫을 한 뒤 다시 북미 대륙으로 건너가게 되었다.

루터의 아내는 수녀였다

42세의 노총각 루터는 독일 농민 전쟁이 한창이던 1525년 5월에 결혼했다. 아내는 24세의 수녀인 카테리나 폰 보라였다. 그 옛날에 성직자가 수녀와 결혼을 했다면 왠지 불결한 느낌과 함께 루터가 혹시 사이비는 아닐까 하는 느낌이 들지도 모르겠다. 하지만 루터의 결혼은 나름대로 확신에 차서 결행한 것이었다. 루터는 『유족에게 주는 서』에서 다음과 같이 말했다.

> 성경에 따르면 성직자는 훌륭한 인물로서 학문이 있어야 하며 한 여인의 남편이어야 한다고 했지만, 기독교가 로마 시대에 권력의 탄압을 받은 탓에 결혼하는 데에는 큰 용기가 필요했다. 때문에 결혼하지 않기로 결심하는 성직자들이 많아지게 되었다. 그런데 교황은 이 뛰어난 사람들의 자발적인 의지였던 독신 생활을 하나의 규칙으로 만들어 모든 성직자에게 강제했다. 그것은 각 교회의 재산을 로마 교회에 전부 귀속시키는 데 큰 도움이 되었다.

성직자의 독신 제도에 대한 훌륭한 비평이 아닐 수 없다. 기존 제도를 맹목적으로 따르기보다는 비판하면서 분석하는 태도에서 종

루터의 적들은 그를 악마의 꼭두각시로 그렸다.

교 개혁의 실마리를 연 루터의 본모습을 보는 듯하다.

중세의 성직자 중에는 첩을 둔 자가 매우 많았고, 연애를 하다가 아이가 생겨 고초를 겪는 자도 흔했다. 성직자에게 정식 결혼이 허용되지 않는 것은 '신 앞에 평등'을 가르치는 기독교 정신에 위배된다는 것이 루터의 생각이었다. 또한 성적 욕망을 무리하게 억제하고 독신을 강제하기 때문에 오히려 타락에 더 쉽게 빠진다고 생각했으며, 수도원도 폐지해야 한다고 주장했다.

어느 날 한 수녀가 루터한테 수도원에서 탈출하고 싶다고 호소했다. 당시에는 자발적으로 수도원에 들어가는 여성은 거의 없었다. 대개 결혼 적령기를 놓치거나 가정 사정 탓에 자의반 타의반으로 수도원에 들어갔다. 하지만 당시의 수도원은 이탈을 허용하지 않았을 뿐만 아니라 수녀의 탈출을 돕는 자는 사형에 처할 수 있었다. 루터는 어떤 상인과 연락해 어느 날 밤 수도원 근처에 마차를 대놓고 무려 12명의 수녀들을 마차에 태워 탈출시키는 데 성공했다. 12명의 수녀 가운데 3명은 부모에게 돌려보내고 8명은 결혼을 시켰다. 그리고 마지막으로 남은 수녀 카테리나 폰 보라를 아내로 맞이했다. 루터는 그녀에게 신랑감을 소개했으나 상대편 부모의 반대로 성사되지 못했다. 루터는 다시 또 다른 신랑감을 소개했으나 이번에는 그녀의 반대로 성사되지 못했다. 그때 그녀는 혼잣말처럼 "그 사내가 루터 박사님 같은 분이라면 좋았을 텐데……"라고 말했다고 한다. 결국 목석같은 루터는 나중에야 그녀의 마음을 알아채고 결혼하게 된다.

루터는 이렇게 한 여성을 구원하듯 결혼했는데, 그녀는 뛰어난 주부가 되어 루터에게 여섯 자녀와 가정의 안락함을 주었다.

가톨릭 사제들의 독신 제도를 무슨 진리처럼 아는 사람은 루터의 결혼에 곱지 않은 눈길을 보낼지도 모른다. 하지만 중세 말기, 성직자들의 성적 타락은 우리의 상상을 넘는 지경이었음을 알아야 한다. 사제와 수녀들의 성적 타락이 공공연하게 되어 더 이상 막을 수도 없게 되었다. 14세기 프랑스의 유명한 학자이며 성직자인 게르송의 말은 그런 상태에서 나온 궁여지책이었다.

간음 행위를 아무도 몰래 주일이 아닌 날, 신성한 장소가 아닌 곳에서 미혼자와 했다면 그것은 그리 문제 삼을 필요가 없다.
순결의 서약이란 처자를 거느리지 않겠다는 것을 의미할 뿐이다. 따라서 아무리 간음을 저질렀다 하더라도 그가 독신 생활을 계속했다면 순결의 서약을 파기한 행위라 볼 수 없다.

또 13세기 스트라스부르 탁발 수도회의 단장 하인리히는 다음과 같이 말했다.

수녀가 육욕의 유혹과 인간적인 약점 사이에서 도저히 순결을 지

루터와 그 가족의 단란한 음악회. 루터는 많은 찬송가를 만들기도 했다.

키지 못할 정도로 몸이 타오를 때에는, 속인에게 몸을 맡기는 것보다는 성직자에게 몸을 맡기는 것이 낫다. 그것이 훨씬 죄가 가볍고 또한 그 처벌도 훨씬 관대하기 때문이다.

교황청에서도 해마다 7그로시의 '축첩세(蓄妾稅)'만 내면 사제들의 축첩 생활을 허용해 주었다. 더 나아가 15세기의 교황 식스투스 4세는 모든 성직자에게, 곧 첩을 데리고 살든 말든 모든 성직자에게 해마다 축첩세를 거두었다.

이런 상황을 이해한다면 한 여성만을 정식 아내로 맞이해 많은 자녀를 낳고 충실한 가장 노릇을 한 루터야말로 오히려 정상적인 사제였음을 알 수 있다.

정치는 백수들의 전유물이었다

　의회 민주주의의 모범국이라는 영국은 1911년까지만 해도 국회의원 직이 귀족이나 젠트리가 무보수로 봉사하는 직무였다. 이는 그리스·로마의 정치가도 마찬가지였는데, 보수 없이 일하는 젠트리 국회의원인 만큼 언뜻 청렴하고 사심 없는 정치가처럼 보일지도 모르겠다. 과연 그랬을까? 영국의 젠트리의 문화를 살펴보면서 이 문제를 생각해보자.

　영국사에서 말하는 젠트리는 우리가 연상하는 젠틀맨의 이미지, 곧 '예의 바르고 교양 있는 신사'와는 거리가 먼 개념이다. 간단히 말해서 귀족이란 토지를 1만 에이커(약 40㎢) 이상 소유한 거대 지주를 말하고, 젠트리란 3천~1만 에이커 사이의 토지를 소유한 지주로서, 이 귀족과 젠트리가 근대 영국의 상류층을 형성했다. 당시 토지 1에이커에 연 1파운드의 소득을 올리고, 한 해에 2백 파운드 정도의 수입이 있으면 중류층이라고 했다. 따라서 지주들의 수입이 얼마나 대단했었는지 짐작할 수 있다. 정치란 바로 이들 대지주의 전유물이었던 것이다.

　그렇다면 우리가 '사장님'이라 부르는 산업 자본가 계층은 어땠을까? 이들은 엄연히 중류층으로 분류된다. 왜냐하면 산업 자본가들은 상류층 특유의 문화를 공유할 수 없었기 때문이다.

그렇다면 상류층 문화란 무엇을 말할까? 한 마디로 아무런 직업 없이, 아니 여가를 즐기는 것이 주업인 고급 백수들의 문화다. 다른 젠트리들과 정기적으로 회합을 갖고 무도회를 열고, 사냥을 하고 경마나 도박을 하고, 짬을 내서 정치를 하는 것이다. 정치를 하더라도 전념하는 일은 없었고, 다만 여가 생활을 해치지 않는 범위에서 한다. 경건한 종교 생활·독서·사색·산책·품위 있는 매너와 복장과 같은 '신사'의 문화는 이렇듯 여유 있는 지주층의 문화였다. 이 지주의 문화는 전체 영국 국민 문화의 모범으로서 존경을 받았다. 때문에 중류층들도 재산은 지주층에 못 미치더라도 최소한 차림새와 행동거지라도 그 문화를 흉내 내려고 애썼다. 그것이 우리가 흔히 말하는 '젠틀맨십' 곧 '신사도'의 뿌리라고 할 수 있다.

따라서 제품이나 기계를 개발하고, 노동자를 지휘하고, 판매와 회계에 신경을 써야하는 자본가 계층은 이러한 소비성 문화를 도저히 함께 하기 힘든 '성실한' 중간층에 지나지 않았다.

우리가 잘 알듯이 18세기 후반부터 19세기 초반의 영국은 산업 혁명기에 해당하므로 산업 자본가층이 주도했을 듯하다. 하지만 영국은 20세기 초까지만 해도 엄연히 지주들이 주도하는 나라였다. 산업 혁명기 당시 공장제 공업으로 자리를 잡은 것은 고작 면직공업 정도였고, 기업 형태도 주식회사가 아니라 가족이나 친지들의 공동 사업체였다. 따라서 사업의 규모가 매우 작았기 때문에 산업 자본가의 재산은 지주들에 비할 바가 못 되었다.

19세기 영국 의회가 열리는 장면

반면에 지주들의 힘은 매우 크고 뿌리가 강했다. 전 인구의 0.5%에 지나지 않는 지주들이 토지의 55%를 차지하고 있었으며, 더구나 이 토지는 영국 특유의 상속법 때문에 매매되는 일이 거의 없이 대대로 장남에게 상속됐다. 이 덕분에 영국의 귀족 계급은 끈질기게 존속할 수 있었다. 상원을 차지하던 귀족들은 영지에 있는 으리으리한 저택에서 몇십 명의 하인을 거느리고 살다가 의회가 열릴 즈음이면 런던에 마련해놓은 저택에 하인들을 거느리고 상경해 파티를 열면서 사교 활동을 벌였다. 정치는 이 사교 활동의 산물이었다. 런던에 저택이 없는 젠트리는 마차를 타고 런던에 올라와 의회 활동을 했다.

이런 사정을 감안하면 국회의원의 '무급' 제도가 꼭 좋은 것만은

3장 역사는 무대 뒤에서 만들어진다 197

아니라는 것을 알 수 있다. 국회가 부유한 특권층으로 채워질 터이므로 국민의 요구가 제대로 반영될 수 없기 때문이다. 그런 의미에서 1911년, 영국에서 국회의원에게 봉급이 지급된 것은 의회 민주주의의 변질이 아닌 발전이었다. 가난한 사람도 국회 의원직에 전념할 수 있게 됨으로써 백성들의 요구가 정치에 반영될 수 있었기 때문이다. 실제로 이러한 제도의 변화는 재산이 없는 노동 계급의 대표가 의원이 된 이후의 일이었다.

원자 폭탄은 왜 하필 히로시마에 떨어졌을까?

일본의 옛 수도 교토(京都)는 현재 세계적인 문화·관광의 도시로 유명한 곳이다. 흔히 우리나라의 경주에 비교되는 이 도시는 794년부터 1868년까지 일본의 수도였으며, 수많은 전통 사찰과 유적이 있고 1,500여 점 이상의 국보가 고스란히 남아 있다. 교토가 이렇게 문화의 도시로 남을 수 있게 된 데는 한 미국인의 노력이 있었기 때문이라고 알려져 있다.

제2차 세계대전이 막바지에 다다른 1944년 말, 일본의 주요 대도시는 미군의 B-25 폭격기의 공습으로 이미 폐허가 되다시피 했다. 도쿄와 오사카(大阪)는 물론이고, 원자폭탄이 투하된 히로시마(廣島)와 나가사키(長崎)는 말할 나위도 없었다. 그런데 당시 6대 도시 가운데 하나였던 교토는 전혀 공습을 받지 않았다. 이는 당시 미국 하버드 대학 부속 포그 미술관의 동양부장으로 있던 워너 박사가 일본의 고도인 교토·가마쿠라(鎌倉)·나라(奈良)만은 폭격하지 말아달라고 미국 정부와 군부에 강력하게 호소한 덕분이었다.

그리하여 1955년 워너 박사가 죽었을 때 일본 정부는 그 은혜를 기려 그에게 훈장까지 추서했다. 또한 담징의 금당벽화로 우리에게

히로시마에 원자 폭탄 투하 후 피어오른 버섯 구름(왼쪽)과 폐허가 된 마을 장면

도 잘 알려져 있는 호류사(法隆寺)를 비롯한 여섯 군데에 워너 박사를 기리는 기념비가 세워져 있다.

생사를 건 전쟁의 와중에서도 적국의 문화재까지 보호하려는 미국의 지성도 감동스럽거니와, 그 호소를 받아들여 중대한 군사 작전까지 변경해준 미군 당국의 배려는 더욱 감동스러운 것으로서, 지금도 가끔 매스컴에서 미담으로 다루고 있다.

그런데 그 동안 열람이 금지되어 있던 미군 사료가 차츰 공개되어 미군의 일본 본토 공습이나 원폭 투하에 관한 세세한 사실들이 알려지면서 워너 박사에 얽힌 미담이 전혀 근거가 없다는 사실이 밝혀졌다. 미군의 문서 어디에서도 문화재 보호를 위한 폭격 금지라는 말이 나오지 않았다. 참혹한 전쟁 속에서 피어난 미담이 사라지는 것은 안타까운 일이지만, 사실은 사실대로 알려져야만 한다.

그렇다면 6대 도시 가운데 하나인 교토는 어떻게 폭격을 면할 수 있었을까? 교토는 규모도 큰 도시지만 일본의 동서를 연결하는 교통의 요지인데도 말이다. 결론부터 말하자면 교토는 시종 일관 원폭 투하 도시로 예정되어 있었다. 본래 원폭 투하 목표지를 결정한 것은 과학자와 군인들로 구성된 목표 선정 위원회였다. 1945년 4월 말에 발족한 이 위원회는 목표 도시로 교토·히로시마·요코하마(橫濱)·고쿠라(小倉)를 선정했다.

1944년의 도쿄. 이미 폐허가 된 도쿄 상공에 또다시 무수한 포탄을 떨구는 B-29기. 이렇게 폐허가 된 덕분에 도쿄와 같은 대도시는 원자 폭탄 투하 목적지에서 제외될 수 있었다.

이때 교토가 선정된 것은 첫째 인구가 많고(110만 명) 시가지가 넓다는 점, 둘째 삼면이 산으로 둘러싸인 분지이므로 원폭에 따른 폭풍이 최고의 효과를 발휘할 수 있다는 점, 셋째 일본인에게 종교적인 의미를 갖는 중요한 도시이므로 그 파괴가 커다란 충격을 줄 것이라는 점, 넷째 지식인이 많아서 원폭이 얼마나 엄청난 것인지를 일본 정부에 제대로 전달할 것으로 예상된다는 점 때문이었다. 그 뒤 요코하마 대신에 니가타(新潟)로 목표지가 바뀌는 등 투하 목표지가 변동되었지만 교토는 언제나 첫째 목표지로 남아 있었다. 목표 선정 위원회의 선정 기준은 첫째 지름 5km의 원을 그릴 수 있을 만큼 넓은 도시일 것, 둘째 원폭의 폭풍이 효과를 발휘할 수 있는 지형일 것, 셋째는 아직까지 공습 피해를 받지 않은 도시일 것이었다.

우리는 여기서 왜 미군이 도쿄나 오사카 같은 대도시가 아니라 히로시마나 나가사키 같은 중간 규모 도시에 원폭을 투하했는지 이해할 수 있다. 곧 도쿄나 오사카는 이미 B-25 폭격기를 통해서 쑥대밭으로 변해 있었다. 그럼 왜 공습 피해를 받지 않은 도시에 원폭을 투하하려고 했을까?

미국은 인류 역사상 최초로 핵무기를 사용하면서 그 위력을 정확히 측정하고자 했다. 곧 일반적인 공습 때문에 발생한 피해와 원폭으로 생긴 피해를 구별할 수 없는 도시는 피했다. 원폭 투하지를 결정하던 45년 5월 당시에 도쿄와 오사카는 물론이고 나고야(名古屋)와 고베(新戶)는 이미 폭격 피해가 컸던 도시이므로 원폭 투하에는 적합하지 않았다.

덕분에 원폭 투하 예정지로 결정되어 있던 교토·히로시마·요코하마·고쿠라·니가타·나가사키는 일반 소이탄 폭격이 금지되었다. 덕분에 이 여섯 개 도시의 상공에는 B-25 폭격기가 나타나지 않았다.

정식 원폭 투하 명령이 내려지기 나흘 전인 7월 21일에 스팀슨 육군 장관의 반대로 교토는 목표에서 제외되고, 대신에 나가사키가 네 번째 목표지로 추가되었다. 스팀슨이 교토 폭격에 반대한 것은 문화재 보호를 위해서가 아니라 전후를 대비한 정치적 판단 때문이었다. 2차 세계대전이 끝나기 전부터 이미 미소 대립의 조짐이 나타났고, 점령지 일본에 대한 소련의 영향력을 예상한 스팀슨은 자칫 일본인의 분노를 사서 정세가 소련 쪽에 유리하게 될까 두려웠다.

마침내 7월 25일, 투하 명령이 내려질 때 히로시마·고쿠라·니가타·나가사키 순으로 정해졌다. 그러나 8월 1일, 원폭 투하 부대의 파일럿들이 니가타가 너무 멀다는 이유로 목표에서 제외했다. 그러나 미국이 교토를 목표지에서 완전히 배제한 것은 아니었다. 교토는 여전히 네 번째 원자 폭탄의 투하 예정지로 되어 있었고, 트루먼 대통령은 일본이 항복할 때까지 원자 폭탄을 계속 투하할 예정이었다.

그 밖에 또 다른 고도로 유명한 나라와 가마쿠라가 폭격을 면한 이유를 알아보자. 본래 미국의 일본 본토 공습은 무차별적인 것이 아니라 매우 체계적인 것이었다. 우선 도쿄나 오사카와 같은 대도시부터 소이탄으로 폭격하고 6월 중순쯤에 대도시 폭격이 일단락되자, 중간 규모 도시로 그 대상을 옮긴다. 이 시점에서 일본이 항복함으로써 폭격도 중지되었다. 당시 나라는 인구 5만여 명, 가마쿠라는 4만 명의 소도시였으므로 일본의 항복이 더 늦추어졌다면 당연히 이 두 도시도 소이탄 공습을 받았을 것이다. 이렇듯 이 두 소도시는 원폭이 예정되어 있던 대도시 교토와는 다른 사정으로 공습을 면했다.

결국 워너의 미담은 허구였고, 따라서 미군의 문화적인 배려도 사실무근이었던 것이다. 원래 워너의 이야기는 전시에 일본인들 사이에서 소문으로 돌던 것이었는데, 미군 점령군이 일본인에게 친미 감정을 유포하기 위해 적절히 이용했던 것이다.

소금을 먹고 자라는 반정부 세력

　인간은 소금 없이는 며칠도 견딜 수 없다. 그래서 옛날 건조한 사막 지대에서는 소금이 똑같은 양의 금과 교환되기도 했고, 봉급을 소금으로 지급하기도 해 '샐러리 맨'이라는 말이 생겨났다는 것은 잘 알려진 사실이다. 세계 각지의 지배 권력은 소금의 소중함을 놓치지 않고 과중한 세금을 매겨서 가끔 반란을 자초하곤 했다. 영국 식민지 정부의 소금세 인상에 대항한 간디의 소금 행진 투쟁이나 프랑스 혁명에서 과중한 소금세가 한 원인이었다는 데서 알 수 있듯이, 소금은 역사의 변화와 깊은 관련을 맺고 있다. 이 점은 중국에서도 마찬가지였다.

　중국에서 소금의 전매제는 한나라 때 시작되어 이후 청나라에 이르기까지 2천 년 동안이나 계속되었다. 이러한 장구한 소금 전매제의 역사는 중국 이외의 세계에서는 전례가 없는 일이다.

　소금을 통한 수익은 국가 재정에서 어느 정도 비중을 차지하고 있었을까? 명나라의 예를 들어 보면 세수입 4백만 냥 가운데 2백만 냥을 소금세로 거두었다. 송·원·청나라에서도 이 비율은 거의 비슷한 수준이었다.

소금 만드는 장면

　소금 생산자가 정부에서 지정한 소금 상인에게 팔아넘길 때의 가격과 일반 시장에서 팔 때의 가격은 열 배에서 몇십 배에 이르렀다. 이런 상황이었으므로 불법 소금 장수들이 속속 생겨났다.
　정부가 파는 소금을 '관염(官鹽)'이라 하고 불법 소금 장수가 파는 소금을 '사염(私鹽)'이라 하는데, 백성들은 사염을 크게 반겼다. 사염이 관염의 반값에 지나지 않았을 뿐만 아니라 관염에는 가끔 흙이나 모래가 섞이는 등 불량품이 많은 반면 사염은 품질이 좋았다.
　이러한 불법 소금 장수를 단속하지 않는다면 정부의 재정은 파탄 날 것이 뻔했다. 따라서 정부는 가혹한 형벌을 마련하고 단속을 강화했다. 이에 따라 불법 소금 장수들은 수단과 방법을 가리지 않고 법망을 뚫었고 때로는 폭력을 동원해 대항하기도 했다. 게다가 반

황소의 난

정부 세력인 종교적 비밀 결사나 협객 단체가 끼어들었다. 소금이 워낙 이윤이 좋았으므로 이들이 필요로 하는 조직에게 좋은 자금원이 되었기 때문이다.

제염업자에 대한 정부의 대응에도 근본적인 문제가 있었다. 정부는 제염업자들을 특별히 관리해 이들이 함부로 이탈할 수 없게 했고 신참자의 참가를 엄격히 제한했다. 이들은 농사에는 관여하지 않고 오로지 소금을 만들어 할당량을 바쳤으며, 그 대가로 쌀을 비롯한 식량을 지급받았다. 또한 할당량 이상으로 소금을 생산할 경우 그 여분은 정부에서 지정한 가격으로 사들였다. 당연히 헐값이었다. 따라서 제염업자는 위법인 줄 뻔히 알면서도 소금을 몰래 빼내 불법 소금 장수에게 넘겼다.

당나라 시대에 반란을 일으킨 황소(黃巢) 또한 과거에 실패한 뒤 소금 밀매업으로 세력을 키운 자였다. 그는 소금의 암거래를 통해 형성된 정보망을 바탕으로 대규모 반란에 나서 한때 자칭 '황제'로 등극했다. 당나라는 이 '황소의 난'을 계기로 급격하게 쇠퇴했다.

이렇듯 소금의 생산 현장부터 판매 현장과 소비자들까지도 정부에 대항하는 풍토가 길러지고 비밀 조직이 형성되는 등 소금 전매제는 반란의 좋은 토양이 되어 주었다. 이는 중국 역사에서만 볼 수 있는 특색이다.

범죄의 만연이 러시아 혁명을 도왔다

러시아 3월 혁명(러시아 력으로 2월 23일)으로 차르를 무너뜨린 노동자들은 페트로그라드(현재의 상트 페테르부르크) 시내 건물마다 붉은 기를 세워 투지를 불태웠다. 기차를 타고 페트로그라드에 온 어느 할머니가 여기저기 휘날리는 붉은 기를 보고 의아한 표정으로 중얼거렸다.

"황제 폐하께서 무슨 잔치라도 여시나 보지?"

전 세계를 놀라게 하고, 특히 여러 왕국의 지배자들을 두려움에 떨게 한 러시아 3월 혁명이지만, 정작 러시아의 많은 민중들은 혁명에 무지했다는 것을 보여 주는 일화다.

사실 러시아 혁명은 조직된 민중들, 곧 공장 노동자나 군대의 병사들을 통해 가능했다. 인구의 대다수를 차지하는 비조직 민중들은 혁명 과정에서 벗어나 있었다. 1917년 당시 러시아 최대의 도시 페트로그라드도 250만 인구 가운데 노동자층은 50만 명에 불과했다. 노동자층의 일부는 각 공장별, 지구별 소비에트에 결집되어 조직적으로 혁명에 참가했으나 나머지 민중들은 그렇지 못했다. 이렇게 비자발적인 민중을 이끌고 사회주의 혁명을 성취하려는 데에 러시

혁명 뒤에 일어난 내전으로 많은 어린이들이 고아가 되어 고통받았다. 당시 부랑아 문제는 식량 문제 못지 않은 커다란 사회 문제였다.

아 혁명의 어려움과 비극이 있었다.

그렇다면 페트로그라드 시민들에게 혁명은 어떻게 느껴졌을까? 당시 발행되던 신문을 보면 혁명의 와중에서 시민들이 가장 첨예하게 느낀 것은 끝도 없는 혼란과 각종 범죄로 인한 공포였다.

3월 혁명이 일어나기 전까지만 해도 수도 페트로그라드는 치안이 잘 되어 있는 도시였지만, 혁명 직후부터 각종 신문의 사회면은 온갖 범죄 기사로 장식하기 시작했다. 민중 경찰의 가택 수색을 가장한 강도가 끊이지 않았고, 마약·매춘·도박·강도·떼강도·은행 강도·절도·방화·무기 은닉·사기·총기 사고가 자주 일어났다. 그리하여 『페트로그라드 리스토크』 신문은 4월 25일부터 날마다 「수도의 범죄」라는 난을 만들어 범죄 사건들을 소개할 정도였다. 11월 혁명이 일어나기 직전의 어느 날에는 하루에 4백 건 이상의 범죄가 보고되기도 했다.

가끔 민중 경찰을 통한 범죄자 일제 검거가 실시되고, 온갖 집회가 열려 분위기를 더욱 어수선하게 했다. 문지기·의사·약사·상공업자·병사·온갖 정치 당파들·건물주·임차인·아파트 주인·목욕탕 인부들·요리사들이 저마다 대회를 열고 파업을 벌였다. 심지어는 걸인들도 집회를 열었고, 범죄자들도 모임을 갖고서 범죄를 모의하다 몇십 명씩 체포되기도 했다.

혁명은 노동자·병사·농민들의 조직화뿐만 아니라 범죄자들의 조직화에도 좋은 토양을 제공했다. 페트로그라드에는 이미 규모가 큰 범죄 조직이 활개를 치게 되었다. 시내 곳곳에 공권력도 발들이기를 저어하는 범죄의 소굴들이 자리잡았다. 이들이 더욱 위험천만했던 까닭은 혁명의 와중에서 유출된 많은 무기가 이들의 손에 들어가 범죄에 이용되었기 때문이다. 2월에 있었던 중앙 병기창 공격 때만 해도 4만 정의 총과 3만 정의 권총이 탈취당하는 등 수많은 무기가 흘러나갔다. 그러나 자발적인 무기 회수 운동으로 회수된 것은 415정에 불과했다.

이렇게 범죄가 만연한 것은, 혁명으로 경찰 조직이 무너졌지만 이를 대체할 치안 조직이 확립되지 못한 때문이다. 모든 혁명이 그러했듯이 차르 체제의 붕괴는 기존의 도덕과 윤리에 커다란 혼란을 초래했고, 이것이 범죄를 더욱 조장했다. 또한 새로 들어선 임시 정부는 잇따라 민주적인 개혁을 시행했으며, 그 개혁 덕분에 감옥에 있던 많은 범죄자들이 사면을 받아 풀려났다. 더구나 행정 조직이

1917년 11월 6일(러시아 력 10월 25일), 무기를 든 노동자와 병사들이 페트로그라드의 크렘린 궁으로 진격하고 있다.

문란해지면서 약 2만 명의 범죄자들이 탈옥해 도시 구석구석으로 숨어 들어갔다. 또한 군대에서 탈영한 병사들 가운데도 범죄를 저지르는 자가 많았고, 심지어는 민중 경찰 가운데도 범죄를 저지르는 자가 있었다.

이러한 혼란은 11월의 볼셰비키 혁명 이후에도 변하지 않았다. 볼셰비키 혁명 직후부터 약 세 달에 걸쳐 일어난 '술 창고 습격'은 그 전형이다. 시내 곳곳에 있는 술 공장의 창고나 개인 술 창고에 폭도들이 습격해 즉석 술잔치를 벌여 난동을 피우곤 했다. 이 난동에는 가끔 무장한 군대까지 가세해, 이를 진압하려는 혁명 정부 군대

3장 역사는 무대 뒤에서 만들어진다 211

와 총격전까지 벌였다. 그리하여 때로는 탱크까지 출동했다. 페트로그라드 시민들은 무장한 술주정뱅이들이 시내를 장악하다시피 해 두려움에 떨며 밤을 보내기도 했다.

12월 초, 페트로그라드 소비에트는 이러한 술 창고 습격 때문에 골머리를 앓았다. 어느 정부 임원은 "혁명은 보드카와 와인 속에 익사할 지경에 처했다"고 경고할 정도였다. 혁명 정부는 술 창고 습격을 반혁명 분자들의 사주를 통한 책동이라 주장하며 단호하게 대처하겠다는 성명을 발표했다.

사정이 이러하니 시민들에게는 차르 체제가 무너지고 혁명 정부가 들어선 것은 차라리 절박한 문제가 아니었다. 굶주림과 추위와 범죄로부터 벗어나는 것이 급했다.

공산당 일당 독재 체제의 수립에서 노동자의 폭력 기구는 결정적인 역할을 했는데, 이때 범죄는 혁명에 매우 중요한 도움을 주었다. 만연한 범죄가 소비에트 혁명 정부의 폭력 기구 강화와 노골적인 폭력 행사를 정당화시켜 주었기 때문이다.

교황은 히틀러와 무솔리니를 지지했다

히틀러나 무솔리니가 저지른 범죄는 이제 상식처럼 되어 있다. 제2차 세계대전은 파쇼 전체주의와 민주주의 진영의 투쟁이었으며, 이 싸움에 사회주의 국가인 소련은 연합국과 동맹을 맺어 많은 희생을 치르며 싸운 바 있다.

그런데 1922년 교황 피우스 11세는 '무솔리니는 신의 뜻을 부여 받은 인물'이라고 추켜세운다. 그 덕분인지 다음 달인 3월에 무솔리니는 선거에서 압승을 거둔다. 단일 후보자에 대한 신임 투표라는 비민주적인 선거이기는 했지만 대중들의 지지는 대단히 높았다. 가톨릭 교도가 압도적 다수를 차지하는 이탈리아에서 교황의 한 마디는 엄청난 힘을 발휘했다.

우리는 교황의 이러한 처사가 과연 예수 그리스도의 뜻에 맞는 것인지 당황하지 않을 수 없다. 왜 그랬을까? 왜 교황은 인류의 적이라 일컬어지는 파시스트의 손을 들어준 것일까?

원인은 두 가지를 들 수 있다.

첫째는 공산주의에 대항한다는 의미에서 파시스트에 관대했던 것이다. 유대 인 학살과 타민족 박해로 연결되는 민족적 우월주의,

제2차 세계대전 중이던 1943년, 라디오 방송을 통해 평화를 호소하는 교황 피우스 12세. 하지만 교황청은 평화의 적인 히틀러·무솔리니와 뒷거래를 하고 있었다.

가혹한 사상 탄압, 전체주의적 문화 정책 등을 내세우는 파시스트보다는 신을 부정하는 공산주의가 바티칸에는 더욱 위험한 존재로 보였다.

둘째는 파시스트들에게 받는 막대한 경제·정치적 거래 때문이었다. 곧 교황청은 이탈리아로부터 바티칸 궁전과 라테란 궁전, 그리고 그 부속지 등을 소유하는 바티칸 시라는 독립 국가를 인정받았다.

한편 교황은 이탈리아 왕국을 승인해주고, 예전의 교황령 회복을 요구하지 않기로 했다. 그 대신 바티칸은 막대한 경제적 특혜를 누렸다. 바티칸은 이탈리아에 대한 세금을 모두 면제받는다. 게다가 교황령과 교회 재산을 포기하는 대가로 이탈리아로부터 보상금 7억5천만 리라와, 연 5%의 이익이 보장된 이탈리아 공채(액면가 10억 리라)를 받았다.

게다가 1933년, 바티칸은 나치스 독일과도 상호 특권을 존중한다는 조약을 맺는다. 공산주의에 반대한다는 점에서 일치한 것이다. 그리고 독일로부터도 막대한 돈이 바티칸으로 흘러들어가 1943년만 해도 1억 달러에 이르렀다고 한다. 1939년 나치스 독일이 가톨릭교 국가인 폴란드에 침입할 때도 바티칸은 아무 말 없이 방관자로 있었다.

이러한 바티칸의 행적은 오늘날까지도 지탄의 대상이 되고 있다.

옛날, 목숨을 걸 만한 향신료 장사

서유럽의 스페인이나 포르투갈 상인들이 아프리카를 돌아 인도·말레이를 지나 인도네시아까지 배를 타고 건너온 것은 향신료 때문이었다. 당시의 항로는 요즘과는 달리 목숨을 건 위험한 모험이었다. 과연 향신료 장사가 이렇게 목숨까지 걸 만한 것이었을까?

16세기 초 남인도의 캘커타는 향신료의 중계 시장으로 번성했다. 여기에서 향신료의 가격은 후추의 가격을 1t당 100이라 할 때 정향(丁香)은 260, 육두구(肉荳蔲)는 100의 가격이었다. 이를 원산지 가격에 비교해보면, 후추는 원산지보다 조금 비싼 정도이고, 정향은 원산지인 몰카의 30배, 육두구는 원산지인 반다의 25배 정도였다. 중간 시장인 인도에서부터 이렇게 비싸진 향신료는 유럽에서 다시 10배 이상의 가격에 팔렸다. 그리하여 한때는 후추 무게 당 가격이 은값과 같았다.

마젤란의 탐험에서는 승무원 265명 가운데 200명이 죽고, 화물선 4척이 침몰하고 단 한 척만이 3년이나 지나서 귀국할 수 있었다. 하지만 나머지 한 척이 싣고 온 향료만으로도 모든 손해를 상쇄하고도 남았다고 한다. 이렇게 이윤이 좋은 장사였기 때문에 목숨을 걸

인도네시아의 암본 섬. 이곳에서만 나는 정향이라는 향료를 둘러싸고 포르투갈과 스페인이, 그리고 영국과 네덜란드가 피비린내 나는 싸움을 벌였다.

고 모험에 나서볼 만한 일이었고, 각국은 통상로를 지배하고자 전쟁까지 불사했다.

다만 원격지 무역 자체가 워낙 위험하기 짝이 없는 일이었으므로 유럽 시장에서 인도 시장 가격의 10배로 팔더라도 모두 이윤이 되는 것은 아니었다. 1년에 5척의 배로 이루어진 선단이 항해를 하더라도 평균 1.5척이 침몰되었으며, 무사히 돌아온다 해도 배는 심각하게 손상을 당하는 경우가 대부분이었다. 이에 드는 수리비도 매우 비쌌다. 따라서 인도에서 구입한 향신료는 원가의 4~5배의 가격으로 팔아야만 적정 이윤을 남길 수 있었다.

황제 만세! 환관 구천세!

이제 막 소년티를 벗기 시작한 한 청년이 겁먹은 표정으로 오두막으로 들어간다. 오늘은 그가 남자에서 제3의 성으로, 다시 말하면 여자도 남자도 아닌 인간으로 다시 태어나는 날이다. 청운의 꿈을 안고 '고자'가 되는 날이다. 그 청운의 꿈이란 곧 '환관'이 되는 것이다.

수술을 할 집도인이 은 6냥을 요구한다. 하지만 끼니도 잇기 힘들 만큼 가난한 형편에 은 6냥이 있을 리 없다. 장차 왕궁에 들어갈 때 갚기로 하고 수술부터 받는다. 두 사람의 집도인을 통해 거세 수술이 행해진다. 먼저 몸과 손발을 수술대 위에 단단히 묶고 다리를 벌려 고정시킨다. 그리고 뜨거운 약탕으로 남근 부분을 세 번 닦아낸다. 그리고 마침내 낫처럼 생긴 예리한 칼로 단번에 잘라버린다. 요도를 곧바로 마개로 틀어막고 찬물로 식힌 종이로 감싼다. 그리고 두 사람의 집도인에게 의지하여 2~3시간 동안 방안을 걸어 다닌 뒤에야 눕는 것이 허용되었다. 이 상태로 3일 동안 방치된다. 그 사흘 동안 물이라고는 한 방울도 마실 수 없는 지옥 같은 시간을 견뎌야 한다. 3일 뒤 종이를 벗겨내자 오줌이 마치 분수처럼 뿜어나왔다. 그리고도 얼마 동안은 배뇨 괄약근이 없는 탓에 오줌이 시도 때도 없이 흘러내렸다. 이렇게 함으로써 한 명의 환관 예비생이 탄생한 것이다. 그는 1년에 걸쳐 견습 생활을 한 뒤에 왕궁에 들어가 일을 한다.

한방 의학이 발달한 덕분에 이 수술로 목숨을 잃는 경우는 거의 없다시피 하지만, 위에서 보듯 참으로 끔찍한 절차를 거쳐야만 했다. 참고로 아라비아에서는 환관을 만드는 수술에서 살아남을 확률이 40% 이하, 곧 10명 가운데 6~7명이 죽었다고 한다. 고대 아라비아에서는 남근은 그냥 두고 고환만을 제거하는 식이었고, 중국에서는 남근을 뿌리 부분부터 자르는 방식이었다. 대개는 성인이 될 즈음에 시술하는 경우가 많았다.

이 가난한 청년은 왜 자진하여 남근을 자르면서까지 환관이 되고자 했을까? 물론 출세를 바라볼 수 있었기 때문이다. 미천한 집안에서 가난하게 자란 그는 딱히 출세할 가망성이 없었다. 하지만 환관이 되어 왕궁에 들어가면 먹고사는 문제가 해결될 뿐만 아니라 잘하면 높은 벼슬을 얻어 막강한 권세를 누릴 수도 있었다. 명나라 때인 1621년에는 3천 명을 모집했는데 2만 명이 응모했다고 한다. 정부는 실업 구제 차원에서 4,500명을 채용하기도 했다.

이렇듯 과거 중국의 왕궁에는 많은 환관이 있었다. 고대 왕조에서도 1만 명을 넘었고, 17세기 명나라 시대에는 10만 명이나 되었다고 한다. 이 많은 인원이 나라의 핵심부에서 일하고 있었으니 커다란 세력을 이룰 만했다. 따라서 중국사에서 환관을 빼놓고 말하기 어려운 시대가 의외로 많다. 단적인 예로 당나라 말기에 9명의 황제가 등장하는데, 그 가운데 7명이 환관을 통해 옹립되었고 나머지 두 황제는 환관에게 살해되었다.

중국 왕실에서는 환관의 폐해 때문에 고통을 겪으며 가끔 환관의 정치 개입을 차단하려 했으나 번번이 실패로 돌아갔다. 그렇다면 왜 그렇게 많은 환관이 필요했을까? 그리고 왜 환관의 정치 개입을 막기가 힘들었을까?

먼저 중국의 왕궁에 황제의 처첩들이 많았다는 점을 들 수 있다. 이는 역대 황제들이 호색한이었기 때문이 아니다. 중국의 제도와 관습을 규정해놓은 『예기(禮記)』라는 책에는 황제가 황후를 맞이하면 후궁을 짓고 120명의 첩을 두어 많은 자손을 낳아야 한다고 규정해 놓았다. 결국 황제가 많은 처첩을 거느려 자손을 널리 퍼뜨리는 것은 성인들의 가르침에 따르는 성스러운 행위였다. 그런데 이 숫자는 공식적인 것이고, 사실은 장안(長安)이나 낙양(洛陽)에 있는 별궁의 후궁에는 첩이 4만 명에 이를 때도 있었다. 이곳은 황제를 제외한 모든 남성들에게 출입 금지였다. 이 처첩들에게는 생식 능력이 없는 환관들이야말로 가장 적절한 경호원이었다.

중국 북경의 자금성(紫禁城)은 크게 외정과 내정으로 나뉘어져 있는데, 외정은 황제가 정무를 돌보는 데 이용되는 건물들이고 내정은 황제와 처첩들의 거처로 이용되었다. 명나라 시대에는 이 내정에 남자라고는 단 한 사람, 황제밖에 없었다. 나머지는 황후와 비, 여관과 같은 여성들, 그리고 중성이라고 해야 할 환관들이었다. 황제의 아들, 곧 황자도 남자인데? 하지만 황자들은 성인이 되기 전이라도 왕에 봉해지면 교외에 나가서 지냈다.

무소불위의 권력을 갖고 있던 황제지만 사실 고독하기 짝이 없는 존재였다. 사방을 둘러봐도 엄숙한 얼굴을 한 신하들, 언제 반역의 비수를 들이댈지 모르는 권력가들뿐 마음을 터놓고 이야기할 사람이 없었다.

반면에 환관은 그림자처럼 황제를 따르면서 시중을 들고 밤이면 황제가 지명한 여자를 황제의 거처로 업어오는 등 은밀한 잠자리의 뒤치다꺼리까지 도맡아했으니 자연히 황제와 친밀해질 수

북경의 환관. 정상적인 사람도 환관이 되면 남성 호로몬의 결핍에 따라 모습이 이처럼 변한다고 한다.

밖에 없었다. 환관은 때로 황제의 내밀한 고민을 듣고 상담에 응하기도 했으며, 황제의 칙명을 전달하기도 했다. 더구나 황제가 나이가 어려 황제의 어머니, 곧 태후가 정치를 할 때면 태후는 직접 신하들을 만나기를 꺼려하여 각종 명령을 환관을 통해 전달했다. 때문에 환관은 자연히 막강한 권력을 쥐게 되었다.

명나라의 영락제(永樂帝)가 환관 정화를 권력의 최고 자리에 임명한 것도 이런 배경이 있었다. 또한 명 말기에 환관 위충현(魏忠賢)은 '구천세!'라는 소리까지 들었다. '만세'는 오직 황제에게만 쓰는 말이었고, 중국 주변 속국의 왕이 '천세'라는 말을 듣던 시절에 일개 환관이 '구천세'라는 말을 들었으니 그의 권세가 어떠했는지

알 만하다.

  따라서 환관은 결코 비천한 신분만은 아니었다. 신분이 천하고 가난하여 출세할 가망성이 없는 사람들이 그나마 출세를 꿈꿔볼 수 있는 '마지막 비상구'였던 것이다.

처세의 명인 — 풍도

중국은 당나라가 멸망한 뒤에 혼란한 과도기를 맞이했다. 907년부터 불과 50여 년 사이에 5개 왕조가 흥망했으며, 변방에서는 10개국이 할거했다. 이때가 바로 5대10국 시대다. 이 시대는 지방에 파견된 절도사가 군벌로 성장하여 서로 다투는 쿠데타의 시대요 무인천하였다. 물론 이 5대10국 시대에도 명군이 있었는데, 후당(後唐)의 명종(明宗)이 그러한 인물이다. 그는 절도사의 힘을 눌러서 평화를 지켰다. 이때 명종을 보필한 재상이 바로 풍도(馮道)라는 인물로, 그는 당시 대유학자로 존경받고 있었다.

명종이 죽은 뒤 아들 민제(愍帝)가 황제에 오른 뒤에도 풍도는 여전히 재상으로 일했다. 그런데 곧 반란이 일어나 민제는 서울을 버리고 도피했다. 이때 풍도는 재상이면서도 아무런 대책도 세우지 않고 다만 제위 다툼을 관조할 뿐이었다. 그리하여 마침내 반란자 이종가(李從嘉)가 궁궐로 들어오자 풍도는 그를 맞이할 준비에 들어간다. 이로 인하여 뒷날 지조 없는 자로 지탄받게 되었다.

이렇게 변고로 인하여 황제가 바뀌기를 다섯 차례. 풍도는 결국 20년 동안 5개 왕조(후당·후진後晉·요遼·후한後漢·후주後周)의 황제 밑에서 고위 관직을 역임하기에 이르렀다.

아마도 이러한 사례는 중국뿐만 아니라 세계사에서도 유례가 없는 진기한 기록일 것이다. 거친 무인들의 칼날 아래서 어떻게 오랫동안 고위직을 유지할 수 있었을까? 풍도가 이렇게 생존할 수 있었던 것은 어떤 기묘한 술책 때문이 아니라 그의 타고난 능력 때문이었다. 그의 박학다식함과 남과 다투지 않는 온화한 성격, 업무 능력 따위가 높이 평가받았기 때문에 정치에 서툰 무인들은 그의 능력에 의지하지 않을 수 없었다.

충절을 군자의 가장 기본적인 덕목으로 보았던 후대의 유학자들은 여러 명의 황제를 섬긴 그의 행동을 좋게 보지 않았다. 하지만 그를 지조 없는 자라고 비난하는 데는 무리가 있다. 풍도는 나름대로 굳은 가치관이 있어서 여러 왕조를 받들 수 있었다. 그 가치관이란 무엇일까?

후한 왕조에서 조정 최고직에 오른 풍도는 자서전을 썼는데, 그 속에서 스스로 자기 생을 돌아보며 "집안에 효도하고 나라에 충성했다"고 썼다. 이 말에서 주의해야 할 부분은 '나라에 충성했다'는 말이다. 곧 그는 '군주에 충성했다'는 신조는 갖지 않았던 것이다. 옛날 맹자가 '사직은 중하고 군주는 가볍다'고 했지만, 풍도에게 중요했던 것은 사직(국가)이었지 주군이 아니었다. 쿠데타로 날이 새고 지는 시대에 이러한 태도는 어쩌면 불가피한 것이었을지도 모른다.

풍도의 삶은 끊임없는 내란과 지방 군벌들의 가렴주구에 시달리는 백성들의 고통을 조금이라도 덜고자 자기의 책임을 완수한 것으로 볼 수 있다. 이 점에서 후대의 완고한 유학자들 가운데는 풍도를 긍정적으로 평가하는 이도 없지 않았다.

풍도는 73세의 천수를 누리고 세상을 떠났다.

4

현미경으로 보면 더욱 재미있다

티끌처럼 보이는 벼룩도 현미경으로 보면
놀랍고 흥미로운 생물이라는 것을 알 수 있는 것처럼,
무심코 보아 넘겼던 역사적 사실도 꼼꼼히 살펴보면
의외로 흥미로운 사실들이 드러난다.
조물주는 역사를 교과서처럼 따분하게 연출하지는 않았다.

첫 대면 때 미국과 일본은 장기 자랑을 했다

1876년 강화도 앞바다에 나타난 일본 군함의 대포 소리에 놀라 조선이 개항했듯이, 일본도 1853년에 나타난 미국의 '흑선'에 놀라 개항을 했다. 사실 일본의 작태는 미국한테 배운 것이었다.

당시 미국 함대를 이끈 사람은 페리 제독이다. 그는 미국의 동인도 함대 사령관이었다. 페리 제독은 1853년과 54년에 잇달아 일본을 찾아가 강경하게 조약 교섭을 요구했다. 하지만 한편으로는 각종 진기한 문명의 이기로 막부의 호의를 얻고자 하는 유화 전술을 쓰기도 했다.

페리 제독은 1853년 일본에 왔을 때 다음에는 꼭 선물을 하겠다는 약속을 하고 돌아갔다. 과연 이듬해에 다시 일본을 찾았을 때 그는 약속한 선물을 들고 나타났다. 소형 증기 기관차와 전신 장치가 그것이었다. 곧바로 해안에 원형 궤도를 깔고 기관차를 운행했는데, 몸을 최대한 굽혀도 객차 안에는 들어갈 수 없는 크기였기 때문에 막부 관리들은 지붕에 매달려 탔다. 미국인들은 시속 32km로 달리는 소형 기차에 막부 관리들이 필사적으로 매달려 있는 장면을 득의양양한 표정으로 구경했다. 다음은 회견소에서 약 1.6km 떨어

쌀 가마니를 들어 완력을 과시하는 스모 선수들과 쩔쩔매는 미국 선원들의 모습이 나타나 있는 일본 그림

진 곳에 작은 오두막을 짓고 그 사이에 전신주를 세워 전선을 설치하고 실험을 해보였다. 막부 관리는 자기 말이 영어 · 일본어 · 네덜란드 어로 전달되는 것을 보고 깜짝 놀라 날마다 전신소에 와서 전신 송신을 구경했다.

페리의 선물 공세에 막부도 가만히 있을 수는 없었다. 막부가 준 선물은 비단이나 면, 칠기나 자기 등 한결같이 일본의 전통 공예품으로 막부로서는 정성을 다한 것이었다. 그 밖에 쌀도 많이 주었다. 그런데 여기서 일본의 대응 형태가 매우 재미있다. 막부는 페리 일행 앞에 스모 선수 25명을 내세웠다. 우람하다 못해 괴물로 보이기까지 하는 스모 선수들은 각자 쌀 가마니를 내던져 괴력을 과시한 뒤 스모 시합을 선보였다. 아마도 압도적인 위세로 나타난 미국 앞에서 기죽기는 싫었던 모양이다. 그런데 스모 선수들의 힘자랑을 본 페리 일행의 소감은 일본의 괴력에 놀라주기를 바란 막부의 기대와는 사뭇 달랐다. 『페리 제독의 일본 원정기』에 따르면, "한 쌍의 야수가 서로 상대방 피에 굶주려 하고 있는 것은 아닌가 하는 생각이 들 정도였다"는 것이다. 또한 다음과 같은 기록도 있다.

이 장사들의 야만적인 흥행에서 우리의 전화나 철도로 눈길을 옮기며 미국인이라는 데 자부심을 느꼈다. …… 그것은 일본 당국의 혐오스러운 구경거리와 우리의 높은 문화가 보여주는 유쾌한 대조였다.

아테네 재판정에서 벌어진 알몸 자랑

아테네에는 검사라는 직책이 없었다. 관리의 부정을 알면 시민은 누구라도 직접 고소할 수 있었고, 고소에 따라 재판이 열리지만 직업적인 재판관이 없었다. 재판은 배심원제였다. 배심원의 수는 400~500명이 보통이고, 심각한 사건일 때는 2천 명이 배심원으로 참석할 때도 있었다. 이렇게 다수의 배심원이 참가한다고 해 '민중 재판' 또는 '인민 재판'이라 일컬어졌다.

이러한 민중 재판에서는 특별히 웅변이 중요했다. 교묘하게 변호만 잘 하면 죄를 벗을 수도 있었기 때문이다. 때문에 변론을 잘하는 자한테 원고를 쓰게 해 법정에서 낭독하는 사람도 있었다. 그래서 돈을 받고 법정 변론 원고를 써주는 것을 직업으로 삼는 웅변가도 나타났다.

배심원들은 흔히 그때그때의 분위기나 군중 심리에 휩쓸리기 마련이고, 피고들은 이 점을 이용해 법정에 가족들을 데리고 나와 자기가 처형되면 이들은 어쩌겠느냐며 눈물로 호소하는 자도 있었다.

한 예로 프리네라는 미인이 고소당한 적이 있었다. 웅변가들이 그녀를 위해 변호해 주었지만 유죄로 판결날 것이 거의 확실했다.

재판소에서 쓰던 물시계. 용기 구멍으로 떨어지는 6 l의 물로 6분을 측정할 수 있었다. 재판소에서 이러한 물시계를 이용해 발언을 조정해야 할 만큼 아테네 인들의 변론은 장황했다.

그러자 프리네는 법정에서 갑자기 옷을 벗고 알몸이 되었다. 이를 본 배심원들은 "이렇게 아름다운 몸속에 사악한 마음이 깃들 리가 없다"며 그녀에게 무죄를 선고했다. 그리스 인은 마음과 신체는 한 가지며, 아름다운 신체에 아름다운 마음이 깃든다고 믿는 경향이 있었던 것이다. 이러한 사례는 아테네의 법정 분위기를 잘 전해준다 하겠다.

몽골 군은 왜 강했나

세계 역사에서 가장 거대한 제국을 건설한 몽골 제국. 초원의 유목민 집단이 어떻게 그런 위업을 이루어낼 수 있었는지는 아직까지도 수수께끼다.

어떤 사람은 몽골이 세계로 뻗어나갈 당시 중국과 유럽과 이슬람 지역이 한결같이 분열되어 서로 다투고 있었기 때문이라고 한다. 또한 자유로운 통상을 원하던 이슬람 상인들의 적극적인 협력을 들기도 한다. 물론 이러한 요소도 있겠지만 여기서는 더욱 직접적인 원인이었던 강력한 군사력에 대해서 알아보자. 적어도 몽골의 군사력에 관한 한 이론(異論)이 없기 때문이다.

역사상 초원의 유목 민족에서 커다란 제국으로 성장한 경우는 몽골뿐만 아니라 스키타이·파르티아·흉노·돌궐 등 그 수가 많다. 그렇다면 세계 최대의 제국을 건설할 수 있었던 몽골 군사력만의 특징은 무엇이었을까?

첫째, 몽골 병사는 개개인이 모두 강인한 체력에 뛰어난 무술 실력을 갖고 있었다. 세 살 버릇 여든까지 간다는 말도 있지만 몽골 인은 세 살 때부터 말을 타기 시작해서 소년 시절에는 말을 마치 자기

칭기즈칸의 대원정

손발처럼 자유자재로 부릴 줄 알았다. 광활한 초원에서 생활하는 덕분에 근시가 없고 시력은 보통 2.0, 심지어 3.0을 갖고 있는 사람도 많은 '천리안' 부족이었다. 그런데 이런 강점들은 다른 여타 유목 민족도 가지고 있었을 것이므로 몽골 군만의 특징은 아닐 것이다.

둘째는 뛰어난 조직력이다. 몽골의 부족 전체를 통합하고 칸에 오른 칭기즈칸은 먼저 몽골 사회에 뿌리 깊게 남아 있는 혈연적인 씨족제 조직을 해체하고 대몽골 제국의 기초 집단으로서 천호제(千戶制)를 만들었다. 천호란 보통 군사 천 명을 소집할 수 있는 능력을 가진 유목민 집단의 크기를 말한다. 천호의 내부는 '백호'로 나누고 백호는 '십호'로 나누는 식으로 대개 십진법을 통해 편성된 군

칭기스칸의 진군
칭기스칸이 수십 마리의 말이 이끄는 이동 천막으로 된 마차 안에서 군대를 지휘하여 적의 성을 겨냥하고 진격하려 하고 있다. 이러한 몽골 대기마 군단의 성난 파도와 같은 침공에 유럽인들은 공포에 떨었다.

사·행정 조직이다. 이 천호의 우두머리를 '천호장'이라 하는데, 초기의 천호장은 대개 칭기즈칸과 함께 생사고락을 함께 한 역전의 전우들이었다. 천호장 제도가 지닌 단결력, 철저한 명령 계통, 도의적인 주종 관계 등은 몽골 민족이 전 세계를 뒤흔드는 패권을 쥐게 한 원동력이다. 참고로 조선 시대에 있었던 천호제라는 무관직도 고려 시대 몽골 간섭 시기에 원나라의 영향을 받아서 만든 관직이었다. 그런데 이렇게 십진법에 따라 군제를 조직하는 것은 몽골 이전부터 유목 민족이 써오던 것이었다.

셋째는 뛰어난 기동력이다. 조직을 잘 갖춘 몽골 부대의 주력은 기마병들이다. 기마 전투의 최대의 이점은 이동의 속도, 다시 말하면 기동력이었다. 몽골이 그 기동력을 완벽하게 발휘할 수 있었던 것은 모든 병력이 동일한 속도를 유지하는 기마병이었기 때문이다. 만약 기병 부대와 보병 부대를 뒤섞어놓아 속도가 같지 않았다면 기동 속도는 가장 느린 보병 부대에 맞추어질 수밖에 없었을 것이다. 몽골 이전의 다른 유목 민족은 평상시와 마찬가지로 소·말·양·낙타 등 각종 동물을 동원해 전투에 이용했다. 그러다가 몽골 시대가 되면 말을 이용한 완전한 전문 군대가 편성되었다. 몽골 병사는 모두 동일 병종, 곧 경무장 기병이었다. 갑옷도 주로 가죽으로 만들었다. 중무장 기병에 비해 타격력은 떨어지는 반면 활동이 자유로웠다. 서구의 기사들은 30kg 이상이나 되는 갑옷을 입었다고 한다. 극단적인 예로 말에서 한 번 떨어지면 제 힘으로 일어나기도 힘들 만큼 묵직한 갑옷도 있었다. 몽골 군의 무기는 주로 가벼운 활을 이용했고, 칼은 적이 혼란에 빠졌을 때에만 빼들었다. 일반적인 전술 원칙은 우월한 기동력을 이용해 적군보다 압도적인 병력으로 집중 공격하고, 적군의 병력이 많아 이쪽이 열세에 빠질 때는 곧바로 후퇴한다. 이렇게 치고 빠지는 식의 기동전은 몽골 군의 특기였다.

넷째는 원활한 보급이다. 전투에서 중대한 문제는 보급이다. 멀리 원정을 나갈 때 가장 힘든 문제는 물·식량·무기·의류 등을 실어 나르는 것이다. 원정하는 곳이 농경지라면 약탈을 통해 현지 보급을 할 수도 있겠지만 농경지가 없는 광대한 초원으로 갈 때는 보급을 전부 본국에 의지해야 한다. 따라서 전투원 1인당 여러 명의

중아시아와 유럽의 성루를 공격하기 위해 개발한 화포를 위력이 대단했다.

보급 부대원이 필요해 부담이 이만저만한 게 아니었다. 역대 중국의 왕조가 전쟁으로 재정난에 빠져 나라가 기울게 되는 사례가 많았는데, 그 주요 원인이 바로 이 보급 문제에서 무리를 범했거나 실패했기 때문이다. 고구려를 치다가 멸망한 당 태종도 보급 문제에서 실패했다.

유목민인 몽골 군은 보급 면에서 유리했다. 동원할 수 있는 가축의 수가 많았기 때문이다. 원정할 때는 기마병 1인당 5~6마리의 말이 동원되었다. 잘 훈련된 말은 짐을 싣고 주인 뒤를 따라갔다. 여벌의 활과 화살·의류·식량을 실을 수도 있고 식량이 떨어지면 말을 잡아먹었다. 말의 가죽은 옷·갑옷·밧줄·활의 현·물주머니로 쓸 수 있고 강을 건널 때는 튜브로도 썼다. 뼈는 화살촉으로 쓰고 물이 떨어지면 말의 피를 마셨다. 최고의 속력으로 이동해야 할 때는 말을 번갈아 타고 가므로 짧은 시간 안에 먼 거리를 달려갈 수 있었다.

다섯째는 철저한 정보 활용이다. 몽골 군의 지도부는 정보를 활용할 줄 아는 슬기를 지니고 있었다. 강적 호라즘 왕국을 정복할 때는 이미 오래 전부터 적에 대한 정보를 수집했다. 이를 위해 지리에 밝은 이슬람 상인을 이용하고, 또 내부 정보에 밝은 이슬람 쪽 유력자를 포섭해 정보를 모았다.

여섯째는 최신에 무기로 무장했다는 점이다. 성을 함락시킬 때는 석노, 노포, 커다란 돌을 쏘는 투석기, 화약을 사용해 돌이나 쇳덩이를 쏘는 대포, 근접 공격 시에 이용하던 화염 방사기까지 갖추고 있었다. 여기에는 물론 많은 이슬람과 중국의 기술자가 참여했다.

일곱째는 몽골 군의 지도부가 뛰어난 전략 사상의 소유자들이었다는 점이다. 서방을 휩쓸 때도 그저 닥치는 대로 공략하면서 돌아다닌 것이 아니었다. 독일과 폴란드와 헝가리를 침략한 것은 목표인 러시아를 정복하기 위해서였다. 몽골 군은 공격 한계선을 명확히 긋고 행동했으며, 기병 작전에 적당치 않은 곳, 곧 강이나 늪지가 많은 곳은 피했다.

순순히 항복하지 않고 반항하는 지역의 성을 무참하게 짓밟고 살육을 저지르는 초토 전술을 자주 쓴 것도 일종의 계산된 전술이었다. 압도적인 인구를 갖고 있는 타국에 들어가 일정한 기병으로 떠돌며 넓은 지역을 계속 이동해야 하므로 후방에 공격력을 갖춘 적군이 나타나면 위험했기 때문이다. 그렇다고 포로로 잡아서 데리고 갈 여유도 없었기 때문에 아예 말살시킬 수밖에 없었다.

이는 또한 몽골 군에 조금이라도 반항하면 종족의 씨를 말려 버린다는 사실을 확인시켜 또 다른 적들의 기를 꺾는 심리전이기도 했다. 도시를 공격할 때는 미리 사절을 보내 항복을 권유하되, 순순히 항복하면 공물만 받고 끝냈다. 하지만 하루를 저항하면 주민의 3

분의 1을, 이틀을 저항하면 절반을, 3일 이상 저항하면 전원을 죽였다. 만약 몽골 군의 왕족이나 장군이 전사하면 성 안의 주민은 몰살당해야 했다. 다만 각종 기술자들을 포로로 삼아 활용했고, 일반 주민들은 성을 공격할 때 최전선에 화살받이로 내몰았다. 도시 밖의 농민들도 저항만 하지 않으면 죽이지 않고 약탈만 했다. 이때는 농기구나 종자는 남겨주었다. 몽골 군이 매우 잔혹한 측면이 있는 것은 사실이지만 당시의 전쟁에서 어느 군대나 대개 이에 못지않게 잔혹했다.

여덟째는 총동원 체제였다는 점이다. 몽골 군은 군대가 곧 생활의 단위였다. 군인과 주민이 따로 있었던 것이 아니라 생활 조직이 곧 군조직이었다. 따라서 그들의 건실하고 검소한 기풍은 그대로 군대의 기풍이 되었다.

칭기즈칸이 완성한 몽골 군은 바로 이러한 점 때문에 강군이 될 수 있었다.

후추는 제국주의를 키워냈다

15~17세기에 걸쳐 향신료, 곧 후추·정향(정향나무의 꽃봉오리를 말린 것, 한약재로 쓰임)·육두구·계피 따위의 향신료는 유럽에서는 없어서는 안 될 필수품이었다. 16세기의 포르투갈 인과 스페인 인, 17세기의 네덜란드 인과 영국인의 남아시아 진출의 최대의 목적은 바로 이 향신료의 획득이었다. 신대륙 아메리카와 태평양 제도의 발견 등 세계 역사를 규정지은 것이 바로 이 향신료였던 것이다.

그럼 향신료가 이토록 거대한 위력을 발휘한 까닭은 무엇일까? 그 답은 우선 중세까지만 해도 단조롭기 짝이 없었던 유럽의 음식 문화에서 찾아야 한다. 당시에 기사들이 연회를 여는 그림을 보면 금방 알 수 있다. 술잔을 빼고 나면 통째로 구운 고기 덩어리만 덩그러니 올려져 있는 큰 접시가 등장한다. 사실 당시에는 설탕이나 레몬도 없었고, 옥수수·토마토·감자도 몰랐으며, 커피나 홍차도 마찬가지였다. 이런 음식 문화에서 음식 본래 맛을 해치지 않으면서 감칠맛을 나게 해주는 향신료는 가히 혁명적인 것이었다.

16세기 초 후추를 중심으로 전 유럽에 수입되고 있던 향신료의

초라한 식탁. 17세기 초의 판화에 그려진 중류층의 식사 모습. 음식 수도 적거니와 전혀 푸짐하게 보이지 않는다.

약 73%는 독일·영국·네덜란드를 비롯한 북부 유럽에서 소비되었다. 이 지방의 식생활은 소금에 절인 육류와 어류, 각종 새고기가 중심이었다. 목축을 중심으로 하는 농업과 모직물 공업에 의존하는 그들의 생활에서 소와 양에게 먹일 건초는 일정량을 보관해 두어야만 했다. 그런데 요즘처럼 사일로(풀이 없는 겨울철에 대비해 사료를 위생적인 상태로 저장하기 위한 창고)가 없었을 때 사료용 풀을 겨우내 저장하기란 매우 힘든 일이었다. 게다가 이 지방의 겨울은 유난히 길었다. 따라서 가을에서 겨울로 들어서면 소나 양을 대부분 죽여서 사료의 부족에 대비했다. 가죽이나 털은 각각 용도에 맞게 쓸 수 있었고 고기는 소금에 절여서 보존하는 수밖에 없었다. 또 각종 생선과 새고기 종류를 보존할 때도 소금이 쓰였다.

하지만 어느 음식이나 소금을 잔뜩 뿌린다 해도 시간이 지나면 냄새가 고약해지기 마련이다. 동물성 지방이나 올리브유를 곁들여 먹지만 그래도 역겨운 냄새를 없앨 수는 없었다. 식품을 덜 상하게 하고 또한 식욕을 돋우는 매운 맛과 향기, 특이한 맛이 있는 것, 그리고 소금에 절인 육류와 궁합이 잘 맞는 양념이 꼭 필요했다. 이것이 바로 향신료였다. 향신료를 뿌림으로써 소금에 절인 각종 고기류의 부패를 늦추고 맛을 살려낼 수 있었다.

그리고 당시에는 요즘 사람들이 상상하지 못할 정도로 여러 가지 돌림병이 심했다. 천연두·흑사병·콜레라·장티푸스 따위가 도시와 농촌에 퍼져 수많은 사람들이 죽었다. 중세로부터 근세 초기에 걸쳐서 이 악질 돌림병은 사악한 바람이 가져오는 것이라 믿고 있었다. 이 사악한 바람은 악취이므로 이것을 퇴치하는 것은 아주 맵고 자극적인 강력한 냄새라고 여겼다. 따라서 돌림병 예방제로서 가장 효과가 좋은 것이 후추라고 믿었다. 마을에 돌림병이 돌면 마을 전체에 후춧가루를 뿌리고 주요 장소에 후추를 쌓아 불태웠다.

또한 육두구는 커피와 코코아가 보급되기 전까지만 해도 향미를 주는 유일한 향신료였다. 특히 케이크나 음료에 없어서는 안 되었다. 그리고 정향은 최음 작용이 있다고 믿어졌으며 정력제로 알려져, 유럽 인의 식생활에서 가장 소중한 향신료가 되었다. 사실 네 가지 대표적인 향신료는 한결같이 정력제로 알려져 있었다. 예나 지금이나 사람들은 정력제에 '정력적으로' 집착하는 모양이다.

사정이 이러하니 향신료는 사치품을 벗어나 필수품이 되었다. 그런데 후추는 인도나 수마트라나 자바에서 나고, 계피는 스리랑카에서 났다. 그리고 가장 이윤이 많은 향신료인 정향과 육두구는 인도네시아에서도 가장 오지에 속하는 몰카와 반다라는 작은 섬에서만 났다. 때문에 포르투갈과 스페인이 동남아시아 구석에까지 총과 대포를 들고 쳐들어왔던 것이다. 비싼 은을 주고 향신료를 구입하기보다는 군사력의 행사가 더욱 매혹적으로 비쳐졌기 때문이다. 요즘이야 흔하게 구할 수 있는 향신료지만, 이 양념이 유럽의 여러 나라를 잔인한 제국주의로 이끈 길잡이 역할을 했다.

민주주의는 전쟁이 가져다주었다

유명한 페르시아 전쟁에서 강대국 페르시아 대군을 무찌른 아테네 군대의 중추는 바로 중장 보병이었다. 중장 보병이란 갑옷과 투구, 창과 방패 따위로 무장한 병사를 말하는데, 현대 군대와는 달리 그리스의 병사는 이러한 장비를 자기 돈으로 마련해야 했다. 당시 무기로 쓰이던 청동기 제품은 매우 고가품이었기 때문에 농민 병사들이 무기를 마련한다는 것은 수월한 일이 아니었다. 그래서 당시 청동기 무기들은 곧 신분의 상징이요 명예를 상징하는 것이었다. 그렇다면 중장 보병들이 어떤 방식으로 싸웠는지부터 보자.

고대의 전쟁은 중장 보병들의 밀집 대형끼리 충돌하는 식으로 이루어졌다. 보통 8열 종대로 나란히 선 밀집 대형을 흔히 '팔랑크스'라 하는데, 시위 진압에 나서는 우리나라 전경들의 대열을 연상하면 이해하기 쉬울 것이다. 밀집 대형은 방패를 들고 싸워야 하는 데서 생긴 필연적인 전술이었다. 왼손에 방패를 들고 오른손에 창이나 검을 쥐고 있으므로 왼쪽의 방비가 허술했다. 이 약점을 서로 뭉침으로써 해결했다. 왼손에 방패를 든 병사들이 서로 어깨를 붙이고 서면 방패들로 이루어진 일종의 벽이 생긴다. 이 방패 벽 뒤에 몸

중장 보병의 전투 장면. 병사들의 보조를 맞추기 위해서 한 사람이 피리를 불고 있다.

을 가린 채 양쪽이 충돌한다. 밀집 대형은 흔히 오른쪽으로 기울어서 전진하기 마련이었는데, 이는 방패를 왼손에 든 병사들이 무의식중에 오른쪽 병사의 방패 뒤에 제 몸을 가리려고 바싹 다가섰기 때문이다.

이 충돌에서는 대열이 어지러워지거나 끊기는 쪽이 패하게 된다. 대열이 풀리면 상대방의 날랜 경장 보병이나 기병이 달려들어 공격할 수 있는 여지를 주기 때문이다. 무거운 장비를 지니고 있으므로 도망가는 속도가 느릴 수밖에 없었고, 경장 보병이나 기병의 추적을 피하기가 쉽지 않았다. 따라서 말 그대로 '뭉치면 살고 흩어지면 죽는' 전술이었다. 이 밀집 대형 전투는 개개 병사들의 무술보다는 집단의 단결력과 통일된 행동이 중요했다.

이 충돌에서는 당연히 맨 앞에 서는 병사가 가장 불리했다. 코앞에는 적병이 있고 그의 등 뒤에는 일곱 명의 아군이 밀어대기 때문이다. 각 병사는 충돌하는 순간, 방패들 사이에 생기는 틈 사이로 창을 찔러 넣어 적의 목이나 옆구리, 또는 넓적다리 따위의 갑옷의 보호에서 벗어난 부위를 노렸다. 서로 충돌하고 밀쳐대면 공간이 거의 없으므로 검은 쓸 수 없고 단지 창을 쓸 수 있었다. 그러다가 마침내 방패 사이로 틈을 비집고 들어가서 적병의 대열이 어지러워지면 검을 뽑아 다리 따위를 공격했다.

이러한 중장 보병은 아테네 민주주의의 중심이었다. 저 유명한 솔론의 개혁은 시민을 재산의 크기에 따라 4계급으로 나누었다. 제1계급과 제2계급 시민은 군장비와 군비를 스스로 부담하는 기병이고, 제3계급은 군장비와 군비를 스스로 부담하는 보병이다. 다만 말을 준비하지 않아도 되므로 경제적으로 부담이 적었다. 제4계급은 경무장 보병이나 함대의 승무원으로서 가장 가난한 시민들로 구성되었다. 여기서 제3계급이 팔랑크스를 꾸리는 중장 보병으로서 숫자가 가장 많았다.

제1계급과 제2계급의 귀족들이 시민들의 민주주의에 대한 요구에 양보할 수밖에 없었던 것은 중장 보병 없이 아테네의 안보와 번영도 있을 수 없었기 때문이다.

더구나 결정적으로 페르시아를 무찌른 살라미스 해전의 승리는 아테네의 민주정을 더욱 발전시켰다. 이 해전의 결과 무기를 자기 돈으로 살 수 없는 가난한 자들도 정치적 발언권을 강화할 수 있었다. 왜냐하면 군함의 노를 젓는 데는 따로 값비싼 장비를 마련할 필요가 없었으므로 돈 없는 무산자들이 대거 해전에 참가했던 것이다. 아테네는 이 무산자들의 협력 덕분에 페르시아를 이길 수 있었

솔론   페리클레스

고, 이로 인해 무산자들의 정치적 발언권과 사기는 높아졌다. 특히 아테네가 해군 중심의 강국이 되면서 제4계급의 군사적 중요성은 더욱 커졌다.

이리하여 페르시아 전쟁 결과 아테네 시민이면 누구나 참여할 수 있는 민회가 최고 의결 기관이 되었다. 아테네의 민주정을 완성한 페리클레스는 바로 이 제3계급과 제4계급에 속하는 자들의 지지를 기반으로 권력을 잡을 수 있었다. 페리클레스라는 뛰어난 지도자와 각종 전투에서 결정적인 역할을 하던 중장 보병이 손을 잡음으로써 아테네의 민주주의가 꽃필 수 있었다.

홍수가 심할수록 세금도 많아진다

자연 현상인 홍수에 대해 메소포타미아와 이집트에서는 그 이미지가 정반대였다. 메소포타미아에서는 구약 성경의 '노아의 방주' 이야기에서 보듯이 신이 내리는 벌로서 두려움의 대상이었던 반면, 이집트에서는 '이집트는 나일의 선물'이라는 헤로도토스의 말처럼 풍작을 보증해주는 신의 은총으로 받아들여졌다.

인류 문명의 발상지인 오리엔트의 두 지역에서 왜 이렇게 홍수에 대한 관념이 달랐을까? 홍수에 대한 견해 차이는 두 고대 문명의 특징을 의외로 잘 드러내준다.

알다시피 고대 이집트 인들이 문명을 꽃피울 수 있었던 것은 나일 강 연안의 농경지 덕분이었다. 정기적으로 해마다 일어나는 홍수 덕분에 농민들은 비료 한 줌 뿌리지 않고도 풍작을 거둘 수 있었다. 다시 말하면 홍수 때 범람하는 강물이 풍부한 영양분을 농지에 제공해주었다. 따라서 나일 강이 범람하지 않는 해는 기근이 드는 해였으며, 고대 이집트 정부는 강물이 많이 불어날수록 그 해의 세금액을 늘려 잡았다고 할 만큼 홍수는 풍작에 없어서는 안 되는 결정적 요소였다. 고대의 비문에는 다음과 같이 기록되어 있다. "제셀

흐름을 멈춘 듯 보이는 나일 강. 강변에 펼쳐진 푸르른 농경지와 황량한 사막 지대가 매우 대조적이다.

(호렘헤브 왕으로 추정되지만 확인할 수 없음) 왕 치세 시절에 7년 동안이나 나일 강이 범람하지 않아 큰 기근을 겪었다." 그리하여 고대 이집트 인은 나일 강을 '하피' 신으로 받들었을 뿐만 아니라 많은 나일 찬가를 지어 불렀으며, 범람이 시작되는 때를 한 해의 시작으로 여겼다.

나일 강의 길이는 장장 6천5백km로, 미시시피 강에 이어 세계에서 두 번째로 길다. 이집트의 농경 지대에 홍수로 강물이 범람하는 시기는 해마다 7월쯤인데, 이 강물은 아프리카 오지에서 그 두 달 전, 곧 5월쯤에 내리는 열대성 호우에서 비롯된다. 상류에서 불어난 물이 하류까지 오는 데 두 달이 걸릴 만큼 그 흐름이 완만했기 때문에 그다지 파괴적이지 않았다. 더구나 홍수는 나일 강 원류 지점에서 겪는 것이고, 정작 이집트 고대 문명이 발달한 나일 강 하류 지역에서는 비 한 방울 내리지 않는 화창한 날씨 아래 다만 강물만이 차츰 불어나 범람하는 것이었다. 덕분에 이집트 인들은 나일 강의 범람을 풍작을 도와주는 축복으로 받아들일 수 있었다.

1970년에 완공된 나일 강의 아스완 하이 댐은 한때 현대 문명의 승리로서 찬사를 받았다. 물론 댐의 완공으로 용수 공급과 전력 생산을 비롯해 수많은 이익을 가져다주었으나 적지 않은 부작용도 낳았다. 비료 한 줌 뿌리지 않았던 농경지가 지력이 현저히 떨어져 이제는 해마다 1백만t의 인공 비료를 뿌려야 하기 때문이다. 가난한 이집트 농민에게 이것은 예사 문제가 아니었다. 홍수가 공급해주던 4천만t의 침적토가 1백만t의 비료로는 결코 대체될 수 없기 때문이다. 게다가 댐으로 인해 강물의 흐름이 느려지고 수량도 줄어들어 수중 생태계에 각종 악영향을 끼쳤으며, 댐으로 생긴 나세르 호 때문에 기후가 변해 여러 가지 문제가 발생하고 있다.

나일 강이 해마다 주던 범람이라는 선물을 거부하는 격인 아스완 하이 댐의 악영향은 우리가 생각하는 '발전'이란 과연 무엇인지 곰곰이 생각하게 만든다.

에덴 동산을 휩쓴 홍수

 그렇다면 왜 메소포타미아 지역에서는 홍수가 재앙 그 자체였을까? 이집트에서 홍수가 그 지형적 특질 때문에 선물로 생각되었듯이 메소포타미아 또한 그 지형적 특성 때문에 재앙이 되었다.
 메소포타미아는 본래 그리스 어로서 '강 사이의 땅'이라는 뜻이며, 말 그대로 아르메니아의 산악 지대에서 흘러 내려오는 티그리스 강과 유프라테스 강 사이에 있다. 이 지역에는 다양한 홍수 설화가 내려오고 있다. 대개는 성경에 나오는 노아의 방주 이야기와 매우 비슷한데 성경의 노아의 방주 설화가 생겨난 지역도 바로 이곳이다. 가나안 지역으로 이주하기 전에 메소포타미아 지방에 살았던 히브리 인이 메소포타미아 지방의 홍수 설화를 가져갔던 것이다.
 무서운 홍수의 주범은 유프라테스 강보다는 티그리스 강이었다. 유프라테스 강이 2천8백km인데 비해 티그리스 강은 1천8백km다. 이에 따라 흐름이 비교적 완만한 유프라테스 강보다는 티그리스 강이 더욱 난폭했다. 티그리스라는 말도 본래 '급류'를 뜻한다. 티그리스 강은 조수 차가 매우 커서 하루 사이에 4m나 오르내리기도 했다. 티그리스 강의 수량은 4월에 최고에 이르며, 최저 수량과 최고

노아의 방주를 그린 목판화(1483년 제작)

수량의 차이가 무려 10배나 되었다. 그만큼 이 강은 폭우가 내리기만 하면 한없이 난폭해졌다.

 티그리스 강과 유프라테스 강의 풍경은 상류와 하류가 사뭇 다르다. 상류는 물살이 빠른 계곡을 이루다가 하류에서는 드넓은 평야를 이룬다. 따라서 상류에서 난폭하게 흐르던 강물은 평야 지대를 만나면서 금세 널리 퍼져서 주변 일대를 물 속에 잠기게 했다.

 성경의 「창세기」 7장에는 '사십 일 동안 밤낮으로 땅 위에 폭우가 쏟아졌다', '물은 차츰 불어나 하늘 높이 치솟은 산이 다 잠겼다', '물은 산들을 잠기게 하고도 열다섯 자나 더 불어났다'는 구절이 나온다. 이러한 지형에서 사십 일 동안이나 폭우가 쏟아졌다면 노아의 방주가 바다처럼 바뀐 물 위에서 몇 달을 떠돌았다는 이야기도 충분히 나올 만하다.

바벨 탑은 실재했다

요즘도 해마다 크리스마스 시즌이 되면 TV에서는 흔히 구약 성경 속의 이야기를 다룬 영화를 방영한다. 그런 영화에서는 흔히 이집트나 바빌론은 저급하고 야만적이며 퇴폐에 빠진 도시와 문화로 그려진다. 강대한 바빌로니아에 지배당하며 고난을 겪었던 이스라엘 민족으로서, 더구나 자신의 민족 신을 고집하던 이스라엘 민족으로서는 당연한 시각일 것이다. 알게 모르게 서구 기독교 문화에 영향을 받은 우리도 자연히 이스라엘의 시각에 따라 고대 문명을 보는 경향이 있는 듯하다.

하지만 당시 이집트는 물론이고 바빌로니아는 세계 최강의 국가요 최고의 문명을 자랑하는 도시였다. 당시 바빌론은 '만국 가운데서도 가장 아름답다'고 일컬어졌다. 바빌론이 이렇게 번성할 수 있었던 것은 그 지리적 위치로 말미암아 무역과 상업의 중심지로 자리잡았기 때문이다.

이 바빌론의 상징과도 같은 것이 바로 우리가 잘 아는 바벨 탑이다. 바벨 탑은 성경에 나오는 실재가 의심스러운 존재가 아니라 실제로 바빌론에 있었던 건축물이다. 그리스의 역사가 헤로도토스도

바벨 탑의 상상화

이 지역에서 한 면의 길이가 180m나 되는 거대한 탑이 세워지고 있다고 기록했다.

이 바벨 탑이 실재한 것이었다면, 바빌론 사람들은 왜 이렇게 높은 건축물을 지었을까?

메소포타미아 지역의 지형은 마땅한 천연 방패물이 없어 사방에서 적이 침입하기가 쉬웠다. 때문에 많은 유목민이 주변에서 쳐들어와 흥망이 거듭되었다. 이러한 정복민들이 만든 도시 국가에는 지구라트(바벨 탑)가 만들어졌다. 지구라트란 본래 '높은 산'이라는 뜻이다. 수메르 인은 이 지방에 오기 전에 산악 지방에서 살았기 때문에 늘 산꼭대기에서 신에게 제사를 지냈다. 그래서 평야 지대로 진출한 뒤에도 지구라트라는 인공적인 산을 만들고 거기에서 신

기원전 7~6세기쯤의 바빌론 시가의 복원도. 왼쪽에 보이는 7층의 지구라트는 마르두크 신이 깃든 곳이라 했으며, 그 높이는 약 90m에 이르렀다고 한다.

을 받들었다고 한다. 수메르 인들은 신이 산을 통해 하늘에서 땅으로 내려온다고 믿었다. 때문에 지구라트는 신전 안에 자리잡고 있었다. 이러한 '신의 문'은 아카드 어로 '바브 이르'라 했으며 여기서 '바벨'이라는 말이 생겨났다. 그리스 인은 이를 '바빌론'이라 불렀으며, 바빌론 시에 있던 메소포타미아 남쪽 지방을 '바빌로니아'라 불렀다.

성경에서는 바벨 탑이 인간의 오만불손한 행위의 상징처럼 묘사되고, 하느님은 그들의 언어를 서로 통하지 않게 해 흩어지게 했다고 되어 있다. 이 또한 당시의 번영하던 바빌론의 상황을 반영한 설화로 볼 수 있다. 곧 국제 무역으로 번성한 곳이므로 세계 각지에서 다양한 인종이 수도 바빌론으로 모여들었다. 그들은 다양한 언어를 썼을 것이 분명하므로 사람들의 말이 서로 통하지 않았다는 이야기는 이러한 실제 상황이 반영되어 있을 것이다.

　성경에 따르면 그들은 벽돌을 구워 바벨 탑을 쌓았다고 나오는데, 이 또한 근거 있는 얘기다. 티크리스 강과 유프라테스 강의 하류에 위치한 바빌로니아 지역은 석재나 목재가 귀한 반면에 두 강이 상류에서 토사를 실어 와 토사가 흔했다. 이 토사가 축적되어 생긴 충적 평야는 흙벽돌의 좋은 재료가 되어주었다. 진흙을 이겨 꼴을 만든 뒤 햇볕에 말리면 벽돌이 되었다. 그것을 불에 구워 더욱 강력한 벽돌로 만드는 방법을 터득했다. 게다가 이 지역에서는 천연 아스팔트가 나왔다. 이것이 벽돌을 쌓는 모르타르로 쓰였다. 이 지역 주민들은 이 벽돌과 아스팔트로 거대한 건물을 만들었기 때문에 메소포타미아는 흔히 '벽돌의 문화'라고 일컬어진다.

고대 올림픽 경기 방식은
지금과 크게 달랐다

고대 올림픽은 여러 면에서 현대와 달랐는데, 우선 경기 종목이 요즘과 꽤 달랐다.

먼저 달리기를 보면 요즘처럼 종목이 다양하지 않고 그저 단거리·중거리·장거리가 있었을 뿐이다. 단거리도 정해진 거리가 있는 게 아니라 단지 운동장을 이 끝에서 저 끝까지 달리는 것이었다. 현대 미터법으로 재어 보면 192m, 오늘날의 200m 달리기와 비슷하다. 그래서 이 종목을 그냥 '스타디온(운동장)'이라 부르기도 했다. '아피테(달려)!' 하고 외치는 소리에 맞추어 출발했는데, 신호가 떨어지기도 전에 먼저 뛰어나가면 심판관의 조수한테 매질을 당한다는 규정이 있었다.

하지만 곧 출발의 공정함을 꾀하기 위해 마치 요즘의 경마 경기에서처럼 출발선에 가로대를 설치하고 그 가로대가 열리면서 선수들이 동시에 달려 나가도록 하는 방법이 동원되었다고 한다.

선수들이 몇 초 만에 그 거리를 달렸는지는 알 수 없다. 사실 당시는 초를 잴 수 있는 시계도 없었거니와 기록에는 전혀 관심이 없었다. 오직 누가 1등을 하느냐가 중요했다. 따라서 금·은·동메달

올림피아의 스타디온 입구. 선수들은 이 아케이드를 지나 스타디온에 입장했다.

이라는 것도 없었다. 오직 1등만 있었다.

중거리는 경기장을 왕복하는 것이고, 장거리는 12번 왕복하는 것으로서 4,614m에 해당한다. 물론 마라톤 종목은 없었다.

요즘은 넓이뛰기·원반던지기·창던지기가 독립된 종목이지만 고대 올림픽에서는 달리기·레슬링과 더불어 5종 경기의 일부를 이루었을 뿐이다. 멀리뛰기에서 18m를 뛰었다는 것을 보면 아마도 요즘의 삼단뛰기인 것 같다. 요즘과 다른 점은 양 손에 돌이나 금속으로 만든 '도약추'를 들고 뛰었다는 것이다. 크기나 무게는 다양한데, 가벼운 것은 1.5kg, 무거운 것은 4.5kg이나 되었다. 도움닫기를 끝내고 뛰기 직전에 가슴 앞에 모았다가 뒤로 확 제치면서 착지했다고 한다. 착지할 때 멋진 자세를 취하지 못하고 쓰러져 구르거

멀리뛰기 선수들이 들고 뛰었던 '할테레스'라는 이름의 도약추

나 넘어지면 실격이었다고 하니, 요즘보다 모양새를 더 중시했던 것 같다.

원반던지기는 요즘보다 훨씬 무거운 원반을 던졌으며, 요즘처럼 왼발을 축으로 삼아 몸을 빙글빙글 돌리는 준비 자세는 없었다고 한다. 여기서도 물론 몇m를 던졌느냐보다는 누가 제일 멀리 던졌느냐가 중요했다.

창던지기도 조금 달랐다. 창은 그 무게 중심에 가죽으로 만든 고리가 달렸는데, 선수는 이 가죽 고리에 손가락 한두 개를 걸치고서 창을 던졌다. 이는 경기에서만이 아니라 전쟁이나 사냥을 할 때도 이용되는 일반적인 방식이었다. 이렇게 하면 창이 훨씬 멀리 날아간다고 한다.

레슬링은 요즘의 그레코로만 형과도 달랐다. 주로 상대방 팔을 붙들거나 몸통을 들어올려 깨끗하게 던지는 것이 특색인데, 세 번 내던지면 승부가 결정되었다. 체중에 따른 구별이 없어서 무거운 선수가 일방적으로 유리할 것 같지만 의외로 비만형 선수는 없었다. 그리스 세계에서는 비만을 추악한 것으로서 경멸했기 때문이라고 한다.

요즘은 각 종목의 점수를 합산해 5종 경기의 우승자를 결정하지만 고대에는 전혀 달랐다. 달리기 · 멀리뛰기 · 원반던지기 · 창던

기원전 6세기쯤의 항아리에 그려진 레슬링 경기 모습. 왼쪽은 심판, 항아리는 승자에게 줄 상품이다.

지기의 각 종목에서 이긴 자들이 마지막으로 레슬링을 해 우승자를 가렸다고 하는데, 상세한 사실은 전해지지 않고 있다.

권투는 링이 없고 글러브도 없었다. 주먹에 가죽 끈을 감고 싸웠으니 선수들 얼굴은 상처투성이가 될 수밖에 없었다. 또한 한 번 시작하면 승부가 날 때까지 휴식 시간도 없이 싸웠다. 여기저기 살이 찢기고 피가 나는 것은 다반사였지만 그래도 TKO라는 규칙은 없었다. 그리고 오로지 얼굴만을 때리게 되어 있었다고 하므로 발놀림이 요즘보다 더욱 중요했을 것이다.

판크라티온이란 종목이 있었는데, 말하자면 격투기 비슷한 것이었다. 따라서 경기 양상이 더욱 거칠었다. 때리고 발로 차고 던지고 조이고 꺾는 따위의 온갖 공격이 허용되나 단지 눈을 찌르거나 깨무는 것만은 금지되었다. 견디다 못해 한 손을 쳐드는 쪽이 지게 된다. 지나치게 격렬한 탓에 승리의 표시인 올리브 관을 이미 시체로

가죽끈을 감고 싸우는 권투 선수 그림이 그려진 항아리. 왼쪽 선수가 코피를 흘리고 있지만 그래도 경기는 중단되지 않았다.

변한 우승자에게 씌워준 적도 있었다.

4두 마차로 벌이는 전차 경주는 경마장 양끝의 표시판을 스물세 번 돌아야 했는데 한 번에 열 대가 출발하므로 마차에서 떨어지는 것은 곧 죽는 거나 마찬가지였다. 그러니 더없이 긴장감 넘치는 경기였다. 그래서 이 경기의 우승자는 직접 마차를 모는 경기자가 아니라 관람석에 있는 마차의 소유자에게 돌아갔다.

종목뿐만 아니라 올림픽 문화도 사뭇 달랐다.

우선 선수들은 모두 알몸으로 참가했다. 올림픽이 보리 수확이 끝나고 농한기인 더운 8월에 열렸으니 감기 걸릴 일도 없거니와, 이때는 비가 내리지 않는 건기였다. '철학의 아버지'라 일컬어지는 탈레스도 90세의 늙은 나이에 제58회 올림픽 경기를 구경하다가 더

위와 갈증으로 죽었다는 일화가 전해지고 있다. 본래는 허리에 옷을 걸치고 경기를 했다는 설이 있다. 어느 선수가 한창 달리다가 허리에 걸쳤던 옷이 흘러내리자 그는 옷이 벗겨진 것을 무시하고 그냥 달려서 우승까지 했다고 한다. 그 이후로 너도 나도 옷을 벗고 경기에 나섰다고 하는데, 이는 후세에 만든 이야기인 듯하다.

또한 선수나 관람객은 오직 '그리스 시민'이어야 했다. 다시 말하면 이민족이나 노예는 참가 자격이 없었으며, 여자도 안 되었다. 여자는 시민이 아니었다. 다만 처녀만은 관람할 수 있었다. 그리고 여신관 한 사람도 지정 좌석에서 구경할 수 있었다. 그리스 세계에서 여성의 사회적 지위를 보여주는 본보기라 하겠다.

그런데 한 부인이 코치로 변장하고서 아들이 소년 경기에 출전하는 모습을 구경하다가 발각된 사례가 있었다고 한다. 그 부인은 아들이 우승하자 너무 감격스러워 아들에게 달려가려고 다리를 쳐들고 코치 석 담을 넘다가 여자라는 것이 들통났다. 그 시대에는 속옷을 입지 않았다. 고대 올림픽에서는 모든 선수가 알몸으로 참가해야 했는데, 이 사건 이후로 구경꾼들도 알몸으로 참가하게 했다는 설이 있다. 본래 몰래 구경하다 들킨 여인은 튜파이온 산의 낭떠러지에서 떨어뜨리게 되어 있었지만, 이 부인만은 주의를 받는 것에 그쳤다고 한다. 그 부인의 친정아버지가 올림픽 권투 우승자인 데다가 오빠 세 명도 5종 경기와 판크라티온에서 세 번이나 우승했고, 이번에 아들까지 우승을 했으니 이만저만한 스포츠 명문이 아니었다. 덕분에 목숨을 건질 수 있었다.

3백 년 전에 겪은 주식 폭락과
거품 경제의 붕괴

다니엘 디포가 『요크의 선원 로빈슨 크루소의 생애와 이상하고 놀라운 모험』, 곧 『로빈슨 크루소』를 발표한 것은 1719년이고, 스위프트가 『걸리버 여행기』를 발표한 것은 1726년이었다. 두 작품 모두 출간되자마자 큰 인기를 모았다. 『로빈슨 크루소』는 줄거리도 단조롭고 구성도 평이했지만 출간되기 무섭게 작가 스스로도 놀랄 만큼 큰 인기를 끌었고 속편까지 나왔다.

두 작품의 주인공 걸리버와 로빈슨 크루소는 선원이다. 그리고 뱃길을 잃고 표류하는 것도 마찬가지다. 특히 로빈슨 크루소는 무역선을 타고 기니아로 가던 도중 서인도에서 좌초되어 홀로 무인도에 표류한다. 그는 식인종 포로 프라이데이를 구출해 하인으로 삼고, 영국 반란선의 선장을 구출해 고국으로 돌아온다.

베스트셀러는 그 시대를 반영한다고 한다. 18세기 초에 성공을 거둔 이 두 작품 또한 당시의 사회상을 반영한 것이었다. 그 당시 영국인들은 머나먼 미지의 세계인 아시아 나라들에 대한 동경과 기대로 크게 들떠 있었다. 당시 성업 중이던 동인도 회사는 무역을 통해 이익을 올려 주주에게 배당금을 지급했고, 또 어떤 자는 인도에서 큰 돈을 벌어 벼락부자가 되어 영국에 나타났다. 이런 분위기는 영국인들에게 부에 대한 꿈과 해외에 대한 동경심을 부추겼다. 위의 두 작품이 성공한 것은 그런 사회 분위기와 맞아떨어졌다는 것도 한 요인이었다.

이러한 분위기를 가장 극적으로 나타내는 것은 주식 투기의 성행이었다. 흔히 주식 시장을 '자본주의의 꽃'이라 하지만, 이미 3백 년 전에도 주식 투기와 공황이 있었다. 이때 불어닥친 주식 투기의 대상은 산업 자본주의가 아니라 상업과 무역업이었다. 당시의 제조 산업은 아직 초기 단계에 머물러 있었다.

이리하여 18세기 초, 영국에서는 해외 무역과 상업을 하는 각종 회사가 여기저기에 설립되었다. 물론 각종 발명을 기반으로 한 건실한 회사도 있었지만 부실한 계획을 내세우는 사기성 짙은 회사들도 많았다.

'40년 전 침몰한 배에서 금을 건져 올리는 회사', '해적에 대항하는 배를 건조하는 회사', '하인으로 인한 피해를 보상해주는 보험 회사', '납을 은으로 바꾸는 회사', '이혼 보험 회사', '20만 파운드로 영국 전국의 필요한 집을 곧바로 빈집으로 만들어주는 회사', 심지어 '거대한 이익을 내는 사업을 할 계획이지만 상세한 사항은 누구에게도 밝힐 수 없는 회사'까지 출현했고, 그 대부분이 충분하게 주주를 모았다. 건실하건 부실하건 신생 회사들의 주식까지도 큰 인기를 모았을 만큼 당시 주식에 대한 열기는 뜨거웠다.

실제로 토지가 아니라 주식과 채권을 소유함으로써 방대한 불로소득을 얻고 젠틀맨처럼 생활하는 '스톡(채권·주식) 젠틀맨'이 광

런던에 있던 영국 동인도 회사 사옥

범위하게 나타났다. 그러자 일반 시민 젠틀맨·인텔리·여배우·매춘부·하인·모든 종류의 협잡꾼이 주식 투기에 열중했다. 이들은 대개 주식이 무엇인지 잘 이해하고 있지 못하면서도 주식 매입에 열중했다. 어떤 지주는 조상 대대로 물려받은 토지를 팔아 주식을 사들이고, 땅이 없는 자들은 여기저기서 빚을 끌어다가 주식을 샀다. 따라서 주식 가격은 하늘 높은 줄 모르고 뛰어오를 수밖에 없었다. 당시 런던에 2천 개 이상이나 있었던 커피숍은 온갖 주식 투자 정보와 소문들이 들고 나는 곳이었다.

이러한 주식 투기 붐의 절정은 '남해 회사(South Sea Co.)'가 벌인 사기 사건이었다. 이 남해 회사를 계획한 사람은 『로빈슨 크루소』의 저자 다니엘 디포라는 설이 유력하다. 디포는 로빈슨 크루소가 표류한 남미 해안의 섬과 무역하는 회사를 창설하려고 마음먹었다. 실제로 남해 회사는 원래 남미에 아프리카의 흑인을 노예로 팔려는 목적 아래 설립되었다. 하지만 기대하던 수익을 올리지 못했다. 그러자 남해 회사는 영국 정부가 전쟁 수행을 위해 발행하던 막대한 양의 국채를 인수하고, 그 액수만큼 주식을 발행했다. 이때 남해 회사는 주가 상승을 꾀해 막대한 이익을 거두어들였다. 그리고 투자자들에게 투자액의 2.5배를 빌려주는 방법까지 동원해 주가 상승을 부추겼다.

남해 회사가 국채를 인수하는 데다가 이 회사의 총재로 국왕 제임스 1세가 취임하자 회사에 대한 신뢰감이 두터워져 투자는 열기를 더해갔고 주가는 천정부지로 뛰어올랐다. 1720년 1월에 128파운드 하던 주식이 단 6개월 만에 1,050파운드로 뛰어올랐다. 제임스 1세도 주식을 2만 파운드어치 샀다가 곧 10만6천5백 파운드에 팔아 8만6천 파운드를 벌어들였다. 참고로 당시 하녀의 연봉이 20파운드 안팎이었고, 하녀 한 사람을 고용하는 집의 연수입이 2백 파운드였다. 이러니 누구라도 고리대 빚이라도 내서라도 주식 투기에 뛰어들고 싶어 했다.

하지만 어느 누구도 남해 회사의 영업 실적을 조사해보려고 하지 않았다. 해외 무역에 대한 인식은 이상하리만큼 낙관적이었다. 하지만 남해 회사는 주가가 치솟는 동안에도 무역에서 별로 이익을 내지 못하고 있었다. 그런 상태에서 주가가 급락하고 주식 시장이 붕괴하기 시작했다. 8월 17일에 9백 파운드였던 남해 회사 주가도 겨우 40일 만에 190파운드로 폭락했다. 그리하여 당시 신문에는 파산 기사와 자살 기사가 넘쳐났다. 중고품 거래 시장에는 귀족들의 귀금속이나 옷들이 대량으로 흘러나오고, 곱게 자란 귀족의 딸들도 일자리를 찾아 나섰다. 스톡 젠틀맨들이 바캉스로 즐겨찾던 베스의 숙소는 텅 비게 되어, 여름철 성수기에도 겨울철 숙박 요금으로 묵을 수 있었다고 한다.

　1720년의 주식 시장 붕괴로 인한 공황은 전 유럽에 영향을 미칠 만큼 심각했다. 영국이 19세기 말까지도 특정 예외를 빼고는 '물거품 방지법'을 통해 주식회사 설립을 금지한 것을 보더라도 그 상처의 심각함을 알 수 있다.

왕권의 상징 — 정(鼎)

유비(劉備)·조조(曹操)·손권(孫權)이 중원 대륙을 삼분한 것과 같은 상태를 '정립(鼎立)'이라고 한다. '정립'의 '정'은 다리가 셋 달린 솥을 말하는데, 다리가 셋인지라 어느 하나라도 부러지면 균형을 잃고 쓰러지게 마련이다. 이처럼 삼국 정립이란 세 나라 가운데 어느 한 나라도 결정적인 우위나 열세에 있지 않고 서로 견제하는 상태를 말한다.

고대 중국의 유물에는 청동으로 만든 정이 많이 발견되었는데, 그 중에는 무게가 무려 875kg이나 되는 것까지 있을 정도로 대개 매우 큰 솥이었다. 얼마나 크고 무거운지 이 정을 발견한 도굴꾼도 옮기지 못했다고 하며, 일본 제국주의 군대에 침략당해 피난 갈 때도 도저히 들고 가지 못하고 땅에 묻었다가 뒷날 다시 파냈을 정도였다. 사마천(司馬遷)의 『사기(史記)』에서도 천하장사로 유명한 항우를 가리켜 '힘은 충분히 정을 들어올린다'고 했을 만큼 고대 중국에서 정은 무거운 물건의 대명사였다.

그런데 재미있는 것은 정이 옥새와 같이 왕권의 중요한 상징물이었다는 점이다. 어찌해서 솥이 왕권의 상징물이 되었을까? 이 문제는 은나라의 신권 정치와 밀접한 관계가 있다.

정 가운데는 이렇게 다리가 넷 달린 것도 있다. 여기에 그려진 인면상은 은나라 이전에 인간을 희생으로 바쳤던 관습이 있음을 보여주는 것이라 해석하는 학자도 있다.

은나라는 왕이 천신에게 제사를 지내고 신의 뜻을 받아서 정치를 하는 제정일치 사회였다. 신탁은 가장 높은 신인 제(帝)와 왕실의 주요 조상신이 내렸는데, 그들 신에 대한 제사는 매우 엄숙하고 규칙적이며 바르게 행해졌다. 이 제사에서 쓰이는 음식물은 신성한 것으로 간주되어 제사가 끝나면 씨족 구성원들이 나누어 먹음으로써 씨족 전체가 신의 가호를 받는다고 믿었다. 따라서 그 음식물을 담는 그릇도 특별한 것이어야 했기 때문에 당시로서는 귀하고 값이 비싼 청동기가 쓰였다. 정은 본래 고기를 삶는 조리 기구였는데, 차츰 실용적인 쓰임새를 떠나 신을 모실 때 쓰는 의식용 도구가 되었다. 제사 때는 반드시 살아 있는 제물을 바쳤으며, 아마도 정은 그

것을 삶는 데 쓰였을 것이다.

고대 중국에서 왕의 가장 중요한 의무가 제사였고, 그 제사는 곧 왕의 권위를 드러내는 행사였던 만큼 이때 쓰이는 제기인 정은 충분히 임금의 권위를 나타내는 기물이 될 만했다. 고대 중국에서 정이 왕권의 중요한 상징이었다는 것을 보여주는 두 가지 설화가 있다.

춘추전국 시대에 남방에 있던 초나라는 주나라를 능가하는 힘을 키우게 되었다. 이 힘을 믿고 주나라를 넘보게 된 초왕은 주의 사신에게 주 왕실에 놓여 있는 정의 크기와 무게를 물어보았다. 이 물음은 곧 자기가 주를 대신해 천하를 다스리게 될 것임을 은연중에 내비친 중대한 발언이었다. 이에 주의 사신은 정의 크기와 무게는 그것을 가진 자의 덕에 따라 결정되는 것이지 정 그 자체에 달린 것은 아니며, 주나라가 하늘로부터 부여받은 천하를 다스리라는 천명이 바뀌지 않은 이상 정의 무게를 다른 사람이 묻는 것은 허용할 수 없다고 잘라 말해 초나라 왕의 무례함을 물리쳤다. 이 '정의 경중을 물음'이라는 고사는 뒷날 타인의 실력을 의심하고 자신이 그 사람을 대신하려 하는 것을 비유할 때 쓰이게 되었다. 이렇듯 정은 왕권의 상징으로 인식되는 중요한 도구였다.

또한 중국 최초로 통일 제국을 세운 진시황은 사수(泗水)라는 강에 주나라 천자의 상징인 보정(寶鼎)이 가라앉아 있다는 말을 듣고 부하 1천 명을 잠수시켜 찾게 했으나 끝내 발견하지 못했다는 기록도 남아 있다. 5백 년에 걸친 춘추전국 시대를 끝내고 중원을 통일한 진시황은 여전히 권위를 갖고 있던 주 왕실의 상징물인 정이 탐났던 것이다.

진시황은 왜 차륜의 폭까지 통일했을까?

중국을 통일한 진시황은 백성들의 생활 구석구석까지 영향이 미치는 각종 통일 정책을 힘 있게 밀고 나갔다. 도량형 곧 길이와 부피와 무게를 재는 단위를 통일하고, 문자체를 통일했으며, 화폐와 수레바퀴의 폭을 통일했다.

문자나 도량형의 통일은 그렇다 치고, 왜 수레바퀴의 폭까지 통일했을까? 아무리 통일에 매진한 황제라지만 좀 심한 것이 아닐까?

물론 여기에는 그럴 만한 까닭이 있었다. 중국을 이야기하기 전에 잠깐 인도의 철도 이야기부터 하자. 인도에서는 예전 식민지 시절에 영국인이 수탈하기 위해 가설한 철도를 지금도 이용하고 있는데, 레일 폭이 세 종류나 되어 불편함이 이만저만이 아니라고 한다. 폭이 좁은 철로를 달리는 열차로 화물을 운송하다가 레일 폭이 다른 지방에 들어서면 짐을 내려서 다른 열차에 옮겨 실어야 하기 때문이다. 이에 소모되는 시간과 비용이 발전을 가로막고 있는 한 요인이다.

당시 중국의 상황이 인도와 비슷했다. 기차가 없었던 진나라 시대에 무슨 레일이냐고? 그러나 분명히 레일 비슷한 역할을 한 것이

전국 시대에 쓰이던 각종 화폐. 나라별 도시별로 달리 발행되어 매우 복잡했다. 진시황의 화폐 통일이 얼마나 절실했는지를 보여준다.

있었다.

진나라로 통일되기 전의 각 나라들은 의도적으로 수레바퀴의 폭을 달리했다. 당시 수레는 주로 말이 끄는 전차였는데, 전차들이 도로를 자주 왕래하다 보면 길 위에 깊은 홈이 패기 마련이었다. 이 홈에 바퀴를 넣고 달렸던 것이다. 따라서 수레바퀴의 폭을 달리하는 것은 타국의 전차가 들어오지 못하도록 하는 효과적인 국방 정책이었다.

실제로 진시황 이전에는 중국 북부 지방에서 남부 지방으로 수레를 타고 가려면 곳곳에서 바꾸어 타야만 했다. 시황제는 이런 불편함을 덜고 한 대의 수레로 전국 방방곡곡을 갈 수 있도록 조치를 취한 것이다. 이와 더불어 시황제는 '치도(馳道)'라는 도로를 만들었다. 치도는 폭이 67m, 그리고 6~7m마다 가로수를 심어놓은 훌륭한 도로였다.

따라서 이 도로와 수레바퀴 폭의 통일, 문자체·화폐·도량형의 통일로 각지의 교역이 번창하게 되고 산업과 경제가 활성화하는 데 큰 힘이 되었다. 당시 대두하던 상인 계층은 통일된 화폐와 시장을 필요로 하고, 북방의 유목 민족인 흉노의 침입은 한민족의 일치된 저항을 요구했다. 이를 위해서는 먼저 강력한 권력의 출현이 필요했다.

우리는 이 점을 보더라도 진시황의 중국 통일이 단순히 한 야심가의 성과를 떠나서 중국의 통일을 요구하고 있었던 당시의 시대적 요망에 따른 것임을 알 수 있다.

'피와 눈물'이 흐르는 가나안

상상해보자, 만약 모든 민족이 현재의 국경선을 무시하고 2천 년 전의 고향 땅을 찾겠다고 나선다면 이 세계는 과연 어떻게 될까? 전 세계의 거의 모든 민족들이 보따리를 싸야 하거니와, 몇몇 민족이나 국가는 남극이나 북극이 아니면 아예 설 자리도 없을 것이다. 그런데 유대 인이 1948년에 팔레스타인 땅에서 건국을 선포함으로써 그런 황당한 꿈을 실제로 이루었다. 실로 20세기의 기적이라고도 할 수 있는 사건이었다.

유대 인들이 꿈을 실현하면서 팔레스타인 땅에 대대로 살아오던 사람들의 수난이 시작되었다. 매스컴의 외신 부분을 가장 자주 장식하는 중동 문제가 본격화한 것이다. 고향을 잃고 자식들마저 이스라엘 군의 총탄에 잃고 울부짖는 팔레스타인 난민은 요즘도 가끔 보는 장면이다. 유대 인에게 '젖과 꿀이 흐르는 땅'인 팔레스타인은 원주민들에게 '피와 눈물이 흐르는 땅'으로 변해버렸다.

19세기 말, 팔레스타인에 유대 인의 나라를 세우자는 시온주의 운동이 등장했을 때만 해도 많은 사람들은 엉뚱한 공상이라며 비웃음을 쳤다. 정작 유대 인 중에도 이 계획에 냉담하게 반응하거나 반대하는 사람이 훨씬 많았다. 그들은 온갖 박해를 받으면서도 이미 각국의 국민으로 자리잡고 살아왔으며, 또한 팔레스타인 사람들의 땅에 민족 국가를 세운다는 것이 부당하다고 보았기 때문이다.

그렇다면 대개의 양식 있는 사람들이 납득하지 않고, 유대 인들의 다수도 동의하지 않았던 시온주의는 과연 어떻게 실현될 수 있었을까? 또한 어떻게 이스라엘은 건국 후 아랍 국가들의 공격을 물리치며 지탱해올 수 있었을까? 그 답은 간단히 말하면 팔레스타인 주변에 강력한 권력이 없었다는 점, 그리고 이 지역에 석유와 수에즈 운하가 있다는 점 때문이다.

알다시피 제1차 세계대전은 식민지 쟁탈전이었으며, 그 대상은 주로 중동 지역이었다. 이 지역은 흔히 이슬람의 지역으로 알려져 있으나 사실은 여러 종교가 평화롭게 공존해오던 곳이었다. 이슬람 교도가 월등하게 많았지만, 그 밖에 그리스 정교, 가톨릭, 유대 교 교도 등이 몇백 년 동안 독자적인 공동체를 꾸리며 살아오고 있었다.

이슬람 교도하면 흔히 배타성과 공격성이라는 이미지를 떠올리지만, 사실 이슬람 세계는 오히려 유럽보다 훨씬 종교·문화면에서 개방된 곳이다. 이슬람 국가인 오스만 제국은 이슬람 교도는 직접 통치했지만 이교도인 기독교도나 유대 교도를 '밀레트' 라는 제도를 이용해 포용했다. 이교도들은 '밀레트' 라는 자치 공동체 속에서 고유의 종교와 법과 문화를 지키며 살았고, 오스만 제국에는 밀레트 단위로 세금만을 납부했다. 오스만 제국은 그 대가로 밀레트의 안전을 보장해주었다.

1947년 4월에 유대 인들을 가득 싣고 팔레스타인으로 건너간 테오도르 헤르츨 호

이 오스만 제국이 기울어 빈사 상태에 빠지자 서구 제국주의 열강이 제국의 영토에 군침을 흘리며 달려들었다. 오스만 제국의 영토를 식민지로 차지하고자 제국주의 열강들끼리 싸운 것이 바로 제1차 세계대전이다.

이스라엘의 건국이 가능했던 것도 바로 중동 지역을 차지하고자 하는 제국주의 열강의 탐욕 때문이었다. 특히 '해가 지지 않는 제국' 영국은 1917년의 밸푸어 선언을 통해 유대 인 국가 건설을 지지함으로써 이스라엘 건국의 일등공신이 되었다.

애초에 영국 정부는 시온주의자의 청원에 대해 아프리카의 우간다에 있는 3,750㎢의 비거주 지역을 제의한 바 있었다. 우간다 국민들이 들으면 깜짝 놀랄 일이지만, 어쨌든 이스라엘이 아프리카의 우간다에 건국되었을 수도 있었다. 하지만 시온주의자들은 팔레스타인만을 고집했다.

그럼 왜 영국은 팔레스타인 땅에 유대 인의 나라를 건설할 수 있도록 도왔던 것일까?

첫 번째 이유는 식민지 인도로 가는 관문인 수에즈 운하의 안전을 보장하기 위해서 운하 옆에 '얌전한' 국가를 갖고 싶었기 때문이다. 두 번째는 중동의 석유 확보를 위해서 중동에 거점을 갖고 싶었던 것이다. 중동 각국의 국경선이 부자연스러울 만큼 직선으로 그어진 것은 이렇듯 제국주의 열강의 세력권 분할을 반영한 것이다.

그런 영국에게 팔레스타인에 나라를 세우겠다는 시온주의자들의 주장은 매력적이었다. 공상적인 이념에 머물렀던 시온주의 운동은 이렇듯 당시 세계 최강인 영국의 제국주의적 의도와 맞아떨어짐으로서 실현될 수 있었다. 심지어 시온주의 지도자들은 자신들이 영국의 이익을 보장해 주겠노라고 드러내놓고 요구하기까지 했다.

그리하여 팔레스타인 지역 인구의 10분의 1에 불과한 유대 인들이 나머지 10분의 9에 해당하는 원주민들을 다스리는 유대 인의 영토가 생겨났다. 하지만 유럽 문화를 간직한 채 이주한 유대 인과 아랍 문화를 지키는 팔레스타인 사람들이 제대로 융화를 이루며 산다는 것은 애초부터 무리였다. 경제 기반과 고유 문화가 뿌리부터 흔들리게 된 팔레스타인 사람들이 격렬하게 항의하고 나선 것은 필연이었다. 이에 영국은 아예 유대 인 영토와 팔레스타인 인 영토를 분리하자고 제안하기에 이른다. 그리하여 시리아·팔레스타인 지역에서 가장 비옥한 지역이 유대 인에게 주어졌는데, 그 중에는 유대 인이 거의 살지 않는 땅까지 대거 포함되었다. 이로써 20세기의 비극인 팔레스타인 난민 문제가 발생하기에 이르렀다.

나치의 유대 인 몰살 정책도 이스라엘의 건국을 도왔다. 앞서 말했듯이 유대 인들 중에서도 시온주의자는 소수파였지만 나치의 박해를 겪으면서 다수파로 성장할 수 있었다. 또한 나치의 박해를 통해 유대 인에게 한없이 동정적으로 돌아선 세계 여론이 유럽 제국이나 미국의 친 이스라엘 정책에 힘을 실어주었다. 유대 인에 대한 동정적인 세계 여론 속에서 팔레스타인 사람들의 고난은 무시되었다.

제2차 세계대전을 거치면서 영국을 대신해 최강국으로 떠오른 미국과 소련 또한 경쟁적으로 이스라엘의 건국을 도왔고 특히 군사 강국으로도 키워주었다. 미국과 소련 또한 중동의 자원과 비 이슬람 국가의 전략적 가치가 중요했던 것이다. 덕분에 적어도 군사 면에서 이스라엘은 다윗이 아니라 골리앗이 되어버렸다. 아랍 국가들이 완패한 1967년의 '6일 전쟁'은 소련과 미국이 제공한 강력한 군사력의 승리였다. 이스라엘의 강한 정신력과 단결력도 중요했지만, 첨단 무기가 동원되는 현대전에서 강력한 정신력이 결정적인 요인일 수는 없다.

이스라엘 건국 과정에서 드러난 시온주의 지도자들의 탁월한 외교는 어쨌든 높이 평가할 만하다. 중동 지역에 욕심을 내던 강대한 열강, 곧 영국과 미국과 소련, 심지어 나치 독일까지 상대로 교묘한 외교를 펼친 것은 이스라엘 건국의 결정적 요소였다.

다만 이 과정에서 중동의 이슬람 국가들이 입은 상처는 엄청났다. 이슬람 국가들은 서구 열강에 대한 증오로 불타올랐다. 근세 이전까지만 해도 종교와 문화에서 개방적이었던 이슬람 인들은 서구 열강에 대해 폐쇄적으로 바뀌어갔고, 유럽 인들의 선입견과 어우러져 어느 새 편협성과 공격성이라는 이미지로 우리에게 알려지게 되었다.

움직이는 도시 — 중국 정화의 대선단

명나라의 정화(鄭和)가 대선단을 이끌고 남해를 원정한 것은 잘 알려진 사실이다. 우선 그 선단의 규모에 대해서 알아보자. 배가 얼마나 컸고, 얼마나 많은 사람들이 타고 갔느냐 하는 문제는 언뜻 사소한 문제 같지만 풍부한 사실을 시사해주는 매우 중요한 문제이기 때문이다.

정화의 선단 규모는 2백여 척이고, 이 가운데 대형 선박이 63척이며, 승무원 규모는 총 2만 7천여 명이었다. 명나라의 영락제는 이러한 대선단을 총 여섯 차례에 걸쳐 인도양 세계로 파견했으며, 일곱 번째 항해는 선덕제(宣德帝) 시대에 이루어졌다.

대형 선박은 '서양 보선' 곧 '서양의 보물을 가져오는 배'라 일컬어졌으며, 63척 가운데 가장 큰 배는 길이가 약 151m, 폭이 약 61m였다. 중간급 배는 길이가 약 126m, 폭이 51m에 이르렀다. 그 중량에 대해서는 많은 추측이 있지만 전문가들은 대체로 2천5백t, 배수량은 약 3천1백t일 것이라고 주장한다. 혹자는 8천t으로 보기도 한다.

독자들은 이것이 과연 얼마나 큰 것인지 실감이 나지 않을 것이

정화의 대원정에서 활약한 '보선'의 모형. 돛이 12개나 있었다고 한다.

다. 참고로 말하자면, 정화보다 훨씬 늦게 제2차 신대륙 항해에 나선 콜럼버스는 16척의 배에 1,500명의 승무원, 그 중량은 약 200~250t이었다. 또한 포르투갈 왕이 파견한 바스코 다 가마의 함대는 총 4척에 168명이 선원으로 구성되는데, 기함 상가브리엘 호는 120t에 지나지 않았다. 또한 마젤란의 항해에 참가한 배는 총 5척에 승무원은 265명이었다.

이쯤 되면 정화의 선단이 얼마나 대단했는지 알 수 있을 것이다. 미국 7함대의 항공모함 인디펜던스 호는 상주 인구 5,300명의 '움직이는 도시'라 하지만, 정화의 선단은 말하자면 중세판 항공모함, 움직이는 국가라 할 만했다.

과연 나무로 이렇게 거대한 배를 만들 수 있을까 의심하는 사람이 많았지만 1957년, 남경(南京)의 명나라 조선소 유적지에서 길이 11m에 이르는 거대한 타봉(舵棒)이 발굴됨으로써 역사적 사실이라는 주장이 설득력을 갖게 되었다. 당시 명나라는 세계 최고의 조선 능력을 갖추고 있었다.

약 2만7천 명으로 구성된 정화의 선단은 어떻게 구성되었을까? 한 마디로 외교·교전·전투 등 다양한 기능에 대응할 수 있도록 조직되었다. 우선 고위 환관을 중심으로 한 사절단은 항해를 지휘할 뿐만 아니라 언제 일어날지 모르는 분쟁이나 전쟁처럼 중대한 사태에 대해서도 전권을 부여받았다. 이들과 함께 2만여 명의 군사를 지휘할 책임자가 2명, 고위 장교가 93명, 하급 장교가 140명이 있었다. 장교들이 이렇게 많은 것은 정화 함대가 각지에서 명나라의 위용을 과시하는 외교 의례를 중시했기 때문이다. 또한 무역을 담당하고 화물을 관리하는 실무 관료들이 있었고, 이들과 함께 통역·무역 실무가·회계관 등이 있었다.

그 밖에 조타수·서기관·의사·대장장이·목수·돛 전문가·닻 전문가·선원·천문을 읽는 음양관을 비롯해 항해에 필요한 인력들이 타고 있었다. 특히 의사는 180명이나 승선했는데, 이는 승무원 150명 당 1명꼴이었다.

한 번 항해에는 대략 2년 남짓이 걸렸다. 순풍을 기다리며 정박해 있는 날을 빼면 실제 항해 일수는 약 20개월이었다. 기착지는 멀리 인도의 캘커타, 페르시아 만 입구의 호르무즈, 아라비아 반도의 메카, 나아가 아프리카 동해안 등지였다.

정화상

중세 시절에 이렇듯 거대한 집단이 대항해에 나섰다는 것이 언뜻 무모한 것처럼 생각될지 모르나, 사실 그다지 무모한 시도는 아니었다. 이 항해는 모험에 찬 미지의 항로를 따라 간 것이 아니었기 때문이다. 동남아시아 해역은 이미 중국 상인들을 통해 개척되어 있었고 자바 같은 곳에서는 중국의 동전이 그대로 화폐로 쓰였을 정도였다. 또한 인도의 캘커타도 중국 상인들에게 익숙한 곳이었다. 원나라 시대에 캘커타와 중국 간의 항해는 오로지 중국 상인들이 도맡았다. 또한 인도양의 항해가 수월했던 것은 이미 이 해양 항로가 아라비아 상인들을 통해 오래 전부터 개척되어 있었기 때문이다. 송나라와 원나라를 거치면서 발달한 지리에 대한 지식과 항해술과 조선술의 바탕 위에서 정화의 대원정도 가능했다.

이 항해가 미지의 항로, 또는 영토를 찾아서 떠난 모험이 아니었다면 영락제는 과연 무엇을 위해서 원정대를 파견했을까? 그것은 '중화 사상'이라는 이데올로기를 바탕에 둔 명나라의 세계 질서 재편성 작업의 일환이었다. 또한 중국 주변에 명나라의 위엄을 떨치려는 영락제의 허영심도 적지 않은 영향을 미쳤다.

다만 타국과 친선하는 데는 조공 무역이라는 형식이 뒤따라야 했으므로, 사신을 접대하고 은사(恩賜)를 내리는 데 비용을 막대하게 치러야 했다. 이 비용이 너무 부담스러워 영락제의 뒤를 이은 홍희제(洪熙帝) 때부터 남해 원정을 중단했다.

서부 전선 이상 있다

제1차 세계대전은 유럽의 제국주의 국가들이 식민지·세력권·국경을 놓고 벌인 노골적인 이권 싸움이었다. 만약 이 전쟁의 승전보에 기뻐하는 사람이 있다면 그는 다음과 같은 참상을 제대로 몰랐던 것이 분명하다.

제1차 세계대전 최초의 전투인 마른 전투에서 영국군과 프랑스군은 독일군의 파리 진격을 저지하는 데 성공했지만 이 전투에서 양측은 50만 명의 사상자를 냈다.

사망자는 급속하게 늘어났다. 1914년 8월에 영국군에 입대하려는 지원자는 키가 170cm는 되어야 했다. 그러나 10월에 이르러서는 163cm로 다시 낮추어졌다. 그 달에 3만 명의 사상자가 생기자 159cm로 낮추었다. 전쟁이 일어난 뒤 첫 3개월 동안 원래의 영국 정규군은 거의 다 죽었다.

3년 동안 프랑스 전선은 사실상 교착 상태였다. 양쪽은 몇km를 전진했다가 후퇴하고 다시 전진하곤 했다. 그 과정에서 시체는 산더미처럼 쌓였다. 1916년에 독일군은 베르됭에서 적진 돌파를 시도했고, 영국군과 프랑스 군은 센 강을 따라 반격을 꾀해 몇km를 전진했

1917년 당시 독일의 포탄 제조 공장. 공장에 가득 찬 포탄이 제1차 세계대전의 소모전 성격을 웅변하는 듯하다.

으며 이 작전에서 60만 명을 잃었다. 한 번은 국왕 친위대 소속 경보병 대대가 8백 명을 이끌고 공격을 개시해 24시간 동안 싸웠는데 겨우 84명만이 살아남았다.

그런데도 영국인들은 이러한 대량 학살에 대해 거의 알지 못했다. 독일쪽도 사정은 마찬가지였다. 두 나라 국민 모두 저희 나라가 승승장구하는 줄로만 알고 있었다. 몇만 명이 피를 흘리며 죽어가는 데도 관영 소식통들은 '서부 전선 이상 없다'는 보도만 내보내고 있었다.

1916년 7월에 영국의 더글라스 헤이그 장군은 영국군 11개 사단

가스 공격으로 시력을 잃은 병사들

에게 참호에서 나와 독일 전선을 향해 전진할 것을 명령했다. 독일군 6개 사단이 기관총으로 그들을 맞이했다. 이 전투에 가담했던 11만 명 가운데 2만 명이 죽고 4만 명 이상이 부상당했다. 그런데도 헤이그 장군은 1917년 1월 1일에 육군 원수로 승진했다. 이후의 전투에서 영국군은 총 8km의 영토를 얻는 데 그쳤으나 그 대가로 총 40만 명이 희생당했다. 전쟁의 마지막 해에 독일군의 총공세로 영국군은 30만 명이 죽거나 부상당했다.

러시아도 이 전쟁에서 1백만 명의 사상자를 냈는데, 러시아 정부는 그래도 계속 전쟁 수행을 고집했다. 이러한 정부에 맞서 전쟁 반대를 주장하던 급진 혁명 세력은 민중의 마음을 사로잡을 수 있었다.

식량을 둘러싼 말과 인간의 대결

1761년, 워스레이 탄광과 맨체스터 사이에 길이 약 11㎞의 운하가 개통되었다. 이것이 영국 최초의 운하인데, 이 운하가 개통된 덕분에 맨체스터의 석탄 가격은 절반으로 떨어져 많은 공장주들의 주목을 끌었다. 이 운하가 개통되기 전에는 마차를 이용해 석탄을 날랐다. 도로 사정이 좋지 않은데다가 한 대의 마차로 실어 나를 수 있는 석탄의 양이 너무 적어 말이 많이 필요했고, 이에 따라 운송비가 비싸게 들었다.

물론 운하를 이용한 석탄선 또한 운하 양쪽에서 말을 이용해 끌었다. 하지만 운하를 오가는 석탄선은 육상의 마차에 비해 말이 훨씬 적게 필요했다. 이에 따라 영국에서는 운하 건설이 성행을 이루었고 산업 혁명에 적지 않은 공헌을 하게 된다.

당시 영국에는 약 135만 마리의 말이 있었다. 말을 사육하려면 건초나 잡곡과 같은 사료가 필요했고, 말 한 마리분의 사료를 생산하는 데 4~8에이커의 토지가 필요했다. 따라서 135만 마리분의 사료 생산에 필요한 토지는 최소한 540만 에이커인 셈이다. 540만 에이커라면 오늘날의 북아일랜드의 경작 면적이 270만 에이커이므로

강 위에 건설된 교량식 운하에 말이 끄는 석탄선이 지나가고 있다. 바람이 좋으면 돛을 펴기도 했지만 보통은 말이 끌었다.

그 두 배의 면적에 해당한다.

따라서 말의 수를 줄이는 것은 당시 식량난 해결과 직결되는 문제였다. 실제로 하드위크 작(爵)은 케임브리지 런던 정크션 운하를 건설한다면 말 1천 마리를 절약할 수 있으며, 이에 따라 8천 에이커의 토지를 다른 목적에 쓸 수 있어 빈민들의 빵 문제를 해결하는 데 일조할 수 있을 것이라고 말한 바 있다.

인간과 말 사이에 식량을 둘러싼 대립은 나폴레옹 전쟁 때 더욱 심해졌다. 전시에는 식량 수입이 힘들었을 뿐만 아니라 군마의 요청이 급증했고, 이에 따라 곡물 가격이 한없이 뛰어올랐다. 1790년대를 흔히 '운하광 시대'라고 할 만큼 운하 건설이 활발했는데, 그 이유는 바로 많은 짐을 비교적 적은 수의 말로 운반하고자 하는 절실한 요구가 있었기 때문이다. 만일 많은 운하가 없었다면 더욱 많은 수의 말이 필요했을 것이다.

이런 까닭에 운반 수단으로서 말을 대신해줄 수 있는 동력의 출현이 절실하게 요청되었다. 이 요청에 따라 등장한 것이 바로 증기 기관을 이용한 철도였다. 물론 증기 기관은 이미 탄광의 지하수를 뽑아내는 데 이용되고 있었고, 레일(초기에는 나무로 만들었다) 또한 탄광에서 석탄을 실어 나르는 데 이용되었다.

마침내 스티븐슨이 증기 기관차를 발명하여 '철마'가 레일 위를 달리게 되었지만, 초기에는 연료 소비량이 너무 많아서 채산이 맞지 않았다. 그래서 철마뿐만 아니라 레일 사이로 '진짜 말'을 달리게 해 차량을 끌게 하기도 했다. 스티븐슨이 다시 과다한 연료 소비를 줄이는 데 성공한 '로켓 호'(평균 시속 약 23㎞)를 내놓으면서 산업 혁명이 본궤도에 오르게 되었다.

노트르담의 꼽추가 종을 친 까닭

　빅토르 위고의 명작 『노트르담의 꼽추』는 지금도 수많은 영화나 만화 따위로 제작되어 사랑을 받고 있다. 잘 알다시피 집시 소녀 에스메랄다에게 지순한 사랑을 바치는 꼽추 콰지모도는 노트르담 교회의 종지기였다. 종루를 갖춘 중세의 교회에서는 대개 이러한 종지기를 고용하고 있었다. 우리 조상이 봄마다 보릿고개를 넘겨야 했듯이 중세의 유럽에서도 먹고사는 것은 힘든 일이었다. 그 각박한 세상에 종지기를 고용할 정도라면 종지기도 제법 중요한 일이었던 모양인데, 과연 종 치는 일이 그렇게 중요했을까?
　중세에 교회의 종지기는 성직자의 성무에 맞추어 대략 세 시간마다 종을 울려야 했다. 물론 그 세 시간은 얼추 세 시간이라는 뜻이고 그리 엄밀하지는 않았다. 종지기는 먼저 한밤중에 최초의 종을 울리고, 오전 3시·6시·9시·정오·오후 3시·6시·9시에 종을 울렸다. 성직자나 수도사들은 이 종소리에 맞추어 성무를 보았다. 특히 오후 3시에 종이 울리면서 시작되는 시간을 '노나'라고 했는데, 이 말이 곧 영어의 '눈(noon, 정오)' '애프터눈(afternoon, 오후)'의 어원이다.

밀레의 『만종』. 멀리 보이는 종탑에서 울려 퍼지는 은은한 종소리를 들으며 기도를 올리고 있다.

그런데 성무 시간을 구분해주던 이 종소리는 성직자들에게만 중요한 것이 아니었다. 교회는 대개 마을이나 도시의 중심에 자리잡고 있었으며, 교회 주변 주민들도 이 종소리에 맞추어 하루 일과를 진행했다. 왜냐하면 교회 종소리 말고는 시간을 알 수 있는 수단이 없었기 때문이다. 14세기에 들어서면서 유럽의 도시에서는 시청사 앞 광장에 시계가 장치되어 시간을 알려주었다. 하지만 농촌에서는 근대에 이르기까지 교회의 종소리가 시간을 알 수 있는 유일한 수단이었다.

당시 하루의 시각은 로마 이래의 관습에 따라 밤과 낮을 각각 12

등분했다. 그런데 계절에 따라 밤과 낮의 길이가 달라지므로 1각의 길이가 달라지게 된다. 위도가 높은 유럽에서는 겨울철의 1각은 매우 짧아서 30~40분 정도밖에 안 되었다. 중세 말엽, 해가 지면 등불을 밝혀놓고 작업을 하던 도시의 상인들이 시계를 이용하기 전에는 이러한 불등시(不等時) 방식이 계속되었다.

아무튼 이렇게 복잡한 시간을 정하는 일은 일반 주민이 감당할 수가 없었다. 이리하여 계절이건 1주의 시작이건, 하루의 시각이건 간에 시간 관리는 교회의 손안에 있었다.

가뜩이나 각종 소음 공해에 시달리는 요즘은 교회 스피커에서 나오는 종소리가 한낱 짜증거리에 지나지 않지만 중세에는 고마운 소리요, 주민들에 대한 교회의 중요한 봉사 행위이기도 했다. 자동차 소음도 없고 스피커도 없는 조용한 중세 마을이었기 때문에 정적 속에 울려 퍼지는 낭랑한 종소리는 반갑고도 위안이 되는 소리였다.

학생이 교수의 봉급을 결정하는 대학

　유럽에서 가장 오래되고 유명한 대학으로 11세기의 '어느 땐가'에 설립된 볼로냐 대학을 꼽는다. 언제 생겼는지 정확하게 말할 수 없는 이유는 '슬그머니' 생겼기 때문이다. 애초에 대학의 모체가 된 것은 교회에 부속된 일종의 스터디 그룹이었다. 여기에 모여든 학생들은 요즘처럼 풋풋한 청소년이 아니라 대개 어른들이었다. 왜냐하면 당시에는 주로 세속법(로마 법)과 교회법만을 학문으로 여겼기 때문에 교회나 국가의 각 부서에서 관리로 일하는 자들, 곧 부주교·학교장·성당 참사회원·공무원들이 현실적인 필요에 따라 모여들었다. 16세기에 대학 캠퍼스가 생길 때까지만 해도 정해진 건물 없이 수도원 강당 같은 곳을 빌려서 강의했다. 이 학생들의 집단이 곧 '대학'이었던 셈이다. 13세기에 발족된 유서 깊은 이탈리아의 대학들은 모두 이런 집단을 통해 성립되었다.
　볼로냐 대학은 12~13세기에 최고의 명성을 얻게 되는데, 이는 볼로냐 시의 전폭적인 지원에 힘입은 바가 크다. 막 생겨나 발전하려던 각 대학은 서로 유명한 교수를 초빙하려고 노력했다. 일례로 볼로냐 시는 한때 공공 세금 수입의 절반을 대학에 지출하기도 했다. 유명한 학자가 어디에서 강의를 한다는 소문이 나면 유럽 각국에서 학생들이 몰려들었다. 이렇게 모인 학생들이 실제 대학을 운영하는 주체가 되어, 교수 임용과 봉급까지도 결정했다.

학생들은 대개 고향이 멀고 의지할 데 없는 이방인들이었기 때문에 대학이 있는 도시에서 시민으로서 누려야 할 권리를 인정받지 못하고 있었다. 따라서 학생들은 우선 생활의 안정과 친목을 꾀하기 위해 출신 지역별로 단체(길드)를 결성해 권익을 보장받으려 했다. 볼로냐 학생들은 그들의 단체를 같은 신분의 단체란 의미에서 '우니베르시타스(유니버시티)' 라 했는데, 이 말은 본래 전체·세계·우주를 뜻하는 말이지만 이때에 이르러 학생의 조합이란 뜻을 갖게 되었다.

이 학생 단체(우니베르시타스)의 주요 목적은 우선 시민과 교수들을 상대로 권익을 지키는 것이었다. 많은 학생들이 몰려드는 것을 본 시민들이 방세를 대폭 인상하자 행동에 나선 우니베르시타스는 볼로냐 시 당국자와 교섭, 방세를 내리라고 강요했다. 그리고 우니베르시타스의 요구를 들어주지 않으면 볼로냐에서 모두 철수, 다른 도시로 가겠노라고 위협했다. 이런 식의 싸움은 그 뒤에도 여러 번 반복되었다.

이런 위협이 힘을 발휘할 수 있었던 이유는 도시나 국가의 정부에게 대학이 매우 중요했기 때문이다. 교수로 초빙된 사람들은 단순히 대학에서 강의만 한 것이 아니라 해당 도시나 국가의 정치에 깊이 관여하고 있었다. 국왕의 연설문이나 외교 문서를 작성하기도 하고, 각종 정책에 조언을 하는 참모 역할도 했다. 또한 자기 도시

14세기 독일의 대학 풍경. 강의 중에 잡담도 하고 졸기도 하는 것이 요즘 대학 풍경과 마찬가지다.

에 유명 대학이 있다는 것은 커다란 자랑이었으므로 대학이 다른 곳으로 떠난다는 것은 국가나 도시의 체면과도 관계된 일이었다.

당시의 학생이 지금과 판이하게 다르듯이 교수 또한 요즘의 교수와는 매우 달랐다. 몇몇 유명한 법학자나 신학자는 국가로부터 놀랄 만큼 많은 돈을 받고 초빙되었지만, 대개는 수입이 적고 지위도 불안정했다. 교수 채용은 시한을 정해둔 임시 고용 형태였으므로 방랑 생활을 해야만 했다. 더욱 곤란한 것은 어느 곳에서 한 번 가르친 것을 다른 곳에서 되풀이해서는 안 된다는 약속을 하게 하는 경우도 있었다. 그래서 새로운 지식을 원하는 학생들은 교수가 바뀌는 것을 대체로 환영하기 마련이었다. 수입이 불안정해서 여러 대

4장 현미경으로 보면 더욱 재미있다 297

학에 적을 두는 경우도 많았다.

　교수에 대한 학생들의 투쟁 수단은 집단적 수업 포기, 곧 '등교 거부'였다. 오늘날처럼 학교 재단과 같은 것이 전혀 없던 당시의 대학에서 교수는 우니베르시타스라는 학생 집단이 내는 수업료에 의지하고 있었기 때문에 수업 거부는 교수의 생계를 위협하는 것이었다.

　학생들의 요구 사항을 보면, '교수는 학생의 허가 없이 휴강하지 말라. 만일 시외로 나갈 필요가 있다면 학생에게 담보를 제공하라', '교수는 수업 시간을 엄수하라', '교수는 강의를 어물쩍 넘기지 말라', '어려운 문제라고 해서 얼렁뚱땅 설명하고 넘어가지 말라', '강의는 포괄적인 것이어야 한다' 등이었다. 요즘 사람들로서는 이해하기 힘든 요구 사항이다.

　당시에는 인쇄술이 발전하지 않아 문서는 모두 필사에 의존했다. 필사한 책은 값이 비싸서 좀처럼 구하기 어려웠다. 2백 쪽짜리 책을 필사하는 데 드는 시간은 숙련된 기술자라 하더라도 네다섯 달이 걸렸다. 게다가 양가죽으로 만든 양피지를 사용했기 때문에 성경 한 권을 베끼는 데 무려 660여 마리분의 양가죽이 필요했다. 따라서 당연히 책값이 비쌀 수밖에 없었다. 당시 교회에 가는 사람들 손에는 당연히 성경이 들려 있지 않았다. 목판 인쇄가 시작된 14~15세기에도 이탈리아의 도시인 파비아의 경우 가구당 연봉이 최고 50플로린인데 비해 법률 서적 한 권의 가격이 25~30플로린이었다. 그러니 12~13세기의 책값이야 더 말할 필요도 없겠다.

　이런 이유로 책을 살 수 없었던 당시의 학생들은 공부를 하려면

필사하는 수도사. 12세기까지 성경이나 신학서의 필사는 주로 수도사들이 맡아서 했다.

훌륭한 교수를 찾아가서 잘 듣고 필기를 꼼꼼하게 하는 수밖에 도리가 없었다. 교수의 자상한 설명은 요즘 우리가 상상하는 것보다 더욱 중대한 일이었다.

이러는 동안 '대학'에서 결국 따돌림을 당한 교수들도 가만히 있지는 않았다. 그들도 일찍부터 조직, 곧 콜레지아(collegia)를 만들었다. 영어 '칼리지'의 어원이 바로 이것이다. 칼리지의 원래 뜻은 '조직'이었다. 이 '조직'에 가입하기란 쉬운 일이 아니었다. 심사를 통과해야만 했기 때문인데, 교수들도 동업자의 수준을 높여야

4장 현미경으로 보면 더욱 재미있다 299

생계가 안정될 수 있었기 때문에 심사는 엄격했다. 이 심사가 곧 교수 자격의 유무를 뜻했고, 이것이 요즘 말하는 '학위'가 되었다. 이 콜레지아를 통해 교수들은 우니베르시타스를 제압할 수 있었다. 왜냐하면 학생들도 어차피 졸업하고 교수가 되거나 취직을 하려면 그 '조직'에 가입해야 하기 때문에 함부로 저항할 수가 없었다. 그렇다 하더라도 중세의 볼로냐 '대학'의 주인은 여전히 학생들이요 교수는 손님이었다.

자금성의 조공 풍경

어느 동네에서나 흔히 볼 수 있는 '중화 요리' 간판이나 비디오 대여점마다 수북이 쌓여 있는 홍콩 영화 덕분에 우리는 알게 모르게 중화라는 말에 익숙해 있다. '중화(中華)'라는 말은 중국이 세계의 중심이요 모든 것이 중국에서 비롯되어 전 세계로 퍼져나간다고 믿는 중국 한족의 민족 사상이다. 이 중화라는 말과 짝을 이루는 것이 바로 '오랑캐'라는 말인데, 한반도에 사는 우리 조상들도 저들의 눈에는 꼼짝없이 오랑캐였다. 중국인들의 생각으로는 오랑캐란 성인의 도리를 모르는 저급한 자들로서, 덕으로 교화하고 복종시켜야 할 대상이었다.

옛날부터 중국의 주변 국가들은 때때로 중국을 방문해 '중화'에 복속하고 있음을 확인해야 했는데, 이것이 곧 '조공'이었다. 본래 조공이란 제후가 예물을 가지고 직접 천자를 찾아뵈어 신하로서 예를 다하고 군신 간의 의리를 밝히는 정치적인 행사였다.

한나라 이후에는 주변 국가들에도 조공이 확대되어 천자에 대한 정례적인 조빙 사대(朝聘事大)를 요구했다. 그리하여 주변국은 중국에 대해 조공을 바치고, 중국은 주변국에 대한 답례로 하사품을

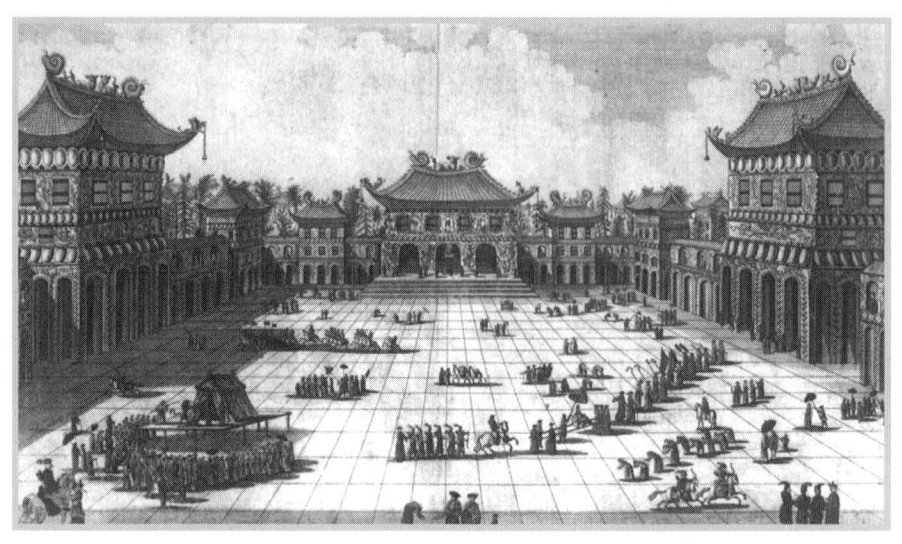
중국 주변국의 조공 사신들에게 위압감을 주었던 자금성

내렸다. 동시에 그들의 정치적 지위를 인정해주는 책봉 정책을 통해 상호 간의 정치적 관계를 유지시켜 나갔다. 비록 조공이 형식상으로는 천자국과 제후국, 곧 종주국과 속국 관계로 이루어지는 것이었지만 실제로 정치면에서 주종 관계를 형성한 것은 아니었다. 정치적 사신 왕래는 단순히 형식에 그치고 오히려 조공을 통한 문물 교류와 외국의 발달된 선진 문화를 수입하는 데 더욱 큰 비중을 두었다.

그렇다면 북경에 간 주변국들의 사신들은 어떤 행사에 어떻게 참여했는지 구체적으로 살펴보자.

때는 명나라 시대인 16세기. 북경에 들어간 조공국 사신들이 황제가 거처하는 자금성에서 5백m쯤 떨어진 옥류관, 또는 회동관이라는 숙소로 안내받아 짐을 풀고 휴식한다. 숙소에는 벌써 조선·일본·몽골 등지에서 온 조공 사절들도 자리잡고 있다. 소탈한 몽골 인들은 피리를 불며 손뼉을 치고 춤을 추어 다른 나라 사신들에게 이국의 정취를 느끼게 한다.

도착한 지 이틀째 되는 날, 중국인 통역 두 명이 숙소로 와서 배알할 때 지켜야 할 예절을 가르쳤다. 명나라에서 외국 사신은 전부 중국의 예법에 따라야 했다. 사흘째 되는 날, 사절 일행은 홍로사로 안내되어 그곳의 습례정이라는 육각형 건물 앞에서 다시 배알 예법을 연습해야 한다.

마침내 나흘째 되는 날에 궁으로 안내된다. 놀랍게도 그 시간은 새벽 3~4시쯤. 사절 일행은 통역의 안내에 따라 말을 타고서 숙소를 나선다. 춥고 어두운 거리를 지나 장안 좌문에 다다르면 말에서 내려야 한다. 그리고 승천문까지 걸어간다. 문 왼쪽에 커다란 나무 패찰이 있고 거기에는 '관리로서 거짓을 고하는 자는 참형에 처한다' 는 위압적인 글귀가 적혀 있어 그렇지 않아도 긴장하고 있는 사절 일행의 마음을 더욱 오그라들게 만든다.

일행이 승천문 동쪽 입구로 들어가면 단문이 나오고, 단문을 지나면 오문에 이른다. 오문은 자금성의 정문에 해당한다. 마침내 황제가 기거하는 자금성에 다다른 것이다. 자금성에는 높이 12m의 성벽 위에 정전을 포함해 다섯 동의 목조 건축물이 있다. 지상에서 꼭대기까지의 높이가 42m나 되어 세계 최대의 성문이라 한다. 명나라에서는 이 오문 앞 광장에서 각종 의식, 곧 달력 반포, 조칙 선고, 대정벌 뒤 개선해 포로를 헌상하는 의식 따위를 치렀다.

『만국조래도(萬國朝來圖)』의 서양 사절단
① 프랑스 사절 ② 네덜란드 사절 ③ 대서양 사절(스페인, 포르투갈 포함) ④ 영국 사절

중앙로 동쪽에 정사와 부사를 선두로 세로로 두 열을 지어 선다. 조금 뒤 궁정의 관리가 "올라오라"고 호령하면 일동은 중앙로로 올라서서 길게 늘어선다. 다음에 "앞으로 숙이시오"라고 외치면 모두 상반신을 깊숙이 굽히고, 이어서 "절하시오" 하면 일동은 머리를 숙인다. 이어서 "고두(叩頭)"라고 호령하면 그대로 길바닥에 앉아 이

마를 땅에 닿도록 절하기를 세 차례, 이어서 "일어서시오" 하면 일어선다. 이러기를 무려 다섯 차례. 관리가 "일어서시오, 식이 끝났소"라고 외치면 일행은 열을 푼다.

그 다음 왼쪽 문을 들어서면 간략한 조찬이 기다리고 있다. 통역의 안내를 받아 자리에 앉으면 술잔이 세 번 돌아온다. 그리고 다시 오문 앞으로 물러나면 "오르시오" 하는 호령에 길에 늘어서며, "무릎을 꿇으시오" 하는 호령이 떨어진다. 그리고 '고두'의 예를 세 번 반복한 뒤 오문을 빠져나간다. 다시 장안 좌문까지 걸어가 말을 타고 오전 9시쯤에 홍로사로 가서 다시 예부에 인사를 하고 숙소로 돌아간다.

이러한 조배로부터 열흘쯤 지나면, 해가 뜨기도 전에 일행은 회동관의 연회에 초대된다. 시각이 시각인 만큼 아침 식사 자리다. 오른쪽에 천자의 자리가 있고, 일동은 그 앞에 나란히 앉는다. 하지만 황제가 자금성을 나와 이 자리에 참석하지는 않는다. 황제 없이 진행되는 것이다. 예부 관리가 오면 조배 때와 마찬가지로 "허리를 숙이시오" "고개를 숙이시오" "고두" 하는 호령으로 어좌를 향해 배례를 한다. 그 뒤에 환관이 왼쪽, 예부 관리가 오른쪽에 서면 일행은 이 두 사람을 향해 네 번 배례한다. 명나라 고위 환관의 위세를 짐작할 수 있다. 다음에 환관과 예부 관리가 자리에 앉으면 일행도 따라 앉는다. 이때 각자 조화를 머리에 꽂는다. 이는 사연(賜宴) 때의 관례다. 그리고 술을 다섯 잔 마신다. 또 여흥으로 가수가 나와 춤을 추고 노래를 부른다. 이것이 끝나면 일동은 다시 극진한 인사를 하고 물러난다.

이상에서 명백히 알 수 있듯이 조공 의식은 명나라 황제 앞에서 신하로 행동하는 것이었다. 동이 트기도 전에 인적 없는 오문 앞에서 어디 있는지 알지도 못하는 황제를 향해 바닥에 앉아 절을 한다는 것은 아무리 조공 무역에 이익이 크다 하더라도 요즘의 국제 외교 관례에서 보자면 도저히 있을 수 없는 괴상한 일이다.

조선 중종 때는 특지가 내려와 오문을 지나 궁전 정문인 봉천문에서 황제가 스스로 나타나 맞이했는데, 이는 그야말로 예외 중의 예외로 보아야 할 것이다. 일반적인 조공 사절은 이처럼 오문을 넘어서는 것조차 허용되지 않았다. 사신들은 그 자리에서 꼼짝없이 명의 관리가 하는 호령에 맞추어 순한 양처럼 절을 해야만 했다.

중화 황제의 위신이 어느 정도였는지 짐작할 만하다.

보이콧으로 쫓겨난 보이콧

　영국의 서쪽에 자리한 섬나라 아일랜드. 아일랜드라고 하면 낯설게 느끼는 독자들이 있을지도 모르지만, 알고 보면 마냥 낯선 나라만은 아니다. 영화 『크라잉 게임』, 『파 앤 어웨이』, 『아버지의 이름으로』가 아일랜드를 배경으로 했을 뿐만 아니라, 『걸리버 여행기』의 작가 스위프트, 과학자 보일, 현대 문학가 제임스 조이스도 아일랜드 인이며 미국의 케네디 대통령은 아일랜드 이민 3세다. 들으면 금방 '아하!' 하고 고개를 끄덕일 아일랜드 민요는 우리 귀에도 익숙하다.
　아일랜드는 영국의 수많은 식민지 중에서도 가장 오래된 곳이다. 아일랜드는 5세기 이후 독실한 가톨릭 국가였으나, 12세기에 로마 교황이 영국 왕 헨리 2세에게 아일랜드를 넘겨준 이래 근 8백여 년 동안이나 영국의 지배 아래 있었다.
　1922년에 영국으로부터 독립했지만 섬의 북부는 여전히 식민지로 남아 있다. 그래서 영국에서 독립해 에이레(독립한 아일랜드)에 통합하고자 하는 끔찍한 테러 투쟁이 지금도 가끔 뉴스 시간을 장식하곤 한다.

영국이 청교도 혁명을 계기로 신교도 국가가 된 이후로는 신교도 국가 영국이 구교도 국가인 아일랜드를 통치하는 체제가 되고 말았다. 영국과 아일랜드의 고약한 관계는 이러한 종교 문제로 인해 더욱 악화되었다. 영국이 북아일랜드 지방에 자국의 신교도들을 계획적으로 이주시키면서 땅을 8할 이상 소유함에 따라 신교도 지주에 구교도 소작인의 관계까지 형성되어 갈등은 더욱 깊어져만 갔다. 게다가 17~18세기에 만들어진 몇몇 가톨릭 교도 형벌법은 아일랜드 인을 구조적으로 억압했다. 영국 국교도가 아니면 관리·군인·교사가 될 수 없었고, 가톨릭 교도는 땅도 살 수 없었으며, 30년 이상 소작지를 빌릴 수도 없었다. 또한 지주는 국교도하고만 결혼할 수 있었고, 국교회에서는 비국교도 소작농에게만 10분의 1세를 거둬들였다. 아일랜드의 마직물 공업이 제한되었고 가축과 양모 수출은 금지되었다. 땅을 얻지 못하면 미국·프랑스·영국 본토로 이민을 갈 수밖에 없었다.

인종 차별로 악명을 떨치던 남아프리카의 한 정치가가 아일랜드에 와서 남아프리카보다 차별이 더 심한 나라도 있다는 말을 할 만큼 영국의 아일랜드 인 억압은 가혹했다.

1830년대, 영국에는 1백만 명 이상의 아일랜드 노동자가 있었다. 어느 도시에나 노동자의 5분이 1내지 4분의 1은 아일랜드 노동자들이었다. 고국의 땅은 영국의 산업 혁명을 위한 식량 제공지로 전락하고, 거기서 쫓겨난 아일랜드 인은 영국에서 저임금 노동자로 일하며 산업 혁명을 밑받침했다.

따라서 아일랜드 인에게 영국으로부터의 독립은 생존권의 문제

19세기 말에 그려진 한 잡지의 풍자 그림. 여러 자식들(영 제국에 속한 식민지들)의 위로를 받는 어머니(빅토리아 영국 여왕). 못마땅한 표정으로 다이너마이트 가방에 총을 들고 가출하려는 자식(아일랜드)을 바라보고 있다.

요, 종교의 문제와 직결되는 것이었다. 더구나 아일랜드는 영국과 혈통도 다를 뿐만 아니라 나름대로 뛰어난 독자 문화를 유지해오던 민족이었다. 자연히 아일랜드 인의 독립 투쟁은 치열할 수밖에 없었다.

아일랜드는 또 다른 이유에서 우리의 관심을 끌 만한 나라다. 한반도를 침입한 일본 제국주의가 모범으로 삼았던 것이 바로 영국의 아일랜드 식민지 지배 체제였기 때문이다. 일제는 아일랜드에 대한 영국의 종교·언어·교육을 비롯한 여러 정책을 연구하고 배워서 한반도 지배에 응용했다.

지금도 우리가 가끔 쓰고 있는 '보이콧'이라는 말도 본래 아일랜드와 관련이 있는 말이다. 잘 알다시피 부당한 행위에 저항하는 집단적이고 조직적인 거부 운동을 보이콧이라 한다. 이 말은 본래 영국의 퇴역 육군 대위인 찰스 커닝햄 보이콧(1832~97년)이라는 사람의 이름에서 유래한 말이다. 그는 아일랜드가 토지 문제로 시끄러울 때 아일랜드에서 영지를 관리하던 사람이었다. 한 이름 없는 퇴역 장교가 지금도 우리 입에 가끔 오르내리게 된 것은 아일랜드의 대영 독립 운동 때문이다.

퇴역한 보이콧 대위는 1873년 메이오 주에 있는 언 백작 3세의 영지 관리 책임자가 되었다. 1879년 흉작으로 기근이 예상되자 아일랜드 인들은 토지 동맹을 결성했으며, 동맹은 1880년 지주들에게 소작료를 25% 내리라고 요구했다. 1880년 9월, 이런 요구를 받은 보이콧이 소작인들을 내쫓으려고 퇴거 영장을 발부하려 하자, 토지 동맹 의장인 아일랜드 민족주의 정치가 찰스 스튜어트 파넬은 소작료 인하 요구를 들어주지 않는 자들에게 폭력을 쓰지 말고 대신 어떤 접촉도 하지 말라고 지시했다. 이 정책의 첫 번째 대상이 보이콧이었다.

하인들은 보이콧의 집을 떠나고, 상점은 빵을 팔지 않았으며, 우편배달부는 편지를 배달하지 않았고, 수확할 때가 되어도 일꾼들이 모이지 않았다. 보이콧은 하는 수 없이 멀리 다른 지방에서 일꾼들을 데려다가 7천 명의 군인들의 호위를 받으며 추수를 해야 했다. 견디다 못한 보이콧은 그 해에 아일랜드를 떠나고 말았다.

토지 동맹은 '보이콧'이라 일컬어진 비폭력 합법 전술을 정식으로 채택해 지주들을 괴롭혔다. 또한 이러한 토지 투쟁을 통해 마침내 글래드스턴 내각이 1881년 토지법을 만들게 하는 커다란 양보를 얻어낸다.

서양 사람들은 흔히 아일랜드 인이라고 하면 금방 자존심 세고 고집불통인 사람을 떠올린다. 아마도 오랜 식민지의 역사와 가난이 그러한 민족적 기질을 가지게 했을 것이다. 보이콧 전술은 이러한 민족적 기질을 잘 보여주고 있다.

변발족과 속발족의 싸움

13세기 이후 동아시아 역사는 변발족과 속발족의 대립 항쟁사라 할 수 있다. 중국과 한반도를 정복한 이민족 나라로는 요·금·원·청나라를 들 수 있는데, 이들의 머리 모양은 한결같이 변발(辮髮)이었다. 변발이란 머리 둘레를 깎고 정수리 부분만을 남겨서 길게 땋아 내리는 것으로 만주족·몽골 족·여진족 등 중국의 북방 유목 민족들의 공통된 풍속이었다. 이에 반해 중국인과 한민족의 전통적인 머리 모양은 가지런히 길러서 한데 묶는 속발(束髮)이었다.

중국인들은 북방 유목 민족들을 오랑캐라 멸시했지만, 정작 북방 민족들은 중국인에 못지않게 자기 문화에 자부심이 강했고 전통을 지키고자 애쓰는 사람들이었다. 따라서 중국인들은 변발을 멸시하고 속발을 했지만, 정작 북방 민족들은 변발을 민족의 전통으로 중시했고 자랑으로 삼았다.

중국을 정복한 북방 유목 민족은 중국인에게 변발을 강요하는 정책을 썼다. 몽골 족이 중국을 지배하자 중국인은 몽골 식 변발을 해야 했고, 여진족이 세운 청나라도 마찬가지 정책을 실시했다. 몽골

변발을 다듬어주는 순회 이발사. 같은 변발이라도 만주족은 후두부만 남기고 머리카락을 밀어낸 뒤 한 줄기로 길게 땋아 내렸고, 몽골 족은 양귀 뒤쪽으로 두 갈래로 땋아 내렸다.

이 정복했던 고려와 페르시아에서도 마찬가지였다.

원나라에 굴복한 고려에서 처음으로 변발을 한 사람은 충렬왕이었다. 그가 원나라에서 즉위해 원나라 공주와 고려에 돌아왔을 때 조정의 신하들은 왕의 변발과 호복을 보고 비애를 금치 못하고 모두 소리 내어 울었다.

그러니 중화 의식에 깊이 물든 중국인이야 오죽했겠는가. 그들이 변발 강요 정책을 얼마나 수치스러워했을지는 충분히 짐작할 수 있다. 여진족의 정복에 이상하리만큼 얌전하게 굴복했던 중국인들도 변발 강요 정책에는 크게 반발해 무기를 들고 항쟁에 나섰다. 그러나 결국 정부의 무력에 굴복해 중국인도 20세기 초까지 변발을 하게 된다.

하지만 중국인들은 속발을 결코 포기하지는 않았다. 이민족 지배

신해 혁명이 일어나자 머리 모양도 바뀌어, 변발·속발을 떠나 아예 단발로 깎았다.

에 대한 반감은 곧 머리 모양으로 상징되었기 때문에 특히 중국 지식인들의 변발에 대한 악감정은 뿌리가 깊었다. 14세기에 원나라에 맞서 일어선 명 태조 주원장(朱元璋)도 변발 폐지와 속발 부활을 주요 표어로 내세워 싸웠고, 청나라에 맞서 일어난 19세기의 태평천국 운동에서도 속발의 부활을 최우선 과제로 내세웠다.

한 가지 흥미로운 사실은 중국은 변발족이 지배할 때 세계 최고의 문명국으로서 빛을 냈고, 역사에서 뛰어난 제왕도 속발족보다는 변발족 출신이 많았다는 점이다. 역대 최고의 판도를 자랑하던 원나라와 청나라가 그러했고, 최고의 군주로 꼽히는 쿠빌라이 칸과 강희제(康熙帝)가 그러했다. 속발족이 변발족과 접촉하면서 활기를 얻었다면, 역으로 변발족 또한 속발족과 접촉하면서 문화를 발전시켰다고 볼 수 있다. 동아시아의 역사는 이렇듯 속발족과 변발족의 항쟁사로 단순화할 수도 있으며, 또한 이는 동아시아 발전의 원동력이기도 했다.

　변발이냐 속발이냐는 단순한 머리 모양의 문제를 넘어서서 서로 자기 문화를 상대방에게 강요하려는, 또는 자기 문화를 지키려는 격렬한 문명의 충돌을 보여주는 것이다.

고대 알렉산드리아 도서관의 장서는 어떻게 모았나

우선 기원전 2세기에 쓰인 「아리스테아스의 서한」을 보자.

어느 날 서적이 얼마나 모였느냐는 왕의 물음에 디미트리오스는 다음과 같이 대답했다. "예, 폐하. 20만 권 이상이라고 봅니다. 미소장된 것들도 금방 찾아낼 것이므로 전체는 약 50만 권에 이를 것으로 예상됩니다."

50만 권이라면 요즘의 웬만한 대학 도서관보다 규모가 훨씬 큰 것이다. 더구나 요즘처럼 종이에 기계로 인쇄하고 제본한 책이 아니라 양피지에 일일이 손으로 써서 엮은 값비싼 책들이었으므로 요즘과 단순 비교하는 것이 의미가 없을 만큼 엄청난 장서 규모인 셈이다.

한반도에서는 고조선이 국가로서 형태를 갖추기 시작한 기원전 3세기 초에 이렇게 거대한 도서관이 어떻게 생길 수 있었을까?

우선 당시 알렉산드리아가 세계에서 가장 번영하던 도시였다는 점을 꼽을 수 있고, 다음으로 이집트 프톨레마이오스 왕조의 역대 왕들이 도서관의 장서를 풍부하게 늘리는 데 노력을 아끼지 않았다는 점을 들 수 있다. 이집트의 왕들은 '가능하다면 온 세계의 모든 서적을 수집할 수 있을 만큼 거액의 예산을 자유롭게 쓸 수 있도록

현대식 모습으로 되살아난 알렉산드리아 도서관

했다'고 한다.

그렇다면 책은 주로 어떻게 구입했을까? 대개 다양한 지역, 특히 당시 최대의 서적 소비 시장이었던 아테네와 로도스에서 구입했다. 또 한 가지 방법은 알렉산드리아에서 하역하는 모든 선박을 조사하는 것이었다. 만약 한 권의 책이라도 발견되면 그것은 도서관으로 운반되어 소유자에게 되돌려줄 것인가 아니면 적정한 가격으로 사들일 것인가를 결정했다. 이러한 방법으로 수집된 책은 '선박판'이라 불렸다.

다만 매우 귀중한 희귀본일 경우에는 비상수단이 취해졌다. 아이스킬로스·소포클레스·에우리피데스 같은 고대의 위대한 극시인이 쓴 자필 원고를 모으는 데는 파렴치한 방법까지 동원되었다. 그런 귀중한 자료는 아테네의 국립 문서관에 보관되어 대출이 금지되었다. 프톨레마이오스 3세는 필사를 하려고 하니 잠시 빌려달라고 아테네 관리들을 설득했다. 그리고 꼭 반환하겠다는 보증금으로 은 15탈렌트라는 거액을 아테네에 맡겼다. 그런데 국왕은 원전을 빼돌리고 필사본을 되돌려 주었다. 물론 보증금으로 맡긴 은 15탈렌트를 몰수당하는 것은 즐겁게 감수했다.

이러한 일화는 프톨레마이오스 왕조의 왕들이 얼마나 도서관 육성에 관심을 기울였는지를 잘 말해준다. 알렉산드로스 대왕이 이집트를 정복하면서 건설한 알렉산드리아는 이러한 번영과 노력 덕분에 고대 헬레니즘 학문과 과학의 중심지로서 번성했다.

그런데 고대 이집트의 알렉산드리아가 크게 번영했다는 것은 교과서에서 흔히 볼 수 있는데, 과연 얼마나 번성했는지는 얼른 짐작이 가지 않는다. 우리는 당시의 파피루스를 보고 알렉산드리아의 '세계화' 정도를 짐작해볼 수 있다. 그 파피루스 문서는 '향을 생산하는 나라(오늘날의 소말리아)'에서 배로 향료를 수입할 때의 융자 계약 문서인데, 이 거래에는 12명의 관계자가 기록되어 있다. 그런데 그 가운데 적어도 7개의 서로 다른 국적이 있다는 것을 알 수 있다. 메사리아 인이 두 사람, 테살로니케 인이 한 사람, 라케다이몬 인이 한 사람, 엘레아 인이 한 사람, 카르타고 인이 한 사람, 그리고 로마 인으로 보이는 은행가가 한 사람이다. 알렉산드리아가 세계적인 도시였음은 이 밖에도 여러 일화가 말해주고 있다. 거리에서 인도의 불교 승려의 모습도 심심찮게 볼 수 있었고, 국왕의 행렬에는

프톨레마이오스 1세의 초상이 새겨진 4드라크마 은화의 앞뒷면. 프톨레마이오스 1세는 알렉산드리아의 도서관을 창립한 왕으로 알려져 있다.

인도의 부인, 인도 개, 26마리의 하얀 인도 소가 행렬에 끼어 있었다고 한다.

또한 당시 헤로다스가 지은 연극 내용 중에는 한 할머니가 애인을 이집트로 떠나보낸 젊은 아가씨에게 새 애인을 구해보라고 타이르는 장면이 나온다. 이집트에 간 청년이 그녀를 금세 잊어버릴 게 분명하다는 것이다. 왜냐하면 이집트에는 상상할 수 있는 모든 것, 부·체육관·권력·번영·영광·연극·철학자·황금·젊은이들·아델포이 신전·동정심 많은 국왕·무제이온(mouseion : 고대의 연구소)·포도주 등 누구나 바라는 온갖 훌륭한 것들이 있었기 때문이다. 뿐만 아니라 여자들은 하늘의 별처럼 널려 있는데, 여신들과 미모를 다툴 만큼 아름답다는 것이다.

아닌 게 아니라 프톨레마이오스 왕조의 군대에 용병으로 참가하는 것은 에게 해 지역 젊은이들에게 직장과 좋은 보수를 얻을 수 있는 가장 손쉬운 방법이었다. 기원전 48년 카이사르는 "프톨레마이

자주 파견했다. 일본으로 떠나는 발해의 배에는 언제나 수많은 모피가 실려 있었고, 발해로 귀국하는 배에는 일본산 섬유 제품이 가득 실려 있었다.

시대가 달라져 서로 적대하던 당나라와 발해의 관계가 정상화하고 동북아시아에 평화 분위기가 조성되자 일본과 발해가 더 이상 군사 동맹 관계를 맺을 필요가 없어졌다. 또한 평화 분위기에 젖은 일본의 귀족들도 발해와의 외교 관계가 시들해졌다. 발해 사신들을 접대하는 데 드는 막대한 돈이 부담스러웠을 뿐만 아니라, 그들이 북쪽의 치명적인 독감을 옮긴다는 흉악한 소문이 퍼져 모두들 발해 사신을 접대하기 꺼려했다. 하지만 발해 사신들이 가져오는 모피는 독감의 공포를 이겨낼 만큼 매력적이었다. 그만큼 일본에서 발해의 모피는 더없이 귀중한 물건이었다. 또한 발해에서도 일본의 섬유 제품이 절실했다. 그리하여 평화 분위기가 조성된 뒤에도 발해와 일본은 모피와 섬유를 비롯한 경제 교류는 멈추지 않았다.

모피는 외교적인 선물로 쓰일 만큼 귀했다. 당시 발해와 일본 사이의 항해가 목숨을 건 모험이었다는 것, 그리고 발해 사신이 2년에 단 한 차례 방문한다는 것을 감안하면 발해산 모피의 귀중함을 쉽게 이해할 수 있다. 특히 겨울이 오면 난방 장치가 잘 되어 있지 않았던 일본의 궁정에서는 이 모피처럼 요긴한 것이 없었다. 정장 위에 이 모피를 입고 추위를 이겨본 적이 있는 귀족들은 모피에 열광적으로 매달렸다. 하지만 워낙 값비싼 물건이어서 어지간한 귀족이 아니면 가질 수 없었다. 따라서 발해산 모피는 일본에서 사회적 신분을 과시하는 상징물이 되었다. 귀족들 간에 모피 경쟁이 지나치게 심해지고, 일부 상인들까지 모피 거래에 참여하게 되자 결국 일본 조정에서는 '모피 금지령'을 내려 과열된 모피 열풍을 막고, 일부 고위 귀족에게만 모피 착용을 허락했다.

요즘도 모피는 부유층의 상징물처럼 여겨진다. 담비 모피는 모피의 왕이라 일컬어져 억대를 호가하는데, 이런 사정은 그 당시 일본에서도 마찬가지였다. 왕자가 한여름에 모피 여덟 장을 걸치고 나타나는 웃지 못할 광경도 이런 연유에서 비롯되었다.

영국 젠틀맨의 혼수품 걱정

영국 빅토리아 여왕 시대에 중류 이상의 계층에는 노총각이 많았다. 실제로 중류층 남성들의 평균 결혼 연령이 30세로서 늦은 편이었다. 이러한 만혼을 찬양하고 장려한 이가 있으니 『인구론』으로 유명한 맬서스다. 인구의 폭발적 증가로 인한 파멸을 염려한 그는 합법적 성생활을 연기하는 것, 곧 늦게 결혼하는 것이야말로 효과적인 인구 억제책이라 여겼다.

물론 영국 신사들이 맬서스와 같은 '우국충정'에서 노총각이 되었던 것은 아니다. 다음의 일화는 그 이유를 잘 설명해준다.

1850년대 런던에 사는 한 미혼의 중류층 남성이 마음에 둔 아가씨에게 넌지시 청혼할 뜻을 내비쳤다. 그러자 아가씨가 상냥한 말투로 속내를 드러냈다.

제 바람은 아주 소박한 거예요. 말 두 마리가 끄는 사륜마차, 승마용 말 한 마리(남편 것과는 별도로), 벨그레비아(런던 하이드 파크 남쪽의 고급 주택가) 같이 조용한 곳에 집 한 채, 와이트 섬에 별장, 그리고 오페라 극장의 지정석만 있으면 돼요.

요즘으로 말하자면 운전수가 딸린 최고급 중형차에다 제주도 별장, 시내에 저택, 골프장 회원권 정도를 요구한 셈이다. 이 이야기는 실제로 1857년 『타임』지에 실린 내용을 바탕으로 꾸민 것인데, 그 청년은 연수입이 5백 파운드. 당시 하녀 하나를 거느린 중류 가정의 연 가계비가 250파운드 정도였으므로 그는 당장이라도 결혼할 수 있었다. 하지만 아가씨의 바람이 이렇듯 '소박한' 탓에 결혼을 못했다. 그 노총각은 다른 아가씨에게도 의견을 물어보았으나 역시 마찬가지였다고 한다.

이 아가씨가 마차를 첫 번째로 든 것은 그 시대 숙녀로서 당연한 요구였다. 요즘도 롤스로이스나 벤츠가 사회적 신분의 상징인 것처럼 빅토리아 시대에도 마차가 중요했다. 그도 그럴 것이 마차를 한 대 갖고자 하면 말과 인부, 거기에다 적어도 한 사람의 마부가 필요했으므로 요즘에 운전사 딸린 중형차 타는 것보다 더 비싸게 먹혔다. 요컨대 아무나 가질 수가 없었던 것이다.

영국에서 1850년대 이후가 되면 철도가 크게 발달하고 국내 주요 간선의 복선화가 시작되었지만 마차가 줄어들기는커녕 오히려 증가하기만 했다. 자동차가 없는 당시로서는 근거리 여행에 마차가 더 편리하다는 점도 있었고, 무엇보다 마차가 사회적 지위의 상징이었기 때문이다. 생활이 풍족해진 사람들은 다투어 마차를 사들였다. 당시 마차는 이륜차와 사륜차가 있었고, 모델에 따라 '기그'니 '텔베리'니 하는 이름이 붙여졌다. '기그' 모델을 타려면 연수입이 최소한 750파운드는 되어야 한다는 것이 당시의 상식이었다.

특히 개업의에게 마차는 필수품이었다. 그 무렵 어떤 의사는 사람들이 마차를 타지 않는 의사를 돌팔이로 의심한다며, 마차를 마련할 만한 재산이 없으면 아예 의학 공부를 포기해야 한다고 말했다.

결국 영국 신사들은 멋진 마차로 대표되는 재산을 모을 때까지 결혼을 연기하는 수밖에 없었다. 중하류층 여성과 결혼하면 되지 않을까 싶은데, 사정은 그렇지 않았다. 총각이나 아가씨들은 결혼 때문에 신분이 떨어지는 것을 원하지 않았다. 그래서 파티에 참석한 한 어머니는 딸에게 다음과 같은 주의를 주었다.

명심해라, 저기 대위님보다 신분이 낮은 자와 춤을 추면 한 달 동안 외출 금지야, 알겠지?

당시에는 창부가 워낙 많았기 때문에 미혼 신사들은 '법적인 총각'에 지나지 않는 경우가 많았다. 참고로 당시 옥스퍼드의 인구 2만5천 명 가운데 대학생이 1500명이었는데, 이 대학생들을 주고객으로 삼는 창부가 무려 300~500명이나 있었다. 당시 옥스퍼드 시 당국은 매춘을 단속하는 데 소극적이었다. 창부를 체포해 구류에 처하는 데는 돈이 들기 때문이다. 이에 옥스퍼드 대학 당국은 창부 1인당 하루 10펜스의 비용을 시 당국에 지불하여 창부 단속을 장려했고, 한낮에만 창부를 단속하는 시 경찰을 대신하여 한밤중에도 창부를 단속할 대학 경찰을 운영하기 시작했다. 유명한 오스카 와일드도 당시 옥스퍼드에서 창부와 어울리다 성병에 걸린 대학생이었다.

엄격한 도덕과 윤리로 대표되는 빅토리아 시대지만, 젊은 신사들의 욕망과 고민은 여느 시대와 그다지 다를 게 없었다.